KiWi PAPERBACK

1051

Über das Buch:

Am Anfang steht ein leidenschaftliches Streitgespräch zwischen dem jüdischen Schriftsteller und NS-Überlebenden Ralph Giordano und Bekir Alboga, dem nationalen Dialog-Beauftragten der türkisch islamischen Union Ditib, über den Bau einer zentralen Moschee im Kölner Traditionsviertel Ehrenfeld. Giordano fordert: Stoppt den Bau dieser Moschee! Damit provoziert er Widerspruch, spricht aber auch vielen aus dem Herzen. In der Folge entwickelt sich eine ernsthafte öffentliche Debatte über das Verhältnis von Muslimen und Christen und den Stand der Integration in Deutschland. Inzwischen rühmt etwa die Neue Zürcher Zeitung den Kölner Moscheestreit unter der Schlagzeile »Was für eine Toleranz«, weil dieser »der Debatte über Einwanderung und ihre Folgen eine neue Offenheit« gebe.

Dieses Buch dokumentiert den Streit mit 26 Beiträgen aus unterschiedlichen Blickwinkeln: Der evangelische Präses Schneider kritisiert den imperialen Charakter der Moschee-Architektur. Verfassungsrechtler Ernst-Wolfgang Böckenförde schreibt über das Verhältnis von säkularem Staat und Religion. Günter Wallraff begründet seinen Wunsch, in der Moschee aus den Satanischen Versen von Salman Rushdie zu lesen. Architekt Paul Böhm will die Muslime aus den Hinterhöfen holen. Kabarettist Martin Stankowski startet eine Muslim-Rallye. Bekir Alboga begründet die Notwendigkeit eines repräsentativen Baus. Sabine Kraft schreibt über die Spannung zwischen traditioneller und moderner Moschee-Architektur. Tobias Kaufmann kritisiert die fehlende Bereitschaft der Linken zur Kritik am Islam. Franz Sommerfeld schildert Anfänge, Verlauf und gegenwärtigen Stand des Kulturkampfes.

Der Herausgeber:

wurde 1949 in Leer/Ostfriesland geboren. Nach dem Studium der evangelischen Theologie arbeitete er als Journalist. Er war Chefredakteur der »Deutschen Volkszeitung« und gehörte 1990 in Berlin zu den Mitbegründern der Ost-West-Zeitung »Freitag«. Er war stellvertretender Chefredakteur der »Berliner Zeitung« und Chefredakteur der »Mitteldeutschen Zeitung«. Über die Erfahrungen der deutschen Vereinigung gab er das Buch »Pioniere im neuen Deutschland – Westöstliche Porträts« heraus. Seit 2000 ist er Chefredakteur des »Kölner Stadt-Anzeigers«.

DER

MOSCHEE-STREIT

Eine exemplarische Debatte über Einwanderung und Integration

Herausgegeben von Franz Sommerfeld

Kiepenheuer & Witsch

1. Auflage 2008

Umschlaggestaltung und -motiv: Barbara Thoben, Köln
Gesetzt aus der Minion und Meta
Satz: hanseatenSatz-bremen, Bremen
Druck und Bindung: Clausen & Bosse, Leck
ISBN 978-3-462-04010-4

Inhalt

Franz Sommerfeld

Vorwort

Der Kölner Moscheestreit – ein Lehrstück über Demokratie

Mit seinem heftigen Plädoyer gegen den Bau einer Zentralmoschee in Köln erregte der Schriftsteller und Holocaust-Überlebende Ralph Giordano bundesweit großes Aufsehen. Besonders seine Formulierung vom »menschlichen Pinguin«, mit der er eine am ganzen Körper verhüllte Muslimin bezeichnete, erregte Unmut. Zugleich lenkte der Streit aber – vielleicht gerade aufgrund seiner Schärfe – den Blick darauf, dass Moscheeneubauten, deren Zahl stetig wächst, in Deutschland nur noch selten ohne öffentliche Auseinandersetzungen errichtet werden können. Diese Konflikte markieren deutliche Veränderungen im Verhältnis zwischen der deutschen Gesellschaft, der muslimischen Welt innerhalb und außerhalb Deutschlands und den christlichen Konfessionen. Das Interessante an dem Kölner Streit ist, dass er nicht nur »die bekannten Gewissheiten repetiert«, sondern – wie die *Neue Zürcher Zeitung* beobachtet – »der Debatte über Einwanderung und ihre Folgen eine neue Offenheit gibt«. Noch ist es im Wesentlichen eine Verständigung innerhalb der deutschen Mehrheitsgesellschaft über deren eigene Vorstellungen. Der Dialog mit den Eingewanderten beginnt dagegen erst und trägt noch alle Züge des Unfertigen.

Dabei hätte es unter Umständen gar keinen Streit gegeben, wäre die erste Idee einer Zentralmoschee in Köln tatsächlich verwirklicht worden. Denn Muslime planten schon Anfang des neuen Jahrtausends in Köln ein avantgardistisches, repräsentatives Gebetshaus ohne Kuppel, ohne Minarette, ohne einen Muezzin, der zum Gebet ruft. Sie wollten dafür die Londoner, aus dem Irak stammende Stararchitektin Zarah Hadid gewinnen, eine der großen Visionärinnen der modernen Architektur, die über ihre Arbeit sagt: »Ich träume davon, Bauten zu schaffen, für die bereits eine Typologie besteht, und ihnen eine gänzlich neue Aura zu verpassen. Architektur ist ein ungeheuer aufregendes Zusammenwirken verschiedenster Kräfte und Menschen. Wenn man uns Architekten konsequent tun ließe, wovon wir träumen, wäre die Welt ein besserer Ort.«

Initiator dieses Projekts war der»Förderverein Zentralmoschee«, in dem sich verschiedene muslimische Verbände zusammengefunden hatten. Die Stadt hatte sie aufgefordert, sich zu vereinen, um nicht mit jedem Verband einzeln verhandeln zu müssen. Sie wollte die Vereine für diese Zusammenarbeit gewinnen, um eine repräsentative Moschee für möglichst viele Muslime zu bauen. »Einigt euch!«, forderte der christdemokratische Stadtkämmerer Peter Michael Soénius immer wieder. Doch viele zweifelten bereits damals an der Ernsthaftigkeit seines Drängens. Denn Soénius war und ist bis heute gegen den Bau einer Moschee. Und so mochte er mit seiner Forderung die Hoffnung verbinden, dass die fehlende Einigung letztlich einen Bau verhindern würde.

Über die Versuche, einen Moscheebau zu verzögern, ärgerte sich wiederum der Kölner Oberbürgermeister Fritz Schramma. Der Christdemokrat wurde im Jahr 2000 eher zufällig gewählt, weil sein Vorgänger unerwartet gestorben war.

Ein freundlicher, aufrichtiger Mann, dem Kontroversen nicht liegen. Das macht es ihm nicht leicht, die selbstbewusste Verwaltung zu führen. Der Oberbürgermeister ist Katholik. Wenn er eine katholische Kirche betritt, sucht er nach dem Weihwasserbecken und bekreuzigt sich. In einer evangelischen Kirche stellt er eine Kerze auf. »Vielleicht sind wir Kölner so«, meint er ein wenig selbstironisch. »Es ist mir schon wichtig, dass ich beim Eintritt in ein religiöses Gebäude etwas Besonderes tun muss. So geht es mir auch in einer Moschee. Ich ziehe zuerst die Schuhe aus und begebe mich in den Ritus. Das ist mir nicht fremd. Wie in meiner Kirche, bete ich auch in einer Moschee, danke dafür, dass ich gut angekommen bin, denke an die Familie, an die Lebenden und Verstorbenen. Die Moschee ist mir nicht fremd. Ich kann auch in Gebetssituationen die Haltung der offenen Hände annehmen. Die Menschen sind genauso inbrünstig wie in einer russisch-orthodoxen Kirche.« Wie vielen Menschen bedeute ihm Religion etwas, ohne dass er das ganz präzise bestimmen könne.

Entscheidung für eine Ditib-Moschee

Und so suchte der Oberbürgermeister nach einem neuen Impuls für den Moscheebau. Denn, wie erwartet, zerstritten sich die islamischen Verbände des Fördervereins, nicht zuletzt über die Finanzierung. Einer warf dem anderen mangelnde Transparenz vor.

Ein Verband verweigerte sich dem Gemeinschaftsprojekt von Anfang an. Das ist die Ditib, die Türkisch-Islamische Union der Anstalt für Religion e. V., die unter Leitung und Aufsicht des türkischen Präsidiums für Religionsangelegenheiten Moscheen in Europa betreibt. Sie baut in Deutschland die meisten Moscheen. Ihre Zentrale liegt im Kölner Stadtteil Ehrenfeld. Die Ditib ist mittlerweile die mitgliederstärkste Migrantenorganisation in Deutschland. Sie wird sich für Köln entschieden haben, weil diese Stadt eine der Zentren der Immigration bildet.

Im Gründungsjahr der Ditib 1984 waren ihr 230 Vereine angeschlossen, im Jahr 2005 waren es nach Angaben des Verbandes schon 870 Vereine. Die angeschlossenen Ortsgemeinden haben ihren Sitz zumeist in größeren westdeutschen Städten und betreiben dort Moscheen. Sie sind rechtlich und wirtschaftlich zwar selbstständige eingetragene Vereine, verfolgen aber die Prinzipien und satzungsgemäßen Zwecke der Ditib und erkennen diese als Dachverband an. Viele Mitgliedsorganisationen begeben sich alleine dadurch in Abhängigkeit von der Ditib-Zentrale, dass sie dieser ihre Immobilien überschreiben.

Ursprünglich zeigte der türkische Staatsislam wenig Interesse an einer Betreuung der türkischen Arbeitsimmigranten in Westeuropa. Das änderte sich erst Anfang der 80er Jahre, weil die türkische Regierung nicht zulassen mochte, dass islamistische Organisationen dieses Feld besetzen, und weil sie die Bindung der Immigranten an die Türkei erhöhen will. Lange bestand die Ditib darauf, den islamischen Religionsunterricht auf Türkisch abzuhalten. Erst vor einigen Jahren leitete der Verband unter seinem damaligen Vorsitzenden Ridvan Cakir einen Wandel ein, spricht sich seitdem für deutsche Predigten und auch für die Ausbildung deutschsprachiger Vorbeter aus. Im Interview mit der »*Zeit*« erklärt Cakir: »Das Kopftuch ist kein Symbol des Islams, weshalb eine Frau auch dann eine gläubige Frau ist, wenn sie keines trägt. In türkischen Familien hat das Kopftuch nicht die Bedeutung, wie sie ihm von Konservativen gegeben wird.«

Die Ditib begründete ihre Weigerung, an dem Gemeinschaftsprojekt des Fördervereins mitzuarbeiten, damit, dass sie nicht mit Milli Görüs zusammenarbeiten wolle. Milli Görüs wird wegen mutmaßlicher Unterstützung von Islamisten vom nordrhein-westfälischen Verfassungsschutz beobachtet. Nach

Ansicht des Journalisten Ahmet Senyurt vertritt »Milli Görüs zwar eine ultraorthodoxe Tradition des Islam, aber sie macht keine islamistischen Terroranschläge. Sie betreibt hingegen durch ihre Abschottungspolitik eine Teilung der deutschen Gesellschaft«.

Der Kölner Oberbürgermeister sah im Vorgehen der Ditib eine neue Chance für die Moschee. Für ihn bot gerade die Abhängigkeit der Ditib vom türkischen Staat einen Vorteil: »Wenn wir jemanden haben, der auch offizieller Ansprechpartner des Staates ist, laufen wir nicht so leicht Gefahr, mit Organisationen zu verhandeln, die sich gegen unseren Staat und unsere Rechtsauffassung wenden.« Er kennt zudem einige Ditib-Mitglieder auch privat.

Ähnlich wie Schramma denken die Grünen. Sie schlugen der Ditib vor, ihr Gebetshaus doch auf deren eigenem Gelände im Kölner Stadtteil Ehrenfeld zu bauen. Projekt und Standort seien »städtebaulich und kulturell wünschenswert«, erklärte der sozialpolitische Sprecher der Grünen. Die Grünen, die in Deutschland für eine klare Trennung von Staat und Kirche eintreten, nehmen den engen Schulterschluss mit einer Art ausländischen Regierungsbehörde aus ähnlichen Erwägungen in Kauf wie der Oberbürgermeister: lieber Staat als Radikale. Die Ditib folgte dem Rat der Grünen oder dem eigenen Antrieb und legte im Jahre 2001 erste Pläne für den Bau einer Moschee in Ehrenfeld vor, an der Venloer Straße, quasi am Eingang des Stadtteils. Hier gibt es bereits in einer alten Fabrikhalle eine Moschee, die aber nach außen nicht als solche zu erkennen ist. Die Kölner nehmen die Gebetsstunden bis jetzt nur wahr, weil sich dann der Verkehr staut.

Ehrenfeld ist ein sehr »kölscher« Stadtteil. Er entstand, als die Stadt Köln ihre Industrie vor die Tore der Stadt ins »Ziegelfeld« verlegte. Im vorigen Jahrhundert wurden hier Maschinenfabriken gebaut, Industriebetriebe und große Werke entstanden, die zum Teil auch heute noch bestehen. So wurde hier lange das berühmte Kölnischwasser der Firma 4711 produziert. Es ist ein Viertel der sogenannten kleinen Leute. Über Köln hinaus bekannt wurde Ehrenfeld durch die Edelweißpiraten, eine Gruppe junger Männer, die 1944 wegen Widerstands gegen die Nazis gehängt wurden.

Die Venloer Straße litt Ende der 80er Jahre unter dem U-Bahn-Bau. Viele Traditionsgeschäfte gingen zugrunde. Erst um die Jahrtausendwende stabilisierte sich der Stadtteil wieder. Kleine Computer- und IT-Unternehmen ließen sich nieder. Neue Buchläden wurden eröffnet.

In Ehrenfeld wohnen viele aus der Türkei Eingewanderte. Ihre Lebensmittelgeschäfte sind fest ins Stadtteilleben integriert. Es herrscht ein Klima liberaler Offenheit: leben und leben lassen. Bei der Bundestagswahl 2005 vereinten die Kandidaten von SPD und Grünen siebzig Prozent der abgegebenen Stimmen auf sich. So ist es nicht erstaunlich, dass die ersten Meldungen über den möglichen Bau einer Moschee im Ehrenfelder Alltag kaum zur Kenntnis genommen wurden. Vielleicht spielt auch die kölsche Lebensart eine Rolle, nach der immer noch alles gut gegangen ist und es kommt, wie es kommt.

Die Ditib beschleunigte ihre Planungen und begann im Jahre 2003 Gespräche mit Politik und Verwaltung über ein repräsentatives Gebäude mit Kuppel und Minaretten. Dazu beauftragte sie einen Projektentwickler und berief ein Preisgericht mit Vertretern des öffentlichen Lebens. Dazu zählten Stadtentwicklungspolitiker, die Dombaumeisterin, der Baudezernent und natürlich der Vorsitzende des Integrationsrates. Aus dieser Position der Stärke heraus konnte es sich die Ditib leisten, die Kritik der anderen islamischen Verbände weitgehend zu ignorieren, und ließ sich auch nicht von den Vorwürfen Ayyub Axel Köhlers vom Zentralrat der Muslime in Deutschland aus der Ruhe bringen. »Sehr viele Muslime werden sich hier nicht vertreten fühlen«, beklagt Köhler. »Was nützt es, wenn wir keinen Einfluss darauf nehmen können, was dort gelehrt und gepredigt wird, wenn der türkische Staat hier hereinregiert?« Und so glaubt er: »Die gut 100.000 Muslime in Köln, die zehn Prozent der Bevölkerung ausmachen, brauchen noch immer eine Moschee.«

Doch die Kölner Politik hatte sich längst für die Ditib entschieden. Der Rat der Stadt bestand nicht länger auf einer Einigung der muslimischen Verbände als Voraussetzung für einen Neubau. Im März 2006 gewinnen Gottfried Böhm und sein Sohn Paul den Architekturwettbewerb für eine neue Moschee. Paul Böhm hat zuvor in Vingst die katholische Kirche St. Theodor gebaut, ein spektakulärer moderner Bau. Dagegen fällt der Moschee-Entwurf mit Kuppel und zwei Minaretten eher traditionell aus. Die Böhms gewinnen nur knapp. In der Begründung der Jury heißt es: »Der überragende Entwurf überzeugt durch seinen klaren und einfachen Aufbau, seine durchdachte Organisation, seine Funktionen und seine zurückhaltende und ausgewogene Fassadengliederung. Die städtebauliche Einfügung ist gut gelöst und erzeugt einen unaufdringlich einladenden Zugang … Der Gebetsraum selbst ist von hoher räumlicher Qualität und überzeugt durch die schöne Lichtführung. Sehr gut gelungen ist die Hervorhebung der Gebetsnische. Die sehr einprägsame und symbolträchtig gezeichnete Kuppel erscheint in ihrem Auftritt gleichwohl zu mächtig und sollte durch eine Verkleinerung den Entwurf insgesamt etwas bescheidener machen.«

Ein konsequent moderner Entwurf der Kölner Büros Wallrath und Weinert kommt nur auf den zweiten Platz. Sie wollten auf eine Kuppel verzichten.

Erster Widerspruch aus der CDU

Tatsächlich ist es – wie bei fast allen Moscheekonflikten – die Optik, an der sich der erste Einspruch festmacht. Im April 2006 spricht sich der Ehrenfelder Ortsverband der CDU gegen den Bau aus. Der im Wettbewerb siegreiche Moschee-Entwurf weise in seinen Grundelementen »eine sehr traditionelle osmanische Form auf«. Damit repräsentiere er »einen nationalen ethnischen Charakter anstatt einen übernationalen Raum für Muslime unterschiedlicher Herkunft. Es wäre besser, ein Gebäude zu planen, mit dem sich Nichtmuslime identifizieren können«. Als weiterer Grund wird die Verkehrssituation genannt. Für einen 2.000 Menschen fassenden Gebetsraum reichten 120 Parkplätze in der geplanten Tiefgarage nicht aus. Der Ruf des Muezzin, fordert die Ehrenfelder CDU weiter, solle außerhalb des Gebetsraumes untersagt werden. Er dürfe »anderen Mitbürgern« nicht »aufgenötigt werden«. Die umfangreiche Erklärung ist differenziert, spürbar getragen von dem Bemühen, keine ausländerfeindlichen Vorbehalte zu bedienen und zu stützen. Sie bietet viele Ansätze für eine ernsthafte Diskussion.

Doch diese findet nicht statt. Die Führung der Stadt-CDU

wehrt sofort ab: »Fraktion, Partei und Oberbürgermeister stehen zum Bau einer Großmoschee an dieser Stelle«, verkündet der Kölner CDU-Parteichef. Die FDP wirft den Ehrenfelder Christdemokraten gar vor, »den Konsens der Demokraten« zu verlassen, und fordert die CDU-Spitze auf, »die politische Geisterfahrt des Ehrenfelder Ortsverbandes zu beenden«. Die Christdemokraten gingen »damit den rechten Rattenfängern auf den Leim, die vor Ort mit einer Desinformations- und Angstkampagne die Bevölkerung gegen das Projekt aufstacheln. Dass man der Moschee nun aber auch ihr orientalisches Aussehen vorwirft, ist der Gipfel der Arroganz. Immerhin handelt es sich um eine türkische Institution, die hier als Bauherr auftritt und einen Identifikationspunkt auch für die eigenen Mitglieder schaffen will«. Die FDP, ansonsten eine strenge Verfechterin der Trennung von Staat und Kirche, hält es offensichtlich für selbstverständlich, dass der türkische Staat die Religion für deutsche Muslime organisiert. Keiner kritisiert den lauten Ton der Liberalen gegen die Ehrenfelder CDU, die immerhin die wachsenden Bedenken unter den Ehrenfelder Bürgern aufnimmt. Mit der Beschwörungsformel »rechte Rattenfänger« gelingt es ein letztes Mal, eine offene Debatte zu verhindern.

»Pro Köln« initiiert Bürgerbegehren

In Ehrenfeld selbst werben die Ratsparteien selten um Zustimmung für die Moschee, wohl aber auf Parteiversammlungen und in Gremien. Aus der Einheitsfront des Kölner Rats bricht nur »Pro Köln« aus. Die vom Verfassungsschutz als rechtsradikal eingestufte und überwachte Fraktion »Pro Köln« entdeckt ihre Chance, die Skepsis eines Teils der Bürger für sich zu nutzen. Sie scheint von der »Bündnispolitik« der Linksradikalen gelernt zu haben und versucht, eine stärkere Akzeptanz dadurch zu finden, dass sie populäre Themen besetzt, die andere Parteien aus durchaus ehrenwerten Gründen scheuen.

Bei den Kommunalwahlen im Jahre 2004 zog »Pro Köln« mit 4,7 Prozent der Stimmen in den Kölner Rat ein. Die Gruppierung sucht nach populären Themen, um größere öffentliche Aufmerksamkeit zu finden. Also startet sie ein Bürgerbegehren gegen den Bau der Moschee. Es gelingt ihr sogar, die Unterschrift eines alten sozialdemokratischen Stadtteilpolitikers zu gewinnen, der sie später zurückzieht und erklärt, nicht gewusst zu haben, wem er dort seine Unterschrift gebe. Die anderen Parteien beschränken sich weitgehend darauf, »Pro Köln« als »rechtsradikal« zu klassifizieren. Der antinazistische Grundkonsens der Republik scheint zu genügen. Sie führen keine ernsthafte Auseinandersetzung mit den Bürgern, ihren Fragen und Vorbehalten. Die Befürworter glauben, unter Verweis auf »Pro Köln« nicht um Zustimmung für eine Moschee werben zu müssen. Damit spielen sie »Pro Köln« aber ungewollt in die Hände. Die Fraktion nutzt den Freiraum, um sich als Vertreterin der Bürgerinteressen in Szene zu setzen. Schließlich weist die Stadtverwaltung das Bürgerbegehren als »rechtlich unzulässig« zurück. Ein Drittel der vorgelegten Unterschriften sei ungültig gewesen.

Nur wenige Sprecher der Parteien nehmen die Bürger, die das Bürgerbegehren unterschrieben haben, ernst und gehen auf sie zu. Zu ihnen gehört Oberbürgermeister Schramma: »Es tut mir leid für die Bürger, die durch die irreführende Begründung auf einen falschen Pfad geführt wurden«, sagt er. »Es ist aber auch zu erkennen, dass eine Vielzahl von Menschen Ängste und Vorbehalte mit diesem Projekt verbinden. Dem werden wir Rechnung tragen, indem wir sehr sensibel mit dem laufenden Bauleitverfahren umgehen.« Er geht nach Ehrenfeld und spricht mit den Leuten. »Bist du überhaupt noch katholisch? Baut die Moschee doch in Müngersdorf«, wird ihm auf der Straße gesagt. Oder: »Was tun Sie uns da an?« Schramma nimmt diese Sätze ernst: »Das ist so die kölsche Art, aber da steckt mehr dahinter.« Er spürt, wie sich das Klima im Stadtteil und auch in der Stadt verändert.

Moschee und Terroranschläge

Beim Friseur in Ehrenfeld, im Brauhaus Scholzen oder am Tag nach der Erstkommunion, wenn im Kreise der Nachbarn gefeiert wird, kommt das Gespräch immer öfter auf die Moschee. Die meisten betonen, nichts mit Rechtsradikalen am Hut zu haben. Im Gegenteil. Deren Flugblätter würden sofort im Mülleimer landen. Aber warum sieht die Moschee so türkisch aus? Wird der Muezzin rufen? Und was passiert mit der Venloer Straße, der Schlagader Ehrenfelds? Fast alle neuen Geschäfte sind in letzter Zeit von Türken gemietet worden. Wird das jetzt eine türkische Straße? Ein türkischer Stadtteil? Die Bürger glauben, ein neues Selbstbewusstsein der Muslime zu spüren. Dass gerade junge Frauen immer häufiger Kopftuch tragen, ist für sie ein Zeichen.

Die lokale Debatte wird zusehends von der »großen Politik« beeinflusst. Die Anschläge vom 11. September hatten vielen Menschen erstmals vor Augen geführt, dass es eine religiös vom Islam grundierte, weltweit verbundene Terrorbewegung gibt, die sich nach Kommunismus und Nationalsozialismus zur dritten großen totalitären Bedrohung entwickelt. Dadurch verliert der Islam in den Augen vieler Nichtmuslime seine »Unschuld«. Natürlich ist dies keine angemessene Kategorie. Aber die Terroranschläge haben dazu geführt, dass die – bis dahin desinteressierte – Mehrheitsgesellschaft begonnen hat, sich erstmals genauer für die Werte und Vorstellungen der Muslime zu interessieren.

Die Verknüpfung mit dem Terror ärgert die Vertreter der

muslimischen Verbände. So beklagen die Sprecher der Moscheebauherrin Ditib, dass sie mit Terroristen in einen Topf geworfen werden, wo es ihrer Meinung nach doch »nur« um den Bau einer Moschee gehe. Es sind Augenblicke tiefen gegenseitigen Unverständnisses, wenn eine Frau am Tag der offenen Moschee nach dem Verhältnis der Ditib zu den Anschlägen des 11. Septembers fragt. Die Ditib-Vertreter halten ihr entgegen: Hatte nicht die Ditib im April des Jahres 2004 – nach den Anschlägen in Madrid – eine Demonstration von 20.000 vorwiegend türkischstämmigen Bürgern gegen Terror organisiert? Sie begann an der alten Ditib-Moschee in Köln, also dort, wo auch die neue gebaut werden soll. »Die Tötung von Menschen kann keine religiöse Begründung haben«, rief der damalige Ditib-Chef Cakir den friedlichen Demonstranten zu.

Die Ditib-Vertreter, durch und durch bürgerliche Leute, reagieren gekränkt oder beleidigt auf die Frage, ob ihre Religion nicht doch den Terror begünstige. Sie halten das für diskriminierend. Dabei verkennen sie, dass sich Anhänger von Ideologien und Religionen immer an den Taten messen lassen müssen, die im Namen der Ideologie oder Religion geschehen. Das ging den Linken bei den RAF-Terroristen nicht anders. Wer sich solchen Debatten entzieht, weckt schon allein deshalb Misstrauen. Das gilt umso mehr, als das Anwachsen der terroristischen Bewegungen tatsächlich einhergeht mit einer Radikalisierung muslimischer Jugendlicher in europäischen Einwanderungsgebieten. Eindringlich schildert Monica Ali diesen Prozess am Beispiel Londons in ihrem großen Roman »Brick Lane«.

Die Religion bietet den jungen, von der westlichen Welt enttäuschten Muslimen einen Wertekanon. Gerade in der Jugend gibt es eine große Bereitschaft, eigene Vorstellungen schnell, radikal und grundlegend neu zu ordnen. Die strukturelle Arbeitslosigkeit in der dritten Generation muslimischer

Einwanderer mag dies noch beschleunigen, auch wenn die Erfahrung zeigt, dass gerade die aktiven Kräfte des Terrornetzes oft über eine gute Ausbildung und Arbeit verfügen. Während bei den italienischen oder portugiesischen Zuwanderern die Arbeit ein zentrales Element der Integration war, fällt dieses aus, wenn die jungen Leute keine Arbeit finden.

Veränderungen im Islam

Im Islam selbst findet zur selben Zeit eine Art Neubestimmung in der Bewertung des alten Kontinents statt. Der französische Politologe und Islamexperte Gilles Kepel sieht den Einschnitt bereits im »Todesurteil« gegen Salman Rushdie: »Indem Khomeini den im Vereinigten Königreich lebenden britischen Staatsbürger Rushdie zum Tod verurteilte, gab er zu verstehen, dass die Umma, die Gemeinschaft der muslimischen Gläubigen, so wie er sie versteht, fortan keine äußeren Grenzen mehr kennt. Die Gesetze des Islam gelten für die Muslime auf der ganzen Welt. Das ist eine bemerkenswert tief greifende Veränderung. Bis jetzt hatten diese den alten Kontinent nicht als Gebiet des Islam betrachtet. Er gehörte, im Gesamtbereich der Gottlosen, vielmehr zu einem Gebiet vertraglichen Friedens, wo die Muslime es nicht zum offenen Konflikt mit der gottlosen Umgebung kommen ließen; im Gegensatz zu den Gebieten des Kriegs, wo der Dschihad erlaubt ist.«

Nach Ansicht Kepels betrachten die Muslime »Europa heute als Bestandteil des Dar al-islam [dt. ›Haus des Islam‹. Dieser islamische Rechtsbegriff bezeichnet alle Gebiete unter muslimischer Herrschaft, (Hrsg.)]. Die Muslime sind hier zu Hause und müssen nach den Regeln der Scharia leben können. Es sollen reislamisierte Räume geschaffen werden, in denen eine vom Islam bestimmte soziale und moralische Ordnung gilt. Nur so, verkünden die Promotoren, könne der soziale Frieden gewahrt und könnten Drogensucht und Kriminalität bekämpft werden. Mit dieser Logik wird ein Prozess kultureller Abspaltung zu Ende geführt und eine soziale Organisation begünstigt, in der sich geschlossene Gemeinschaften gegenüberstehen«. *(NZZ folio 1/96)*

Vor diesem Hintergrund kann der Neubau einer repräsentativen Kölner Zentralmoschee in der Tat als ein Signal gewertet werden: Der Islam verlässt die Hinterhöfe und demonstriert seinen Anspruch, einen Teil des Kölner Stadtbildes zu gestalten. Damit hat er sich gerade zwangsläufig den Anfragen der Mehrheitsgesellschaft zu stellen. Sie beginnt, Erwartungen an diejenigen Muslime zu formulieren, die sich für Deutschland als ihre Heimat entschieden haben – mit seiner weltlichen Gesellschaftsordnung und christlichen Tradition. Hier gründen die Fragen vieler Bürger nach dem Sinn des Neubaus: Ist die Moschee ein Ort der religiösen Selbstfindung oder liegt ihr auch die Demonstration einer neuen Stärke zugrunde?

Das Streitgespräch mit Giordano

Ralph Giordano gehörte zu den Ersten, die solche Fragen ungeschminkt und zugespitzt stellten. Die Redaktion des *Kölner Stadt-Anzeigers* suchte nach einem Partner für ein Streitgespräch mit dem nationalen Dialogbeauftragten der Ditib, Bekir Alboga, für die Sendung »Streit im Turm« im Internetfernsehen ksta.tv. Er sollte die Vorbehalte der moscheekritischen Bürger formulieren, ohne im Verdacht des Rechtsradikalismus zu stehen. Giordano erklärte sich bereit.

So stoßen zwei Männer, zwei Generationen, zwei unterschiedliche Lebenswege, zwei gegensätzliche Vorstellungen von kritischer Diskussion aufeinander. Da ist Bekir Alboga, Sohn eines Gastarbeiters, aufgewachsen bei den Großeltern in der Türkei. 1980 kam er als 17-Jähriger nach Deutschland, studierte Islamwissenschaften und Publizistik in Heidelberg, arbeitete bereits damals als Imam. Als in Mannheim 1995 eine neue repräsentative Moschee eröffnet wurde, übernahm Alboga die Aufgabe eines Bildungsreferenten. Zwei seiner drei Kinder, erzählt er, gingen in einen katholischen Kindergarten, ohne deshalb katholisch zu werden. Als Dialogbeauftragter der Ditib ist er bundesweit als Gesprächspartner bekannt und überwiegend geschätzt.

Ralph Giordano, Jahrgang 1923, sieht sich dagegen meist in der Minderheit als Anklagender und die Deutschen an ihre Vergangenheit Erinnernder. Der Sohn eines italienischen Vaters und einer deutschen Jüdin überlebte die Nazizeit knapp, wurde Kommunist, wendete sich später gegen die kommunistische Partei und beschäftigt sich als Publizist und Schriftsteller mit den roten und braunen Diktaturen Deutschlands. Alles andere als ein typischer Weg für einen Deutschen. Im Jahre 1986 drehte er einen Film über den Völkermord der Türken an den Armeniern. Bei allem vom Vater geerbten italienischen Temperament und bei aller Bereitschaft zur Polemik ist die Furcht dessen zu spüren, der einmal einen Völkermord nur knapp überlebt hat. Er fürchtet, dass mitten in der Gesellschaft wieder eine totalitäre Gefahr heranwächst. Die Verdrängung dieser Gefahr wurzele im guten Willen, aus der Geschichte zu lernen und andere nicht zu diskriminieren, Fremden Respekt zu erweisen. Das macht Giordano Angst. Er nimmt die Islamisten beim Wort, wenn sie die Juden mit dem Tod bedrohen.

Giordano und Alboga finden im Gespräch keinen Weg zueinander. Alboga muss erleben, dass seine Freundlichkeit und Beweglichkeit Giordano nicht beeindrucken. Dabei ist er bekannt und anerkannt für seine Bereitschaft, auch Fehler einzugestehen. Doch Giordano übergeht das. Im Gegenteil: Er hält Alboga vor, dass er ihm ausweiche und die Widersprüche verwische. Als Giordano die Integration für gescheitert erklärt, antwortet Alboga: »Sie sind völlig falsch informiert.« Giordano reagiert perplex. Sein Misstrauen wächst. Noch nach dem Fernsehgespräch, als beide auf die Taxis warten, fragt Giordano Alboga, wie er zum Völkermord an den Armeniern stehe. Er will wissen, wie ehrlich der andere ist, und findet keine Antwort, die ihn beruhigt. Alboga weicht ihm aus.

Das Streitgespräch findet einen ungewöhnlichen Widerhall im Fernsehen, im Hörfunk und in den Zeitungen. Anfangs stürzen sich viele auf Giordanos Pinguin-Vergleich. Dass er diesen noch während der Sendung in aller Form zurückgenommen hat, wird geflissentlich ignoriert. Ganz offensichtlich haben viele der Entrüsteten die im Internet zugängliche Sendung überhaupt nicht gesehen. Ihre Empörung hilft ihnen, Giordanos Fragen nach dem Zustand der Integration ausweichen zu können. In der *Süddeutschen Zeitung* hält ihm Sonja Zekri vor, das »Geschäft der Ultranationalisten« zu betreiben. Aber die bekannten Verdrängungsmuster unter Einsatz der »Rechtsextremismus-Keule« *(Spiegel online)* scheitern dieses Mal.

Tatsächlich stößt Giordano die Tür auf zu einem offenen Diskurs. In einer Vielzahl von Stellungnahmen sprechen Bürger über ihre Vorbehalte gegenüber einer fremden Kultur und Religion, ohne fürchten zu müssen, damit per se etwas Anstößiges zu tun. Sie fragen nach dem Stand der Integration und den Zielen des Islam: Welche Werte werden in der neuen Moschee gelehrt werden? Freiheit? Gleichberechtigung der Frau? Respekt vor den »Ungläubigen«? Offenheit gegenüber dem Land, das sie sich zur Heimat erwählt haben? Wird die Architektur traditionell sein? Warum wird diese und nicht eine zeitgenössische gewählt? Dienen Kuppel und Minarette nur der Erinnerung an die frühere Heimat, oder demonstrieren sie einen weiterführenden Anspruch? Trotz der großen Resonanz für sein Ansinnen verschärft Giordano in weiteren Beiträgen den Ton. Manche, die ihn über lange Jahre sehr schätzten, wenden sich von ihm ab. Andererseits erhält Giordano Berge von zustimmenden Briefen. Vielleicht zum ersten Mal fühlt er sich in der Mehrheit der Gesellschaft aufgehoben.

Währenddessen veröffentlicht der *Kölner Stadt-Anzeiger* eine repräsentative Umfrage des Meinungsforschungsinstituts »Omniquest«: Danach stimmen 35,6 Prozent der Kölner dem Bau uneingeschränkt zu, 27 Prozent wären einverstanden, wenden sich aber gegen die Größe des Entwurfs. 31,4 Prozent lehnen den Moscheebau generell ab.

Vom evangelischen Kirchentag in Köln zum Integrationsgipfel

Die Moscheedebatte wirkt bis in den Evangelischen Kirchentag hinein, der nur wenige Wochen nach dem »Streit im Turm« in Köln stattfindet. Hier trifft Alboga in einer mit 3.000 Zuhörern voll besetzten Halle auf den EKD-Ratsvorsitzenden, Bischof Wolfgang Huber. Er habe Huber gebeten, trägt Alboga vor, etwas für den Abbau der Spannungen in einer Zeit »zunehmender Islamophobie« zu tun. »Doch ich habe dazu von ihm bislang nichts gehört«, sagt Alboga und erntet dafür heftige Pfiffe. Die Kirche könne dennoch weiter mit »unserer festen Zusammenarbeit rechnen«, sagt er mit einem Anflug von Generosität. Ein weiterer Streitpunkt entwickelt sich bezüglich des Verhältnisses von Männern und Frauen. Energisch widerspricht Huber der These seiner muslimischen Gesprächspartner, dass Frauen und Männer im Islam gleiche Rechte besäßen: Nirgendwo sei ihm die unterschiedliche Behandlung der Geschlechter so deutlich geworden wie »in der Männerdominanz in der Moschee«.

Huber spricht Alboga auch auf die Verhältnisse in der Türkei an: Die Freiheit zur Religion sei genauso wichtig wie die Freiheit von Religion. In islamischen Staaten müssten hingegen Muslime sich zunehmend fürchten, wenn sie ihre Religion wechseln wollten. »Das muss sich ändern«, sagt Huber und verzichtet vollends auf jede Höflichkeitsattitüde, als er hinzufügt: »Appeasement an dieser Stelle wäre nur Verrat an der Religion.«

Der Streit auf dem Kölner Kirchentag ist charakteristisch für das sich verschlechternde Verhältnis zwischen christlichen Kirchen und islamischen Verbänden. Die Vertreter der Muslime reagieren ratlos auf die ungewohnte Angriffslust ihrer Gesprächspartner. Auf christlicher Seite verdichtet sich der Eindruck, dass die muslimischen Verbände nicht wirklich bereit sind, auf die Kirchen zuzugehen, und stattdessen ein doppeltes Spiel treiben.

Wenige Wochen später verschärft sich das Klima weiter. Alboga, der im Streit mit Giordano den Integrationsgipfel noch als Beispiel für die doch gelungene Integration nennt, sagt die Teilnahme an dem zweiten Gipfeltreffen ab. »Tief enttäuscht« sei er, erklärt Alboga im Gespräch mit *Spiegel online*. Er spricht gar von »politischer Hinterhältigkeit« der Bundesregierung und meint damit die von Bundestag und Bundesrat beschlossenen Verschärfungen des Einwanderungsrechts, die nach dem Willen der Bundesregierung zum Beispiel Zwangsehen erschweren sollen. Es habe keinen Sinn, erklärt Alboga, am Gipfel teilzunehmen: »Wir wollen nicht als Statisten an dem Integrationsgipfel teilnehmen und das Gesetz damit legitimieren.«

CDU formuliert neue Bedingungen für Moscheebau

So verschmelzen die Debatten auf der Ebene der »großen Politik« mit denen vor Ort. Im Kern geht es um die Frage, ob die Anhänger der islamischen Religion bereit sind, die ihnen bislang fremde Trennung von Religion und Staat zu akzeptieren. Wie lange kann es sich zum Beispiel der Bauherr Ditib leisten, als eine quasi staatliche Einrichtung der Türkei in Deutschland Religion zu organisieren?

Das ist auch ein Thema der Versammlung der CDU Kölns zum Moscheebau, zu der 500 Mitglieder kommen. Als der nordrhein-westfälische Integrationsminister Armin Laschet (CDU) die Ditib als »verlässlichsten Partner« für einen Moscheebau lobt, erntet er Pfiffe und Buhrufe. In der erregten Debatte stoßen sich viele Mitglieder gerade an der Nähe zum türkischen Staat. Ein junger Christdemokrat zitiert einen Ausspruch des türkischen Premierministers Erdogan aus seiner Zeit als Oppositionspolitiker in den 90er Jahren: »Das Minarett ist unser Schwert, die Moschee unser Helm und die Demokratie der Zug auf dem Weg zur Macht.«

Oberbürgermeister Schramma stellt sich der Skepsis entgegen: »Wir werden heute also nicht entscheiden, ob oder wie die Moschee gebaut wird. Das wird der Rat tun, und zwar zumindest mit einer rot-rot-grün-gelben Mehrheit, die heute schon steht.« Die Mitgliederversammlung beschließt eine Reihe von Bedingungen: Die Moschee soll allen gläubigen Sunniten zugänglich sein. Auf das Hissen der türkischen Flagge soll verzichtet werden und im Jugend- und Kulturzentrum deutsch gesprochen werden. Für die Predigten sollen zumindest deutsche Übersetzungen angefertigt werden. Vor allem aber soll der vorliegende Bauentwurf verkleinert werden. Schließlich appellieren die Christdemokraten »nachdrücklich an die türkische Regierung, die gleichen Rechte auch den Christen in der Türkei einzuräumen«.

Die Ditib bedauert die Entscheidung der CDU. Ihre Sprecherin Ikbal Kilic bezeichnet Teile des Beschlusses als »inakzeptabel« und kritisiert den »deutlichen Positionswechsel«. Die neuen Bedingungen würden »unsere Identität beschädigen und uns in unseren Bürgerrechten beschneiden«. Die Forderung, die Moschee müsse den Belangen aller in Köln lebenden Muslime Rechnung tragen, widerspreche der im

Grundgesetz verbürgten Glaubensfreiheit und dem Grundsatz der Gleichheit, so Kilic. »Nichtmuslimische Religionsgemeinschaften beispielsweise können ein Gotteshaus bauen, ohne andere Glaubensrichtungen in ihr Gemeindeleben integrieren zu müssen.« Die Ablehnung der bisherigen Baupläne sei ebenfalls nicht akzeptabel. Außerdem zeigt Kilic sich schockiert über die von CDU-Mitgliedern »mehrfach geäußerten öffentlichen Diffamierungen«. So hatte ein Redner den Koran mit Hitlers »Mein Kampf« verglichen.

Günter Wallraffs Sonderweg

Die CDU ist die einzige Partei, die sich in der Breite ihrer Mitglieder der Diskussion stellt. Mit dem »C« im Parteinamen ist sie stärker gefordert als die linken Parteien. Diese beschränken sich weitgehend darauf, gegen Fremdenhass und für Religionsfreiheit einzutreten, und beteiligen sich kaum an einer Debatte über Inhalte und Werte. Der Kölner DGB-Chef geißelt die im *Kölner Stadt-Anzeiger* geführte Debatte gar als »verantwortungslos« und »integrationsfeindliche Stimmungsmache«.

Anders Günter Wallraff, der seit vielen Jahren in Ehrenfeld wohnt. Als die Ditib ihn aufforderte, Mitglied des Moscheebeirats zu werden, lud er Alboga mit anderen Verbandsvertretern zu sich nach Hause ein und diskutierte am Küchentisch mit ihnen über seinen Vorschlag, in der Moschee aus Salman Rushdies Werk »Die satanischen Verse« zu lesen. Wallraff hatte Rushdie bei sich versteckt und damals eine Unterschriftensammlung für die Veröffentlichung des Buchs in Deutschland initiiert. Über viele Jahre ist das Verhältnis zu Rushdie und seinem Recht, die »Satanischen Verse« zu veröffentlichen, ein Kriterium, an dem er das moralische Verhalten von Politikern und anderen misst. Alboga hinterließ bei Wallraff den

Eindruck, sein Vorschlag habe eine echte Chance und werde jetzt in der Führung der Gemeinde diskutiert.

Während die Ditib offen reagierte, empörte sich ein Teil der Medien: Sonja Zekri, die zuvor Giordano abgefertigt hatte, warf nun Wallraff Erpressung vor. Andere formulierten Ähnliches, aber deutlich eleganter. Diese Reaktionen mögen Ditib zumindest ermutigt haben, die Lesung schließlich abzusagen, weil sie »die religiösen Gefühle der Muslime« verletze. »In einer Demokratie darf man auch zu dem Entschluss kommen, dass eine von einem prominenten Schriftsteller angefragte Veranstaltung nicht mit der religiösen Auffassung der Gemeinde zu vereinbaren ist«, sagte ein Ditib-Sprecher.

Derweil versucht Oberbürgermeister Schramma, in Gesprächen mit der Ditib-Spitze Zugeständnisse zu erreichen, in der Regel unter vier Augen mit Ditib-Geschäftsführer Mehmet Yildirim. Schramma vertraut ihm: »Wenn mir die Ditib versichert, dass der Muezzin nicht vom Minarett ruft, dann glaube ich ihm. Dafür brauche ich keinen Vertrag.« Doch das Vertrauen nimmt auf beiden Seiten ab. Die Ditib versteht nicht, dass ein Oberbürgermeister sich bemühen muss, die Beschlüsse seiner Partei zumindest zum Teil aufzunehmen. Schramma will zudem das Drittel der Bevölkerung gewinnen, dem die jetzige Moschee zu groß ist – und auch die nächste Wahl. Der Oberbürgermeister ärgert sich wiederum darüber, dass der neue Ditib-Vorsitzende, Sadi Arslan, in der Europa-Ausgabe der türkischen Zeitung *Sabah* erklärt: »Wir entscheiden, wie groß und breit die Moschee gebaut wird. Wir sind nicht bereit, Zugeständnisse zu machen. Wir haben uns nicht zu rechtfertigen.« Das mag an die eigenen Anhänger gerichtet sein, lässt aber neue Zweifel an der Glaubwürdigkeit aufkommen.

Um auch die Forderungen der CDU aufzunehmen, entwirft Paul Böhm schlankere und abstraktere Minarette, die weniger traditionell wirken. Doch scheint dieser Entwurf gerade bei wichtigen türkischen Moscheefinanziers in der Ditib auf große Skepsis zu stoßen. Sie wollen klassische Minarette mit einem Balkon.

Dieser Sammelband dokumentiert die verschiedenen Aspekte des Streits um den Bau von Moscheen in Deutschland. Dafür ist es gelungen, Gegner wie Befürworter zu gewinnen. Nur wenige haben sich mit dem Hinweis entzogen, nicht mit den anderen gemeinsam in einem Buch erscheinen zu wollen. Auch wenn die Debatte gelegentlich festgefahren scheint, so ist doch bei genauerer Beobachtung eine erstaunliche Bewegung zu erkennen. Das ermutigt.

Jörg Lau

Laut ruft der Muezzin

Es gibt eine neue Schärfe im Streit um den Islam in Deutschland. Das ist eine gute Nachricht. Wir sind aus der Ära des falschen Gleichmuts unmittelbar in die Verhandlungen über ein neues Wir eingetreten. Anzuerkennen, dass der Islam in Deutschland dazugehört, war nicht schon das Ende, sondern erst der Beginn eines Kulturkonflikts. Je enger man zusammenrückt, umso mehr fallen die Unterschiede ins Auge. Dass sie endlich zur Sprache kommen, müssen beide Seiten noch lernen, als gutes Zeichen zu lesen. Ein geplanter Moscheebau in Köln erregt mittlerweile die ganze Republik. Wir streiten um die Höhe von Minaretten und Kuppeln und um die nötigen Parkplätze. Aber in Wahrheit geht es um nichts Geringeres als die Einbürgerung einer Religion. Seit Monaten liegt die evangelische Kirche mit muslimischen Verbänden im Clinch über die Zukunft des Dialogs. Und nun stellt der oberste deutsche Katholik, der Mainzer Kardinal Lehmann, die rechtliche Gleichstellung des Islam mit dem Christentum infrage: Es sei »falsche Toleranz«, Religionen unabhängig von Geschichte und Mitgliederzahl gleich zu behandeln.

Tatsächlich war, was als Toleranz durchging, oft nur Gleichgültigkeit. Man wollte lieber nicht genau wissen, woran die anderen wirklich glauben. Nun drängt eine fremde Religion auf Anerkennung. Sie will heraus aus den Hinterhöfen und hinein in die Rundfunkräte. Sie baut repräsentative Moscheen, die den Ehrgeiz zeigen, das Stadtbild mitzuprägen. Dieser Anspruch setzt die Kirchen unter Stress, weil er ihr Monopol auf eine besondere Partnerschaft mit dem Staat infrage stellt. Doch auch ungläubige und kirchenferne Bürger reagieren allergisch: Die Dinge waren doch so schön geregelt, die Zeit der Kulturkämpfe war vorbei. Jetzt geht der religiöse Kampf um Anerkennung von vorn los. Die vitale Konkurrenz des Islam wirkt belebend auf die Kirchen, die nun wieder Profil zeigen müssen.

Kardinal Lehmann hat recht, vor der Beliebigkeit im Umgang mit der Religionsfreiheit zu warnen. Ohne sie kann es keinen liberalen Rechtsstaat geben. Eben darum ist es falsch, die Rechtsgleichheit für Muslime mit Verweis auf den besonderen Beitrag der Kirchen zur »europäischen Kulturidentität« für immer auszuschließen. Vor kurzem hat der Kardinal gesagt, er würde gern eine Messe in Saudi-Arabien lesen. Wer sich gegen die Unterdrückung der Kirchen in der islamischen Welt einsetzt, kann nicht Muslimen hierzulande gleiche Rechte verwehren. Sie sollten die Möglichkeit haben, eines Tages wie die Kirchen als Körperschaft öffentlichen Rechts anerkannt zu werden mit den arbeitsrechtlichen und steuerrechtlichen Privilegien. Bis dahin warten Lernprozesse mit offenem Ausgang – die Kirchen können ein Lied davon singen.

So muss der Deal lauten: Wir bieten die Einbindung in die öffentlich-rechtliche Ordnung. Wir verlangen dafür, dass Zweifel und Vorbehalte ernst genommen und nicht als »Islamophobie« abgetan werden. Auf dieser Basis werden in der Schäuble'schen Islamkonferenz, aber auch im Dialog mit den Kirchen endlich alle Fragen gestellt, die viel zu lange unterdrückt wurden. Wie haltet ihr es mit den Frauenrechten? Wie sieht es mit der Freiheit zum Glaubenswechsel für Muslime hier und in euren Herkunftsländern aus? Steht die Scharia über dem Grundgesetz? Seid ihr auf Dauer bereit, in religiöser Pluralität gleichberechtigt mit anderen zu leben? Bekennt ihr euch nur vorläufig und widerwillig unter dem Zwang der Diaspora dazu, oder könnt ihr aus eurem Glauben selbst begründen, warum ihr diese Ordnung bejaht? Muslime erleben solche Fragen verständlicherweise als Feindseligkeit. Sie sollten bedenken, was sich die Katholiken in ihren Kulturkämpfen alles haben sagen lassen müssen.

Der deutsche Staat muss seine kulturellen und religiösen Wurzeln nicht verleugnen, auch wenn er durch die Verfassung zu religiös-weltanschaulicher Neutralität verpflichtet ist. Zu unserer staatlichen Ordnung, die auch christlich geprägt ist, gehört die unteilbare Religionsfreiheit. Ohne Offenheit für andere Bekenntnisse wäre sie ein Deckname für Bigotterie.

Deutschland hat ein in Religionskriegen und Kulturkämpfen teuer erkämpftes System der Kooperation von Glaubensgemeinschaften und Staat. Es ist darauf spezialisiert, interkonfessionelles Misstrauen und Reserven gegen die Moderne abzubauen und produktiv zu machen. Es hat den Kirchen einen ungeheuren Wandel abverlangt und ihnen dafür großen Einfluss gegeben. Nichts spricht dafür, dass es nicht auch andere Glaubensrichtungen integrieren kann. Den Muslimen bietet es die Chance, Anerkennung im Tausch für Rechtsgehorsam zu bekommen.

Daraus folgt nun aber nicht, dass man den Muslimen die volle rechtliche Gleichstellung mit den Kirchen sofort und ohne weitere Nachfragen gewähren muss. Die Kirchen haben ihre Privilegien nicht zum Nulltarif bekommen, sondern nach einem schmerzhaften »wechselseitigen Lernprozess«, wie Kardinal Lehmann es formulierte. Lehmann selbst ist das beste Beispiel für die Intelligenz des deutschen Systems, ohne dessen Erziehungsleistung die Kirche hierzulande nicht so liberal (und Lehmann nicht Kardinal) wäre. Ob die Muslime den gleichen Weg gehen können, wird von vielen bezweifelt. Das ist kein abendländisches Vorurteil: Wie der Islam mit der Trennung von Religion und Staat zurechtkommen kann, fragen sich auch viele Muslime. Kein Grund, ihnen den Lernprozess zu verwehren, indem man a priori signalisiert, ihr kommt sowieso nicht hinein. Die Kirchen sind in Versuchung, so zu tun, als wäre der liberale Rechtsstaat immer schon ihr Herzensprojekt gewesen. Doch auch sie mussten dazu verführt werden, sich mit ihm einzulassen, um ihn schließlich von Herzen zu bejahen. Die katholische Kirche hat bis 1964, bis zum Zweiten Vatikanischen Konzil, mit der Religionsfreiheit gerungen.

Die Debatte ist zum Glück längst weiter, als Kopftuchstreit und Antimoscheeproteste ahnen lassen: Wer meint, das Kopftuchverbot sei mit dem freiheitlichen Staatsverständnis nicht zu vereinbaren, kann trotzdem gegen den Schleier als Zeichen für die Benachteiligung der Frau sein. Wer für die Gleichberechtigung der Muslime bei Sakralbauten ist, kann sehr wohl eine konkrete Moschee ablehnen, weil eine undurchsichtige Gruppe hinter ihr steht oder weil sie das eigene Viertel radikal verändern würde.

Die deutsche Politik ist über die falsche Alternative von Nachgiebigkeit oder Abschottung hinaus. Es schält sich ein deutsches Modell zur Integration des Islam heraus, auf das man in Europa zu schauen beginnt: wachsam gegenüber Islamisierungsversuchen, auf Rechtstreue pochend, doch respektvoll gegenüber dem Glaubenskern der anderen.

Der freiheitliche Staat braucht allerdings mehr als Rechtsgehorsam. Er ist auf das Entgegenkommen der Religionen angewiesen, in Jürgen Habermas' Worten »auf eine in Überzeugungen verwurzelte Legitimation«. Die Muslime müssen die Zweifel an ihrem Entgegenkommen ernst nehmen. Ihren Loyalitätskonflikt kann ihnen niemand ersparen, so wenig wie den Alteingesessenen das Leben mit einer irritierenden religiösen Vielfalt, Minarette eingeschlossen.

Der Text erschien in der *ZEIT* vom 28.6.2007

Ralph Giordano

Nicht die Moschee, der Islam ist das Problem

Am 11. Mai 2007 fand auf Initiative des *Kölner Stadt-Anzeigers* vor laufender Kamera des Internetfernsehens ksta.tv ein vehement konträr geführtes und am 16. Mai ins Netz gestelltes Streitgespräch zwischen Bekir Alboga, dem Vorsitzenden des türkischen Migrantenverbandes Ditib, und mir über das Projekt einer zentralen Großmoschee in Köln-Ehrenfeld statt. Dabei forderte ich gleich zu Beginn an die Adresse des Oberbürgermeisters Fritz Schramma: »Stoppen Sie diesen Bau, der kein Ausdruck muslimischen Integrationswillens ist, sondern ein Zentrum integrationsfeindlicher Identitätsbewahrung, das Symbol eines Angriffs auf unsere demokratische Lebensform, ein Anspruch auf Macht und Einfluss.«

Die Folge dieses Protestes kann nur als explosiv bezeichnet werden. Ganz offenbar habe ich damit etwas ausgesprochen, was vielen Deutschen auf der Seele liegt. Anders ist die Lawine nicht zu erklären, die, endlich losgetreten, über die deutsche Medienlandschaft hinwegdonnerte und aufdeckte, wie allgegenwärtig und hochbewusst da etwas vor sich hingeschwelt hat, was von der Politikerklasse über Jahrzehnte hin regierungsübergreifend sträflich verdrängt, hartnäckig geleugnet und immer wieder geschönt worden ist: die Furcht vor einer schleichenden Islamisierung unseres Landes.

Nur *zu* berechtigt, hat sie drei Dimensionen: eine lokale, eine nationale und eine internationale.

Noch war der erste Pulverdampf des Kampfes um den Bau der zentralen Großmoschee in Köln-Ehrenfeld nicht ganz verflogen, da wurde ich auch schon eingedeckt von Hunderten Briefen, Faxen und Telefonaten, die fast ausnahmslos einen ebenso einheitlichen wie bestürzenden Tenor hatten: »Wir stehen hinter Ihrer Kritik, wagen aber nicht, sie auszusprechen, weil wir dann in die falsche, die neonazistische Ecke gestellt werden, wo wir nicht hingehören.«

Ein Unisono, das schwarz auf weiß bestätigt, wie wirksam das niederträchtigste aller niederträchtigen Totschlagargumente der »political correctness« – »Wer sich gegen den Bau der Großmoschee stellt oder Kritik am Islam übt, befördert die Sache der Nazis von heute« – immer noch ist. In meinem konkreten Fall war es der Versuch der vom Verfassungsschutz als rechtsextrem eingestuften Partei »Pro Köln« (einzige Stadtratsfraktion gegen den Moschee-Bau), mich mit der Losung »Giordano auf Pro-Köln-Kurs« für sich zu vereinnahmen und zu instrumentalisieren. Worauf ich umgehend öffentlich konterte: »Pro Köln« sei »die lokale Variante des zeitgenössischen Nationalsozialismus, die, wenn sie könnte, wie sie wollte, mich in eine Gaskammer stecken würde.« Eine Reaktion, die die stark desillusionierte braune Truppe veranlasste, mir mit einem Verfahren zu drohen, dem ich, falls es tatsächlich eröffnet werden sollte, mit freudiger Erregung entgegensehe.

Dass einem die falschen »Bundesgenossen« auf die Schulter klopfen, ist hässlich – noch hässlicher aber ist die Sackgassenlogik, sich deshalb mundtot machen zu lassen, den Schwanz einzuziehen und den Rassisten mit ihren ganz anderen, ausländerfeindlichen Motiven gegen den Bau der Moscheen das Feld zu überlassen – nein, nein und nochmals nein!

Man braucht, verdammt nochmal, kein Überlebender des Holocaust zu sein, um mit bürgerlichem Selbstbewusstsein den nach wie vor in linken Denkschablonen steckenden deutschen »Umarmern«, Multikulti-Illusionisten, xenophilen Einäugigen und Beschwichtigungsdogmatikern couragiert die Stirn zu bieten. Niemand sollte sich in seiner Meinung einschüchtern lassen, weder durch unbelehrbare Deutsche noch durch radikale Muslime (sage ich, der im Fadenkreuz beider steht).

Umfragen des *Kölner Stadt-Anzeigers* ergaben: Ein starkes Drittel der Bevölkerung hatte gegen den Bau der Moschee nichts einzuwenden, ein fast ebenso großer Teil war dagegen, während über zwanzig Prozent ein kleineres als das geplante Gebäude befürworteten. Schon dieses Resultat, das sich inzwischen zweifellos zuungunsten der Baubefürworter verändert hat, bestätigt, wie nötig eine Befragung der Bevölkerung gewesen wäre. Wahrer Bauherr der Großmoschee sind ohnehin nicht Kölns Bürgermeister und zustimmende Stadtratsfraktionen, nicht der deutsche Architekt und auch nicht die Ditib, sondern deren verlängerter Arm – das Amt für religiöse Angelegenheiten Diyanet in Ankara. Dort, in dieser autoritär geführten Staatsbehörde, ist das Projekt ausgeheckt worden, wie all die anderen Großmoscheen, die in Deutschland mit Namen von osmanischen Eroberern wie Pilze aus dem Boden schießen – sakrale Großbauten, Symbole einer Landnahme auf fremdem Territorium, Strategie einer türkischen Außenpolitik, die längst dabei ist, in Deutschland mitzuregieren. Zwischen vielbeklagter Hinterhofmoschee und zentraler Großmoschee hätte es zahlreiche Abstufungen ohne Abschreckungseffekt gegeben. Nun aber, im Falle von Köln-Ehrenfeld, hat sich die Diyanet einen verräterischen Schritt zu weit nach vorn gewagt.

Sollte die Großmoschee ungeachtet aller Einwände und wie auf dem Reißbrett entworfen errichtet werden, so geschähe das gegen den erklärten Willen einer nicht unbeträchtlichen Bevölkerungsmehrheit.

Ich dagegen, Kuriosum meiner späten Tage, stelle nicht ohne Bewegung fest: Zum ersten Mal in meinem publizistischen Leben steht eine Mehrheit der Deutschen hinter mir – oder, mir so lieber, stehe ich hinter ihr. Ein ziemlich gewöhnungsbedürftiger, aber doch wohltuender Gedanke.

II. Zur nationalen Dimension

Vor uns liegt der Scherbenhaufen einer total verfehlten Immigrationspolitik, die sich hartnäckig geweigert hat, Deutschland zu einem Einwanderungsland zu erklären und es mit den entsprechenden Kontrollregularien und Gesetzen auszustatten. Dieses folgenreiche Versäumnis hat nach dem Zustrom vorwiegend türkischer »Gastarbeiter« in den 60er und 70er Jahren eine gewaltige Zuwanderungswelle zur Folge gehabt, die in nichts den völlig berechtigten Eigennutzinteressen des Aufnahmelandes und seiner Mehrheit entsprach, sondern sich einer noch unter dem Druck der NS-Vergangenheit stehenden allergischen Furcht vor der Anschuldigung »Ausländerfeinde, Fremdenfeinde!« verdankte. Und die eine Milliardenbelastung der Sozialkassen war – und ist. Das Ergebnis dieser Politik ist die Anwesenheit von Millionen Menschen aus einer gänzlich anderen Kultur, viele von ihnen ohne jede Qualifikation und nur bedingt integrationsfähig und -willig.

Und so gab es denn jahrzehntelang von deutscher Seite nichts als Hilflosigkeit, Konfliktscheue und falsche Toleranz: die Keule »Kreuzzüge« verinnerlichende Defensive der christlichen Kirchen beim sogenannten »interreligiösen Dialog«; verheerende Nachsicht der Justiz gegenüber muslimischen Straftätern, bis hin zum (gescheiterten) Versuch, Teile der Scharia in die deutsche Rechtsprechung einzuspeisen. Halbherziges

Vorgehen und wehrloses Wegschauen von Polizei und Verfassungsschutz; sowie beängstigende Reserve gegenüber islamischen Organisationen, die den Terror offen unterstützen.

Mir unvergesslich eine Szene aus dem Düsseldorfer Prozess gegen den berüchtigten »Kalifen von Köln«, Muhammet Metin Kaplan. Die Verhandlung hatte ein so schwächliches Vorgehen deutscher Sicherheitsorgane gegen Anhänger des fundamentalistischen Islam offenbart, dass dem Vorsitzenden des 6. Strafsenats am Oberlandesgericht einfach der Kragen platzte und er gegen »lasches und überängstliches Vorgehen, ja, wehrloses Wegschauen von Polizei, Verfassungsschutz und Politik« loswetterte. Das aus deutschem Richtermund – der Saal war wie vom Donner gerührt.

Zur Beruhigung kann das kaum beitragen. Steht doch noch zur historischen Prüfung aus, was diese »Vorsicht« dazu beigetragen hat, dass ausgerechnet Deutschland zum »Parkplatz« für einige der »Schläfer« werden konnte, die mitten unter uns dann zu ihrer Todesfahrt nach Übersee erwachten und dort am 11. September 2001 Tausende von Menschen ermordeten.

Muss bei uns wirklich erst Blut geflossen sein, ehe die professionellen Bedenkenträger sich für effektivere Maßnahmen zum Schutz der demokratischen Republik und ihrer Bevölkerung bewegen lassen, als es die bisherigen sind?

Fragen, die Deutschland sich gefallen lassen muss.

Indessen erodiert das Vertrauen in die Selbstbehauptung der demokratischen Republik durch die Tatenlosigkeit der Politiker. Hier ein paar Zitate aus zwei der vielen Briefe, die mich erreichten: »Ich bin entsetzt über die Leute der 68er-Generation, die in meinen Augen blauäugig und in falschem weichgespülten Toleranzgebaren einer hochaggressiven Religion die Hand reichen, ohne die Dynamik dieser Glaubensgemeinschaft einschätzen zu können.«

Ein zweites: »Ich bin entsetzt über Politiker, die sich auch aus intellektueller Bequemlichkeit weigern, eine entschiedene Auseinandersetzung mit islamischen Vertretern zu führen.«

Und ein drittes: »Mir macht der Islam erhebliche Angst, besonders als Frau stößt mich diese Religion mit ihrem autoritären patriarchalischen Ehrbegriff ab. Mehr Angst aber machen mir Politiker, die ihre Denkmuster von Toleranz und Antirassismus heute nicht einer Neudefinition unterziehen. Nur wenige von ihnen sind in der Lage, die intellektuellen Wertmesser ihrer Jugend in Frage zu stellen.«

Wahrlich!

Nicht, dass es keine Beispiele gelungener Integration in die Mehrheitsgesellschaft gäbe – es gibt sie. Nur: Exemplarisch werden sie auch dadurch nicht, dass türkische Migrantenverbände dauernd versuchen, die Ausnahme zur Norm zu erklären. Erschreckenderweise deuten vielmehr alle Anzeichen darauf hin, dass die derzeitige, also die dritte Generation islamischer denkt als ihre Eltern und Großeltern, und dass ein Teil von ihr anfälliger für radikale Ideen ist als diese.

Das Ergebnis im Spiegelbild der Gegenwart: Vierzig Prozent der türkischen Jugendlichen sind, primär bedingt durch mangelnde Sprachkenntnisse, ohne Schulabschluss, also beruflich und sozial ausgegrenzt. Die Sprachdefizite vor allem der Großmütter und Mütter sind also inzwischen an die dritte Generation der Enkelinnen und Enkel weitergegeben worden, ohne dass eine Änderung dieser Situation in Sicht ist. Zumal den weiblichen Mitgliedern eines religiös dominierten Kulturkreises nach wie vor die Teilnahme am sozialen Leben der deutschsprachigen Mehrheit versagt bleibt.

Die unbequemste aller unbequemen Wahrheiten lautet denn auch: Das Multikulti-Ideal hat sich als Blindgänger erwiesen – die Integration ist gescheitert.

Und die »Parallelgesellschaften«, inzwischen auch »Gegengesellschaften« genannt, sind der deprimierende Ausweis dafür. Es sind türkischstämmige Kritikerinnen und Kritiker, die uns authentisch berichtet haben von der Norm eines Alltags der Unterdrückung, der Abschottung, der Ausbeutung, der Zwangsehe und der Gefangenschaft muslimischer Frauen und Mädchen, bis hin zu der namenlosen Perversität der sogenannten »Ehrenmorde«.

Sie prangern eine Kultur an, in der Frauen nicht wählen und nicht entscheiden dürfen, mit wem sie zusammen sein wollen, und die bei Widerspruch und Widerstand Gefahr laufen, verletzt oder getötet zu werden. Erschütternd, was Necla Kelek in ihrem Buch »Die fremde Braut. Bericht aus dem Inneren des türkischen Lebens in Deutschland« berichtet. In Deutschland! *Hier* also findet eine erschreckende Verarmung des Beziehungsreichtums zwischen den Geschlechtern statt, *hier* wird die sexualpathologische Grundlage der Verhüllungsrituale exerziert, *hier ist* die Gleichstellung der Frau die Schlüsselfrage (wie in der muslimischen Gesellschaft überhaupt).

All das aber wird von Funktionären der Migrantenverbände immer wieder geleugnet, Fakten werden zu Meinungen gemacht – nach Hannah Arendt ein Grundmerkmal totalitären Denkens. Ein kluger Journalist der *FAZ* hat diese Taktik einmal einen *»Krieg gegen die Empirie«* genannt – nachweisbare Wirklichkeiten und Tatsachen werden rundweg ignoriert, Schmerzhaftes sofort geleugnet. Ob es sich um die hohe Betroffenheit türkischer Frauen durch Gewalt in ihrer Paarbeziehung handelt; um die Zunahme aggressiver Verhaltensweisen männlicher Jugendlicher gegen Lehrerinnen und Mädchen ohne Kopftuch (alles »Schlampen und Huren«), um die Hassprediger, den extensiven Antisemitismus oder um unverhülltes Sympathisantentum mit dem Terror im Namen Allahs: nach der Sprachregelung des »Kriegs gegen die Empirie« alles nur »Meinungen«, Hirngespinste von Islamophoben – ein Vorgehen, das jeden ernsthaften Diskurs aufhebt und unmöglich macht.

Hinter all dem aber steckt eines der großen kulturimmanenten »schwarzen Löcher« des Islam und seiner Historie – das Fehlen jeglichen Zugangs zur »kritischen Methode«, der großen Errungenschaft menschlicher Geistes- und Emanzipationsgeschichte. Es ist genau dieses Defizit, das auf islamischer Seite sofort jede *Kritik* in *Beleidigung* umwandelt.

Dabei müssen beide Seiten lernen, die Dinge beim Namen zu nennen. Die deutsche muss sich ihrer epochalen Fehleinschätzung des Migrantenproblems und der daraus entstandenen katastrophalen Situation bewusst werden und zu neuen Formen der Zuwanderungspolitik kommen, zu der selbstverständlich auch ein kontrollierter Zuzugsstopp gehört. Die muslimische Seite muss die nicht hinnehmbaren Akte von türkischer Gewaltkultur, Nationalismus, Fundamentalismus und öffentlicher Drohung mit demographischen Eroberungsvisionen bekämpfen (»Was den Türken 1685 vor Wien nicht gelang, werden die Lenden unserer jungen Männer schaffen« – so kann man es oft hören).

Das Verhältnis zwischen Mehrheitsgesellschaft und muslimischer Minderheit ist ungefestigt. Es gehört nicht viel Phantasie dazu, sich auszumalen, was geschehen wäre, wenn die von Muslimen auf deutschem Boden geplanten, aber vereitelten Attentate geglückt wären – mit Hunderten von Toten und Verletzten. Erreichte uns der Terror aber ohne sichtbare Fortschritte im Verhältnis Mehrheitsgesellschaft – muslimische Minderheit, so würden der Republik Erschütterungen von bisher unbekannten Ausmaßen ins Haus stehen.

So wenig wie die muslimische Minderheit unter Generalverdacht gestellt werden kann, so wenig kann ihr ein Blankoscheck für Wohlverhalten ausgestellt werden. Wenn ihre Mehrheit denn ein friedliches Leben will (und davon ist auszugehen), so wäre sie gut beraten, das unmissverständlich zu bekunden, und zwar so oft die Lage es erfordert. Solche Proteste hat es gegeben, keineswegs aber schon in der Lautstärke, die die Voraussetzung für ihre Glaubwürdigkeit wäre.

Ein Wort noch zu der höchst zwielichtigen Rolle vieler türkisch-muslimischer Migrantenverbände in Deutschland, allen voran die am Tropf der türkischen Religionsbehörde Diyanet hängende Ditib, die »Türkisch-Islamische Union der Anstalt für Religion e. V.« Obwohl sie andauernd ihre Treue zum Grundgesetz beteuert, hielte ihr vorgegebenes laizistisches Islamverständnis einer näheren Prüfung nicht stand. Türkische Kritiker halten sie für von radikalnationalistischen Organisationen unterwandert und nennen Querverbindungen zu Verbänden und Parteien, die statt auf Integration auf kulturelle Identitätsbewahrung der Immigranten und ihrer Nachkommen hinarbeiten. Außerdem ist inzwischen bekannt, dass Ditib-Imame eine Sonderausbildung erhalten, die den Völkermord an den Armeniern 1915/16 im türkisch-osmanischen Reich zu einem »Mythos« erklärt – »Auschwitz-Lüge« auf Türkisch.

Was wissen wir von der Tätigkeit der vielen zugewanderten international-islamistisch orientierten Funktionsträger innerhalb der nicht mehr zu zählenden Verbände? Und wie ehrlich können denn Bekenntnisse zu den Prinzipien der säkularen Demokratie sein, wenn es doch die »Taqiyya« gibt? Also die ausdrücklich vom Koran sanktionierte Erlaubnis zu Täuschung und Verstellung in der Auseinandersetzung mit »Ungläubigen«. Nirgendwo bin ich auf mehr Unfähigkeit zu Selbstreflexion, zu Selbstkritik und Selbstironie gestoßen als in diesen Kreisen, dafür aber auf einen Dauerzustand nervösen Beleidigtseins, das seine Sensibilitäten zur letzten Instanz machen will.

Buchstäblich rot jedoch sehe ich, wenn die Ditib und andere Migrantenverbände wieder einmal penetrant auf Religionsfreiheit pochen, sobald sich Widerstand gegen ihre inflationären Moschee-Projekte regt. Und das nicht etwa, weil ich die grundgesetzlich garantierte Religionsfreiheit aufgehoben wissen will, sondern weil ich keinerlei parallele Bemühungen dieser Verbände für Religionsfreiheit in der Türkei entdecken kann. Es gibt sie nicht. Wohl aber schwere Restriktionen und Schlimmeres bis zum Mord an Christen und Andersgläubigen. Da wird ein Prinzip sichtbar, das allen Aktivitäten muslimischer Verbände eigen ist, eingeschlossen den »Zentralrat der Muslime in Deutschland« (ZDM) oder die »Islamische Gemeinschaft in Deutschland« (IGD): zu fordern, fordern und fordern, ohne jeden Sinn für eine Bringschuld.

IV. Zur internationalen Dimension

Die unbequemste, ja, bedrohlichste Frage unter all den unbequemen und bedrohlichen Fragen lautet: Ist der Islam reformierbar, ist er modernisierbar? Sind Islam und die Scharia, das islamische »Rechtssystem«, in Übereinstimmung zu bringen mit Demokratie, Menschenrechten, Meinungsfreiheit, Pluralismus und, dies der Kernpunkt überhaupt, mit der Gleichstellung der Geschlechter? Fragen, die den Islam derzeit und für lange noch auf den Prüfstand der Zeitgeschichte stellen.

Überraschenderweise sind die größten Zweifler Muslime selbst. Und das so punktgenau und tabulos, wie es kein Europäer oder Amerikaner je auszusprechen wagen würde. Als Beleg seien einige Sätze aus der Feder des großen deutschtürkischen Schriftstellers Zafer Senocak zitiert:

»Kaum ein islamischer Geistlicher, geschweige denn ein frommer Laie ist willens und in der Lage, das Kernproblem in der Denkstruktur des eigenen Glaubens zu sehen. Sie sind nicht bereit zur kritischen Analyse der eigenen Tradition, zu einer schonungslosen Gegenüberstellung ihres Glaubens mit der Lebenswirklichkeit in modernen Gesellschaften.«

Was sind Salman Rushdies »Satanische Verse« gegen diese Analyse, die die Lehre und Praxis des muslimischen Glaubens schonungslos als die eigentliche Quelle der enormen Schwierigkeiten des Islam bei seinem Anpassungsversuch an die Moderne vorführt, also die endogenen, die eigenen Übel zur wahren Ursache des Terrors erklärt? Und damit die Säkularisierung des Islam zur Voraussetzung seiner Zukunft macht.

Ein riesiger, revolutionsüberreifer Teil der Menschheit, die »Ummah«, die globale Gemeinschaft der Muslime, so differenziert er in sich ist, droht an seiner eigenen Rückständigkeit zu ersticken. Zwar bildet die Türkei von heute ihrer kemalistisch-laizistischen Segmente und ihres Entwicklungsstandes wegen eine Ausnahme; was aber den Grundkonflikt zwischen Islam und Moderne anbetrifft, steckt sie mittendrin – und das im Zeichen einer schleichenden, vom Militär argwöhnisch beobachteten Islamisierung.

Wenn es denn stimmen sollte, dass es einen Unterschied zwischen Islam und Islamismus gibt (was wiederum gerade Muslime bestreiten), dann sollte der Islam bemüht sein, den Unterschied glaubhaft zu machen. Denn wenn das nicht geschieht, kann er bald schon identifiziert werden mit einer Bewegung, die das Zeug zum Totalitarismus des 21. Jahrhunderts in sich trägt. Die Merkmale anhand gegebener historischer Vergleichsmöglichkeiten sind alarmierend genug – von der absoluten Entgrenzung der Gewalt und ihrer Rechtfertigung als revolutionäre Notwendigkeit über das Bild von Menschen als Schädlinge aufgrund ihrer Rassen-, Klassen- oder Religionszugehörigkeit bis hin zum erklärten Ziel des politischen Islam: »Umsturz der gottlosen Regierungen des Westens und ihre Ersetzung durch islamische Herrschaft.«

Ich glaube nicht daran, dass diese wahnsinnigen Fiktionen Wirklichkeit werden könnten. Aber schon über den Versuch der Verwirklichung könnte die Welt zuschanden werden, und nicht nur die islamische.

Der Kampf ist in vollem Gange – und Deutschland, Europa stecken mittendrin. Daher: Nicht die Moschee, der Islam ist das Problem.

V. »An der Seite friedlicher Muslime ...«

Ich bin kein Türkenschreck, kein Anti-Muslim-Guru, ich habe nicht zum Bürgerkrieg mit den Söhnen und Töchtern Allahs aufgerufen. Wer wagt es, meiner Zuversicht zu widersprechen, dass diese Minderheit, wie nicht anders zu erwarten, voll ist von liebenswerten und liebenswürdigen Menschen? Und wer wagt es, mich einen Ausländer- oder Fremdenfeind zu schimpfen, wenn ich sage: Dennoch sind auch sie – keine Selbstmordattentäter, keine Fundamentalisten, keine Extremisten – ein großes, ein sozio-kulturelles Massenproblem. Und das wegen ihrer Herkunft aus einem Orbit, der so verstörend anders ist als der judäo-christliche unserer europäischen Vergangenheit und Gegenwart, dass gefragt werden muss: Ist diese Minderheit überhaupt kollektiv integrierbar? Von allen wahrscheinlichen Geschichtsbildern für das Deutschland des 21. Jahrhunderts ist die Verneinung dieser Frage das wahrscheinlichste. Dennoch aber müssen Mehrheitsgesellschaft und muslimische Minderheit miteinander auskommen.

Was deshalb beide Seiten zu tun haben, ist, mit allem Ernst die Unterschiede zu sehen und dabei zivilisatorische Umgangsformen zu wahren, deren oberstes Gebot Gewaltlosigkeit ist. Dabei stehen schwere Zeiten bevor, denn Terroristen, Fundamentalisten und Extremisten werden sich nicht an diese Formen halten. Und doch darf es dabei kein anderes Kontinuum geben als das hohe Gut des gegenseitigen Respekts. Ein feiges Einknicken vor Unzumutbarem bedeutet das nicht.

Ich habe durch meine Kritik am Bau der Kölner Moschee ungeplant ein hochexplosives, aber lange verdrängtes Thema in das öffentliche Bewusstsein befördert. Dabei werde ich auch weiterhin auf meiner kulturellen Selbstbehauptung beharren, auf einer Lebensform, die die meine ist und in mannigfacher Hinsicht mit der islamischen nicht übereinstimmt. Ich werde mich auch weiter abgestoßen fühlen durch verhüllte oder Kopftuch tragende Frauen und Mädchen – was sich nicht gegen sie als Personen richtet, sondern gegen ein religiös dominiertes Patriarchat und seine Verwalter. Auch werde ich meine Ansicht von Meinungsfreiheit nicht einem Ungeist anpassen, der sie so auslegt: »Alle haben das Recht, ihre Meinung frei auf eine Weise auszudrücken, die der Scharia nicht zuwiderläuft.« Dazu abermals nein, nein und nochmals nein! Ich will sagen dürfen, dass ich die Scharia, das Gesetz des Islam, für notorisch grundgesetzwidrig halte, für einen skandalösen Anachronismus, das Fossil einer überholten Epoche und ein schweres Hindernis auf dem Wege zur Reformierung und Modernisierung des Islam. Dabei wird die Scharia von mir genauso selbstverständlich in die kritische Methode einbezogen wie der Koran, die Biographie Mohammeds und das Alte und das Neue Testament. All das und mehr will ich sagen, schreiben und denken wie bisher und den Teufel tun zu fragen, ob ich das darf oder nicht – offizielle Fatwa-Drohung hin, inoffizielle her.

Wo sind wir denn, dass wir uns überlegen müssten, ob unser Tun und Handeln radikalen Muslimen gefällt oder nicht? Wo sind wir denn, dass wir uns in vorauseilendem Gehorsam von religiösen oder anderen Fanatikern vorschreiben ließen, was wir veröffentlichen dürfen oder nicht? Wo sind wir denn, dass wir in die Knie gehen vor von hiesigen Imamen jederzeit abrufbaren Zorn- und Empörungskollektiven zwischen Kairo und Bali, wie sie uns der Streit um die dänischen »Mohammed«-Karikaturen so drastisch vorgeführt hat? Und wie lange eigentlich sollen wir noch strammstehen vor Traditionen, Sitten und Gebräuchen, die jede Kritik in Beleidigung umfälschen, selbst aber höchst verschwenderisch mit Verbalinjurien gegen Andersdenkende um sich werfen?

Ich wehre mich gegen ein Erpresserpotenzial, das uns unter islamische Zensur stellen will und seine Tentakel dafür von Zentralasien bis in die Mitte Europas unter dem Motto »Wer nicht kuscht, der lebt gefährlich« ausgeworfen hat. Ich werde mir auch weiterhin von der Seele schreiben, was dabei ist, mich auf meine späten Tage das Fürchten zu lehren: die grüne Blauäugigkeit deutscher »Umarmer« und die Sirenentöne der professionellen Taqiyya-Rhetoriker und -praktiker.

An dieser Stelle wiederhole ich meinen Appell an Kölns politische Spitze, die sich nach wie vor mit einer Überheblichkeit sondergleichen über den immer deutlicheren Protest einer großen Bevölkerungsgruppe hinwegsetzt: »Stoppen Sie den Bau *dieser* Moschee! Gäbe es doch zwischen Hinterhof- und Großmoschee viele Abstufungen ohne jenen Abschreckungseffekt, den der Köln-Ehrenfelder Entwurf hervorgerufen hat!«

Sollte es denn wahr sein, dass sie als Fatih-Moschee geplant war, also wie viele andere in Deutschland ebenfalls nach einem osmanischen Eroberer benannt werden sollte, diese Absicht nun aber nach der stürmischen Gegenwehr zurückgenommen würde, so bestätigte sich damit nur noch einmal die taktische Unredlichkeit von Ditib und Diyanet: Von dem ursprünglichen Geist der Namensgebung – mehr Macht, mehr Einfluss – nähme diese vermeintliche Rücksichtnahme nichts weg.

In der öffentlichen Auseinandersetzung hat so gut wie keine Schmähung, Falschdeutung oder Anschuldigung gegen mich gefehlt, darunter immer wieder diese: »Giordano, wir verstehen Sie nicht mehr – gerade Sie als Jude sollten doch ...« O ihr begrifflosen Mahner!

Es sind ja gerade die unter der Verfolgung durch den Nationalsozialismus bitter erkämpften Kriterien, die mich heute so sensibel machen gegen eine neue, originäre Form globaler Furchtverbreitung: gegen den unter Alibiberufungen längst zum Selbstzweck bloßer Zerstörung gewordenen politischen, den militanten Islam, seinen bewaffneten Arm und seine fünften Kolonnen.

Ich brauche mich hier nicht als Anwalt von Minderheiten auszuweisen – bin ich doch fast mein ganzes Leben nichts anderes gewesen, nachdem ich in Hitlerdeutschland selbst einer tödlich bedrohten Minderheit angehört hatte. Die Trauerrede, die ich nach dem Verbrennungstod dreier Türkinnen in Solingen gehalten habe, war, ist und wird für immer das Credo meines Kampfes gegen Fremden- und Ausländerhass sein. Dafür habe ich mir eine Bibliothek rechter Drohbriefe eingehandelt, die jetzt ergänzt wird durch nicht minder mörderische aus muslimischer Feder. Aber auch sie werden mich niemals daran hindern, mich, wann immer nötig, weiterhin schützend vor Muslime gegen ihre rassistischen Feinde zu stellen.

Aber wenn es denn der Preis sein sollte, und es sieht so aus, ohne Schmusekurs in diesem Konflikt alte Freunde zu verlieren und sich neue Gegner zu schaffen, dann bin ich bereit, ihn zu zahlen. Und das, wie bisher, weiter an der Seite so tapferer Frauen wie Necla Kelek, Arzu Toker, Emine Sevgi Özdamar, Seyran Ates, Ayyan Hirsi Ali – und aller anderen friedlichen Muslima und Muslime auf der Welt.

Henryk M. Broder

Eine Moschee für eine Kirche

Herr Broder, der Schriftsteller Ralph Giordano ist gegen den Bau einer Zentralmoschee in Köln, weil die Integration der Muslime gescheitert sei. Hat er recht?

Ich stimme sonst meistens mit meinem Freund Giordano überein, aber an diesem Punkt nicht. Mag sein, dass die Integration gescheitert ist. Der Bau von Moscheen hat aber damit nichts zu tun. Man kann Menschen, die hier leben, die man hierhergeholt hat, nicht verbieten, in Würde in eigenen Gotteshäusern zu beten. Die Muslime sind hier. Neu ist, dass sie dies nun auch in Architektur zum Ausdruck bringen.

Kann eine Moschee auch für Öffnung sorgen, weil die Gläubigen aus ihren Hinterhofgebetsräumen herauskommen?

Das glaube ich nicht. Das ist eine typische Gutmenschen-Argumentation. Es ist von allen anderen Fragen völlig unabhängig erst mal richtig, wenn Menschen in Würde beten können. Wir wollen ja auch nicht in einer schmutzigen Kirche oder einer schmutzigen Synagoge im Hinterhof beten müssen. Aber ob die Muslime sich öffnen, sich integrieren, hängt von anderen Dingen ab. Ob ihre Kinder Deutsch lernen, ob die Eltern bereit sind, sich an die deutsche Gesellschaft anzupassen.

Die Ditib als Bauherrin ist über das Amt für religiöse Angelegenheiten eng mit dem türkischen Staat verbunden, der strikt säkular verfasst ist. Ein Vorteil?

Dass die Ditib einer gewissen staatlichen Regulierung unterworfen ist, ist jedenfalls nichts Schlechtes. Aber es ist auch keine Garantie, weder für Integrationsbereitschaft noch dagegen. Wenn deutsche Reporter Moscheen besuchen, dann hören sie auch in Ditib-Gemeinden schockierende Äußerungen zu Zwangsehen oder Ehrenmorden. Die Bauherrenschaft garantiert noch keine Inhalte.

Als Konsequenz gibt es die Forderung, in der Moschee müsse auf Deutsch gepredigt werden.

Das sind doch alles untaugliche Versuche, die Kontrolle zu behalten über etwas, was unheimlich scheint. In russischen Gemeinden wird russisch gebetet, in griechischen auf Griechisch, die Juden beten auf Hebräisch. Sie können doch den Menschen nicht verbieten, die Liturgie in ihrer Muttersprache zu halten, nur damit der Herr vom Verfassungsschutz es beim Mitschreiben leichter hat. Die Architektur, die Gebetssprache – das sind doch alles Diskussionen, die mit dem Inhalt der Sache nichts zu tun haben.

Kann man die Inhalte überhaupt beeinflussen?

Das ist eine komplizierte Angelegenheit, wenn man nicht in die Religionsfreiheit eingreifen will. Wir können ja nicht einer Religion die Rechte verwehren, die alle anderen in Anspruch nehmen. Vielleicht ist das eine denkbare Strategie: Man müsste von der lokalen auf die globale Ebene kommen. Das heißt, dass selbstverständlich in Ehrenfeld eine Moschee gebaut werden kann. Aber im Gegenzug muss dafür in der Türkei eine Kirche gebaut werden dürfen.

So viele Christen gibt es doch in der Türkei gar nicht.

Sie muss nicht gebaut werden, wenn kein Bedarf besteht, aber das Recht zum Bau muss es ganz offiziell geben. Ich beziehe das auch nicht nur auf die Türkei, das gilt auch für Ägypten, für Pakistan – für die muslimische Welt allgemein.

Die Bedingung dürfte schwer zu erfüllen sein.

Wir zahlen weltweit mit den gleichen Kreditkarten, wir reisen mit den gleichen Fluglinien – also sollte auch dieses Thema auf Gegenseitigkeit aufbauen. Ich bin strikt dagegen, in Vorleistung zu gehen, solange in muslimischen Ländern Christen verfolgt werden oder Salman-Rushdie-Puppen brennen.

Damit zwingen Sie hier lebende Muslime, sich zu Vorgängen in anderen Ländern zu verhalten. Ist das fair?

Sie machen das doch jetzt auch schon. Die muslimischen Verbände in Deutschland äußern sich doch ständig über die islamische Welt, sie relativieren und verharmlosen. Bei der Islamkonferenz von Innenminister Schäuble hat sich der islamische Koordinierungsrat geweigert, die Schlusserklärung zu unterschreiben, weil sie sich darin zum Grundgesetz bekennen sollten. Weniger aber kann man nicht erwarten.

Wenn früher über Moscheebauten gestritten wurde, dann wurden den Positionen schnell Etiketten verpasst. Wer dafür war, war vielleicht ein Multikulti-Träumer, wer dagegen war, gehörte zu den Nazis. Das scheint sich, auch durch die Diskussion in Köln, zu ändern. Oder?

Das stimmt. Ich war kürzlich zu einer Veranstaltung in Berlin eingeladen, wo es auch um einen Moscheebau ging. Ich war darauf eingestellt, unter den Gegnern auf lauter fremdenfeindliche Lokalpatrioten zu treffen, aber da waren vor allem ganz normale Bürger mit sehr viel weniger Ressentiments als erwartet. Es ist unfair und demagogisch, dass solche Menschen gleich in die Nazi-Ecke gestellt werden. Es gibt gewisse Ängste, und die muss man verstehen.

Was für Ängste?

Zunächst mal haben Menschen Angst vor Veränderung. Das haben die Protestanten auch erlebt, als sie nach Westfalen kamen. Beim Islam kommt hinzu, dass er zu einem gewissen Maß mit Totalitarismus, mit der Neigung zur Gewalt verbunden wird. Das ist ja kein Zufall, denn es waren eben keine Bahai-Jungs, die Kofferbomben in deutschen Regionalzügen abgestellt haben. Es sind keine Hindus, keine Juden, keine Christen, die in Europa Anschläge verüben oder geplant haben. Man darf das nicht vergessen. Das heißt aber nicht, dass es nicht auch andere Beispiele gibt. In Hamburg steht seit fünfzig Jahren eine Moschee, die Nachbarn finden das gut, das ist alles problemlos.

Das Gespräch führte Tobias Kaufmann,
erschienen im *Kölner Stadt-Anzeiger* am 22.06.2007

Aiman A. Mazyek

»Fundis« auf dem Vormarsch

»Mir ist es lieber, es gibt Moscheen, wo man hören kann, was die sagen«, hat Daniel Cohn-Bendit in einer Diskussion zur geplanten Moschee in Frankfurt gesagt. Recht hat er. Immer wieder beklagen Muslime wie Nichtmuslime gleichermaßen, dass die mehrheitlich bestehenden Hinterhofmoscheen auf die Dauer einer muslimischen Glaubenspraxis nicht würdig sind; es wird sogar gefordert, dass Muslime »aus ihren Löchern« hervor- und transparent in der »Mitte der Gesellschaft« ankommen sollten. Etliche Muslime sind das noch nicht. Wollen wir das nicht gemeinsam ändern?

In Mannheim zum Beispiel gibt es eine repräsentative Moschee inmitten der Stadt, neben der Kirche. Sie ist mittlerweile nicht nur Symbol, sondern Wirkungsstätte gelebter Toleranz. Die Mannheimer Bürger sind stolz auf diese Moschee, und neben den beinah täglichen Gruppenbesuchen zeugen die vielen Touristenbusse vor der Moschee davon, dass Mannheim sich etwas auf seine Toleranz zugutehält.

In Sonntagsreden wird stets der sichtbare, der transparente Islam gefordert. Beginnen Muslime dann aber, damit Ernst zu machen, schlagen manche in unserem Land sogleich schrill Alarm. Wir erleben dann in der Realität häufig Stellvertreterdebatten: über Bebauungspläne, Parkplätze und die Höhe von Minaretten. Wir erleben Angstdebatten: Die sprechen ja gar nicht Deutsch. Oder wir erleben sogar, wie aus dem Bau von Moscheen Machtfragen konstruiert werden – so jüngst vom EKD-Ratsvorsitzenden, Bischof Wolfgang Huber.

Sein Bericht vor der Dresdner EKD-Synode schießt gleich reihenweise Pfeile gegen die Muslime. Und der hannoverschen Landesbischöfin Margot Käßmann fällt zum Reformationstag nicht mehr ein, als den Muslimen zu attestieren, ihnen fehle ein Reformator.

Diese Abgrenzungsstrategie ist für Muslime so bestürzend, weil sie darin ein plumpes Ablenkungsmanöver der EKD erkennen. Die Fundamentalisten in den eigenen Reihen geben immer mehr den Ton an. Sie meiden den Dialog und vergiften das Klima. Davon können wir Muslime bekanntlich ein Lied singen! Aber statt die Fundis zu entlarven, lässt sich die EKD auf sie ein – mit Stellvertreterdebatten um die Muslime hierzulande und Sündenbockdiskussionen auf dem Rücken von Minderheiten. Das ist schädlich, auch für die EKD selbst. Indem sie glaubt, ihr Profil polemisch am Islam schärfen zu müssen, entwertet sie ihre Stellungnahmen zu so drängenden Problemen wie Armut, Krieg, Umweltverschmutzung oder Ausdünnung der Familie. Welche unüberhörbare Position und welch kraftvolles Eintreten hat die EKD zu diesen für uns alle existenziellen Themen anzubieten? Warum wird selbst am Reformationstag der Islam zum Ausgangspunkt der Kirchenpredigt gemacht? Sollte »evangelisch sein« nicht mehr bedeuten, als nur »gegen den Islam sein«, Herr Huber?

Während landauf, landab bei der Frage nach einem ungehinderten Religionswechsel ständig das Grundrecht auf Religionsfreiheit in Anspruch genommen wird, wie wenig kommt es in den hitzigen und oft polemisch geführten Diskussionen über Moscheebauten zur Sprache. Doch da genau hat es auch seinen Platz. Der Bau von Gotteshäusern ist ein fundamentales Recht, das nicht einfach unter Verweis auf »Machtsymbolik« oder »Zumutbarkeit« oder »Geschmack« wegverhandelbar ist. Vor allen – womöglich legitimen – Differenzen über die Details von Moscheebauplänen müsste doch das Bekenntnis zum Artikel 4 des Grundgesetzes stehen.

Diejenigen, die dies erkennen und den Islam dennoch nicht als selbstverständlichen Teil der Gesellschaft sehen wollen, stehen damit vor einem strategischen Dilemma: Wer verhindern will, dass sich der Islam hierzulande rechtlich und institutionell etabliert, muss vorhandenes Verfassungsrecht delegitimieren. Unterstützt man dagegen die öffentliche Präsenz des Islam und der Muslime in Deutschland, stabilisiert man geltendes Recht.

Im Grunde ist das ganze Grundgesetz eine Zumutung für alle. Jawohl, eine Zumutung. Aber eine, der wir Muslime gerne und überzeugt Rechnung tragen wollen. Natürlich wünsche ich mir als Muslim eine Moschee mit einem meisterhaften, dem Städtebau angepassten Entwurf. Natürlich muss mit den Nachbarn gemeinsam und konstruktiv über den Ruf des Muezzins gesprochen werden, damit er das ist, was er ist: nämlich keine Ruhestörung, sondern die Einladung zum Gebet. Natürlich will ich, dass in Zukunft nicht nur in einigen, sondern in allen Moscheen Deutsch gesprochen wird. Alle drei Dinge gehören auch zur Transparenz in einer Diskussion, der sich Muslime in Zukunft noch mehr stellen sollen.

Zugegeben, es ist in der Tat Neuland, auf dem wir uns bewegen. Es geht nicht zuletzt darum, wie der Islam in die deutsche Gesellschaft, in das Staatswesen integriert wird. Man kann das mit destruktiver Haltung behandeln und fragen: Wie viel Religion verträgt unsere Gesellschaft? Man kann aber auch konstruktiv herangehen und fragen: Wie sieht eine moderne islamische Religionsgemeinschaft im 21. Jahrhundert im Einklang mit unserem Grundgesetz aus?

Nach nahezu 50 Jahren muslimischen Schmuddeldaseins gehört zur Antwort, wie ich meine, eine transparente, grundgesetzkonform geführte Moschee mitten in unserer Stadt schlechthin dazu – mit oder ohne Minarett, mit Muezzin- oder ohne Muezzinbeschallung.

Der Text erschien im *Kölner Stadt-Anzeiger* vom 7.11.2007

Dieter Wellershoff

Wofür steht die Kölner Moschee?

Eigentlich, so möchte man glauben, hätte der in den letzten Wochen immer wieder auflodernde Streit um den geplanten Bau einer großen Moschee im Kölner Stadtteil Ehrenfeld gleich mit dem Hinweis auf Artikel 4 des Grundgesetzes beendet werden können, der das Recht auf freie Religionsausübung garantiert. Und in der Praxis ist es auch so. Die Moschee wird gebaut werden. Einsprüche dagegen, auch Ralph Giordanos Appell an die Stadt, die Baugenehmigung zurückzuziehen, haben juristisch und auch politisch keine Chance.

Doch damit ist der Konflikt nicht beseitigt, und die Probleme sind nicht aus der Welt. Sie hängen zum Teil mit der Größe des Projekts zusammen. Der mächtige Kuppelbau, der mit seinen beiden 55 Meter hohen Minaretten die größte Moschee Deutschlands sein wird, bietet Raum für 2.000 Beter, die zum traditionellen Freitagsgebet nicht nur aus Ehrenfeld, sondern aus einem weiträumigen städtischen Umkreis erwartet werden. Die 137 bisher nachgewiesenen Parkplätze und das vorhandene Straßennetz dürften einem solchen Massenandrang nicht annähernd gewachsen sein. Das bedeutet ständig wiederkehrenden Stress für die Anwohner, der sich schnell zum Bild einer Invasion verdichten und unkalkulierbare Reaktionen hervorrufen kann, langfristig vielleicht sogar den Exodus eines Teils der deutschen Bevölkerung.

Solche Prozesse sozialer Entmischung, die meist unauffällig beginnen, sich aber, langfristig kumulierend, fortzusetzen pflegen, bis am Ende ein homogenes soziales Getto zurückbleibt, dienen vielleicht der Konfliktvermeidung, sind aber das Gegenteil von Integration. Überall, wo Integration gelungen ist, hat sie sich als ein langsamer wechselseitiger Gewöhnungsprozess abgespielt und nicht so spektakulär und herausfordernd angekündigt wie mit diesem großen Sakralbau, der manchen Bewohnern des alten Stadtteils so fremdartig und imaginär wie ein dort plötzlich gelandetes Objekt aus einer anderen Welt erscheinen mag. Aber, wie gesagt: Die »Landeerlaubnis« liegt vor. Sie steht im Artikel 4 unseres Grundgesetzes.

Die Bauherrin Ditib, was ungekürzt und respektheischend »Türkisch-Islamische Union der Anstalt für Religion« heißt, beruft sich zur Legitimation ihrer Baupläne auf einen längst anstehenden Nachholbedarf. Man wolle mit der Errichtung der Moschee die zahlreichen muslimischen Gläubigen endlich aus ihren Hinterhöfen und Notunterkünften herausholen und ihnen einen würdigen Gebetsort geben. Das klingt einleuchtend. Und die Stadtpolitiker haben sich dieses Argument wohl zu eigen gemacht. Aber ich muss gestehen, dass ich die beiden kleinen Räume eines Eckhauses in der Kölner Südstadt, in denen seit Jahren alltäglich gekleidete türkische Männer mittleren und fortgeschrittenen Alters zum Gebet und zu nachbarschaftlichen Gesprächen zusammenkommen, gerade wegen ihrer Alltäglichkeit und Intimität als Gebetsorte immer besonders sympathisch fand. Die Religionsausübung hat dort eine zwanglose Gemeinschaftlichkeit und scheint natürliche Bedürfnisse nach persönlichem Kontakt und menschlicher Nähe zu befriedigen.

Oft stehen auch einige Männer rauchend und miteinander redend vor der Tür, um nach einer Weile wieder hineinzugehen. Es ist ein friedliches, entspanntes Bild. Dagegen haben mich Filmaufnahmen muslimischer Großveranstaltungen, bei denen Massen gleichgekleideter Männer, dicht aneinandergedrängt, mit der Stirn auf dem Boden lagen, immer befremdet und abgestoßen. Ich empfand diese hingestreckten Menschenleiber als eine kritische Masse unberechenbarer Energien, die von der lautsprecherverstärkten Stimme des Imam beherrscht und zu Teilen eines mächtigen Gesamtwillens verschmolzen werden. Die Größe der geplanten Kölner Moschee bietet Platz für solche Szenen. Sie lässt sich aufgrund der Tatsache, dass in Köln 120.000 Muslime leben, mit dem zu erwartenden Bedarf begründen. So wird ein Bau errichtet werden, der in Augenhöhe nicht gerade zum Dom, aber zu anderen repräsentativen christlichen Kirchen der Stadt steht, eine machtbetonte Demonstration des legitimen Anspruchs auf religiöse Gleichberechtigung.

Der Unterschied ist allerdings der, dass die 2.000 Gläubige fassende Moschee höchstwahrscheinlich großen Zulauf bekommt, während viele christliche Kirchen, darunter auch die berühmten, nach dem Krieg wieder aufgebauten romanischen Kirchen, sich nur noch bei kulturellen Anlässen wie Konzerten mit Besuchern füllen. Kleinere Kirchen, für die es keinen Gebrauch mehr gibt, sind in einem dafür vorgesehenen rituellen Akt entweiht worden und können für gesellschaftliche Anlässe mitsamt einer Catering-Firma als aparte Umgebung gemietet werden. Ist dieser markante Bedeutungsschwund der tiefere Grund der Besorgnis und des Misstrauens gegenüber einer so vitalen, Leidenschaft und kompromisslose Gläubigkeit mobilisierenden Religion wie dem Islam? Während die christlichen Kirchen immer mehr Gläubige an die Glücksangebote der profanen Welt verlieren, bleibt die Mehrzahl der Muslime, auch in der lockeren Umgebung der Konsumwelt, an die Versprechungen und Ordnungen ihrer Religion gebunden.

Bei der türkischen Jugend sieht das etwas anders aus. Eine qualifizierte Minderheit strebt mit großer Energie und Intelligenz einen sozialen Aufstieg über das Niveau ihrer Eltern an und entfernt sich dabei vermutlich von deren Traditionen.

Aber in den sozialen Problemgebieten der Stadt entstehen aus Frustration zerstörerische Aggressionen und kriminelle Übergriffe. Doch von der massiven Gewalt der Jugendaufstände in der Pariser Banlieu ist das noch weit entfernt. Dass die traditionelle Bindung der Immigranten an die Ordnungsmacht der Religion das aggressive Potenzial bändigen könnte, ist eine manchmal zu hörende Erwartung. Für die Gastgebergesellschaft wäre das die angenehmste Folge der garantierten Religionsfreiheit.

Aber da gibt es Zwielichtigkeiten. Denn im sogenannten Krieg der Kulturen, über den man sich noch nicht einig ist, ob er längst im Gang ist oder noch bevorsteht, ist die Religion selbst eine kriegführende Macht geworden, insofern sie offenbar in beliebiger Anzahl junge Männer mit dem phantastischen Versprechen ihrer sofortigen Ankunft in einer himmlischen Existenz zu Bombenattentaten motivieren kann, bei denen sie gemeinsam mit ihren namenlosen Opfern als zerrissene Körper in die Luft fliegen. Das ist vielleicht hier nicht erwartbar, aber trotzdem wenig vertrauenerweckend. Um den Unbestimmtheitsgrad zu kennzeichnen, reden Sicherheitsexperten von einer »nicht auszuschließenden Möglichkeit«. Und möglich ist laut Definition ein Geschehen, dem noch die eine oder andere Bedingung fehlt, damit es geschieht. Das kann und sollte man im alltäglichen Leben erst einmal vergessen.

Anders verhält es sich mit den offensichtlichen und alltäglichen Gegensätzen. Wenn Ralph Giordano sagt, dass die Integration der Immigranten gescheitert sei, dann bezieht er sich dabei vor allem auf die in unseren Augen skandalöse Unterdrückung der Frauen im Islam, die in ihrer unübersehbaren Deutlichkeit geradezu provozierend gegen die auch erst allmählich als Grundrecht durchgesetzte Gleichberechtigung der Frauen verstößt. Schreckliche Höhepunkte sind die sogenannten »Ehrenmorde« an jungen Frauen, die sich den Geboten der von der Scharia überwachten Lebensordnung entzogen haben.

Auch in der Umgebung von Köln hat es einen solchen Fall gegeben.

Trotzdem stimme ich nicht vorbehaltlos Giordanos These zu, dass die Integration gescheitert sei. Dagegen sprechen die vielen türkischen Geschäftsleute, die sich, vom Döner-Imbiss oder Gemüseladen bis zur Computerwerkstatt, durch ihren familiären Zusammenhalt und ihre Freundlichkeit eine Existenz geschaffen haben und seit vielen Jahren eine Bereicherung der städtischen Lebensvielfalt sind. Wenn ich meine Schuhe zum Schuster bringe, werde ich von ihm und seiner Frau und gelegentlich auch von dem sonst anderswo arbeitenden Sohn mit Händedruck begrüßt und in ein kleines Gespräch gezogen, als sei ich zu einem kurzen nachbarschaftlichen Besuch gekommen. Daran ist nichts Aufdringliches oder Berechnendes, sondern es ist eine ländlich wirkende natürliche Zuwendung, mit der man einen Menschen empfängt, den man längere Zeit nicht gesehen hat und der von draußen hereingekommen ist.

Einmal fragte mich der Sohn, der in der Zeitung etwas über mich gelesen hatte: »Was macht das Schreiben?« Er war zufrieden mit meiner Auskunft, dass ich ein neues Buch begonnen hatte. Aber ich dachte, wenn ich ihm eines meiner Bücher schenkte und er es zu lesen versuchte, würde er über die dargestellten Menschen, ihre Lebensprobleme und ihre Welt sehr befremdet sein. Überhaupt nicht befremdet sind zwei Türkinnen aus unserem Freundeskreis, die in Deutschland Abitur gemacht beziehungsweise studiert haben und beide mit deutschen Männern verheiratet sind. Eine ist übrigens entschieden der Meinung, dass die Türkei in ihrem gegenwärtigen Zustand nicht geeignet sei, Mitglied der Europäischen Union zu werden.

Integration ist eben ein komplexer Prozess, der sich auf verschiedenen sozialen Ebenen mit unterschiedlicher Geschwindigkeit und Tiefenwirkung vollzieht und der sich auch immer wieder umkehren kann. In der Türkei stehen sich gegenwärtig ein laizistischer, sich auf Atatürk berufender Flügel und ein neokonservativer Flügel unter dem Ministerpräsidenten Erdogan gegenüber. In der Tiefe ist das ein kollektives Identitätsproblem, das sich in seltsamen Überlagerungen und Mischungen der Motive bemerkbar macht. Die Ditib als Bauherrin der geplanten Großmoschee ist amtlich mit dem »Ministerium für Religion« verbunden, das angeblich mit einem Politiker des laizistischen Flügels besetzt ist und für einen gemäßigten Islam stehen soll. Deshalb soll der Moschee auch ein Kommunikationszentrum mit Unterrichts- und Aufenthaltsräumen angeschlossen werden. Natürlich gehört dazu auch eine Koranschule. Außerordentlich wünschenswert wäre es aber, wenn es dort zur Förderung der Integration auch deutsche Sprachkurse gäbe.

Die großen mentalitätsgeschichtlichen Probleme, die der Integrationsprozess in der trotz Krisen und Konvulsionen zusammenwachsenden Welt den heutigen Menschen auferlegt, kann man nur veranschaulichen, wenn man die konkurrierenden Gesellschaftsformen des Gottesstaates und der modernen Zivilgesellschaft als Lebensordnungen vergleicht. Der Gottesstaat verlangt von allen Menschen Einordnung unter ein strenges, zentralperspektivisches Normengefüge und bietet ihnen damit Sicherheit und Sinn. Die moderne Zivilgesellschaft ist auf fortschreitende funktionale Differenzierung und Vermehrung der Möglichkeiten angelegt und hat zu diesem Zweck die Lebenssinngebung durch Erweiterung der Freiheitsspielräume privatisiert. Religion zum Beispiel ist Privatsache und als solche geschützt. Genauso aber auch die Religionskritik. Modern ist eine Gesellschaft, in der man ungestraft sagen kann, dass es keinen Gott gibt, und der Monotheismus eine gerade mal dreitausend Jahre alte kulturelle Fiktion ist, die der Legitimierung wechselnder Herrschaft und nahezu jeder Art von Sinngebung gedient hat.

Wo diese Erkenntnis geschützt ist, scheinen die Zeiten der

Religionskriege, Inquisitionsgerichte und Ketzerverbrennungen überwunden zu sein. Doch viele Menschen fühlen sich in diesem freien Raum schwindelig. Dass sie ihr Leben nicht mehr überpersönlich, sondern nur intersubjektiv legitimieren können, empfinden sie als »metaphysische Obdachlosigkeit« und lässt sie klagen über »die Einsamkeit des moralischen Subjekts in der Moderne«. Das macht sie anfällig für neue kollektive Sinnangebote und ideologische Restaurationen. Die Schnelligkeit und Massenhaftigkeit, mit der sich die Handygeneration zu Weltjugendfesten zusammenfindet, könnten einen bedenklich stimmen, wenn sie sich nicht genauso schnell wieder zerstreute. Es ist aber auch das Potenzial einer neuen, fernsehgerecht inszenierten Protestkultur. Das sieht bei der Moschee allerdings ganz anders aus. Sie umschließt die Beter und hält sie fest.

Der Text erschien in der *FAZ* vom 14.06.2007

Mehmet Yildirim

Die Kölner Ditib-Moschee – eine offene Moschee als Integrationsbeitrag

Seit mehr als zwei Jahrzehnten leistet Ditib in ihrem Zentrum in Ehrenfeld Integrations- und Bildungsarbeit und fügt sich ein in das Netz aus vielfältigen kulturellen Angeboten in der Stadt Köln. Diese bisherige Arbeit soll an gleicher Stelle in neuen, schönen, aber auch größeren Räumlichkeiten stattfinden. Zudem ist das jetzige Gebäude inzwischen baufällig.

Als gemeinnütziger Verein unterliegt unsere Organisation dem deutschen Recht. Auch über die Grenzen der Stadt Köln hinaus ist bekannt, dass Ditib in der Vergangenheit keinerlei Anlass gegeben hat, an ihrer Treue zur deutschen Verfassung zu zweifeln. Nach ersten Gesprächen und Vorstellung der Absicht, an dem bereits bestehenden Standort Venloer Str./Ecke Innere Kanalstraße einen repräsentativen Bau mit Minaretten zu verwirklichen, haben daher sämtliche demokratischen Fraktionen im Stadtrat ihre Unterstützung für das Vorhaben zugesagt und es gelobt.

Bereits im Vorfeld war es uns dabei wichtig, eine breite Zustimmung der Kölner Bevölkerung zu erhalten. In Kenntnis der Tatsache, dass allerorts und auf höchst unterschiedlichem Niveau über geplante Neubauten von Moscheen diskutiert wird, wollten wir die Planungen – entsprechend der Vorgabe des Vorstands, eine offene Moschee zu bauen – so offen wie möglich für die interessierte Öffentlichkeit gestalten.

Diese Vorgabe hatten wir auch für die Beauftragung eines

Architekten zu beachten. Daher haben wir 2005 mit Unterstützung des Bundes Deutscher Architekten (BDA) einen Architekturwettbewerb ausgelobt. Ziel des Wettbewerbes war es, ein würdiges Gemeindezentrum zu schaffen, das sich in das Kölner Stadtbild und die örtliche Bebauung einfügt. Wir haben den Entwurf ausgewählt, der aus einem Architektenwettbewerb als Bester hervorgegangen ist. Mit dem offenen Wettbewerb und der Entscheidung für das Modell, das den größten Zuspruch erhielt, haben wir die Offenheit unserer Organisation und unserer Hoffnung, einen Konsens von Anfang an zu finden, unter Beweis gestellt. Im Preisgericht war – anders als bei Vorhaben anderer Träger – nicht unsere Organisation mehrheitlich vertreten, sondern die Vertreter aller demokratischen Parteien, Vertreter der Architektenkammer und von Bürgerinitiativen.

Bereits nach der Vorstellung des Siegermodells begrüßte die Mehrheit der Kölner Bevölkerung das Bauvorhaben mit den beiden Minaretten, die die Moschee als solche kennzeichnen und das Gebäude, aber auch das »Tor Ehrenfelds« architektonisch bereichern.

Mit dem repräsentativen Neubau, der offenen Moschee, wollen wir sichtbar machen, was es de facto schon seit vielen Jahren in Köln gibt: Wir Muslime sind ein Teil der Kölner Gesellschaft geworden. Der Neubau soll ein Zeichen setzen, dass wir hier zu Hause sind. Die Akzeptanz des Neubaus halten wir für einen wichtigen Schritt im Integrationsprozess, für einen deutlichen Gewinn. Die Kölner Mehrheitsgesellschaft wiederum kann ihren Mitbürgern mit muslimischem Hintergrund demonstrieren, dass sie zur Stadt dazugehören – auch wenn sie nicht den christlichen Glauben leben. Diese Willkommensgeste kann zu einem gesteigerten Engagement auf Seiten der Muslime führen, sich für ihre Stadt, ihre Heimat einzusetzen: Schließlich entwickeln Menschen dann ein Zugehörigkeitsgefühl zu Gruppen, wenn sie sich gesehen, akzeptiert und willkommen fühlen.

Auch soll der Moscheeneubau ganz praktisch den Integrationsprozess unterstützen. In unserer bisherigen Zentralmoschee bieten wir schon heute eine Vielzahl an Bildungs-, Sport- und Kulturangeboten an. Wir engagieren uns in den Bereichen Jugend-, Senioren- und Integrationsarbeit. Jährlich absolvieren bei uns rund 1.250 Menschen Sprach- und Alphabetisierungskurse, darunter Integrationskurse, die in Zusammenarbeit mit dem Bundesamt für Migration und Flüchtlinge (BAMF) durchgeführt werden. Doch die bestehenden Räumlichkeiten sind unzureichend. Die neuen Gebäude erlauben uns, unser Angebot auszuweiten. Dabei stehen unsere Türen nicht nur türkischen und türkischstämmigen oder muslimischen Menschen offen, sondern Menschen aus aller Welt. Im vergangenen Jahr hatten wir Kursteilnehmer aus fast vierzig Ländern.

Wir sind auch der festen Überzeugung, dass der Moscheeneubau den interkulturellen und interreligiösen Dialog intensivieren wird. Der offene, transparente Charakter des neuen Gebäudes lädt die Menschen ein, uns kennenzulernen. Die Begegnung der Menschen ist der Schlüssel zur Integration. Wir sind sicher, dass die neue Zentralmoschee Neugier und Interesse für die »andere« Religion wecken wird. Wir hoffen, dass noch mehr Schulklassen, Kindergartengruppen, Kölner Bürgerinnen und Bürger, Polizei und Abgeordnete etwas über die islamische Religion und die muslimischen Mitbürgerinnen und -bürger erfahren wollen. Wir sind uns sicher, dass es uns mit der Moschee gelingen kann, ein Zeichen für ein friedliches und konstruktives Miteinander von Einheimischen und muslimischen »Imis« in Köln zu setzen.

Unsere neue Zentralmoschee wird eine *offene* Moschee werden, eine Begegnungsstätte: Für ein gutes Miteinander und eine gute Nachbarschaft ist eine genaue Kenntnis der jeweils anderen Religion notwendig. Auch wenn viele Deutsche sich heute für Agnostiker halten – also der Auffassung sind, ob es einen Gott gebe, sei nicht zu klären, daher sei er und der Glaube an ihn irrelevant –, so sind sie doch im Grunde ihrer Denk- und Verhaltensstruktur stark christlich geprägt. Das heißt, ihre kulturellen Muster sind nicht immer deckungsgleich mit denen der muslimischen Migranten und umgekehrt. Die praktische Begegnung ist daher wichtig, um diese Grenzen zu überschreiten.

Mit dem Begriff der offenen Moschee möchten wir nicht nur deutlich machen, dass die Türen der Moschee für die nichtmuslimischen Besucher offen sind. Vielmehr umfasst der Begriff heute eine viel weitergehende und umfangreichere Vorstellung: Die Mehrheitsgesellschaft kann über alles Bescheid wissen, was in der Moschee und der Moscheegemeinde vor sich geht. Auch das ist mit Transparenz gemeint. Diese Offenheit ist notwendig, damit sich innerhalb der nichtmuslimischen Mehrheitsgesellschaft in Köln keine unrealistischen Ängste und Vorurteile über Moscheen, Islam und Muslime entwickeln. Denn diese würden ein friedliches christlich-islamisches Miteinander behindern.

Uns war es stets wichtig, mit der Mehrheitsgesellschaft über unseren geplanten Neubau im kontinuierlichen Dialog zu sein. In den vergangenen vier Jahren standen wir in regelmäßigem Kontakt zur Stadt Köln und zu den demokratischen Parteien im Stadtrat. Fast täglich machen wir Führungen in der Ehrenfelder Moschee und informieren Bürgerinnen und Bürger über den Islam, die Ditib-Gemeinde und den geplanten Neubau. Seit Ende vergangenen Jahres haben wir unsere Öffentlichkeitsarbeit deutlich intensiviert, als wir feststellten, wie wichtig eine intensive Beteiligung an der öffentlichen Debatte ist. Mit der Einrichtung eines Beirates für den Moscheebau im Mai 2007 unterstützen uns nun Vertreter aus Politik, der Stadtverwaltung, der Synagogen, aus den Kirchen, den

Gewerkschaften, Ehrenfelder Bürgerinitiativen und Personen des öffentlichen Lebens. Sie beraten uns bei wichtigen Entscheidungen und helfen uns, einen sachlichen, respektvollen Dialog in ihre jeweiligen sozialen Gruppen zu tragen.

Die Debatte um unseren Moscheeneubau in Köln hat sich zu einer Grundsatzdiskussion der Mehrheitsgesellschaft zur Integrationsfrage entwickelt. Ein Diskurs, der auch aus unserer Sicht dringend notwendig gewesen ist. Mit dem Integrationsgipfel und der Islamkonferenz der Bundesregierung sind schon erste wichtige Schritte gegangen worden, doch eine schonungslose Debatte über Integration und Akzeptanz, über Rechte und Pflichten von muslimischen und nichtmuslimischen Migranten hatte es so in der deutschen Öffentlichkeit bisher nicht gegeben.

Allerdings sind wir über die Schärfe und den Opportunismus der Diskussion überrascht. Wir Muslime sind im Rahmen der Diskussion teilweise aufs Schlimmste diskreditiert und diffamiert worden. Man hat uns mit Terroristen verglichen und uns persönlich beschimpft. Für uns ist es nicht ungewöhnlich, dass wir angegriffen werden mit Aussagen wie »Geht doch nach Hause und baut dort eure Moschee«. Aber die Anzahl und der Grad an Drohungen und Beleidigungen haben in den letzten zwei Jahren deutlich zugenommen. Am Schlimmsten für mich persönlich war der Vergleich von Hitlers »Mein Kampf« mit dem Koran auf dem Parteitag einer großen Volkspartei – ein Vergleich, der auch noch von der Mehrheit des Auditoriums heftig beklatscht wurde.

Wir müssen zu einem Dialog auf Augenhöhe kommen. Die Missachtung des »Anderen« ist eine gefährliche Entwicklung, die Radikalismus und Extremismus auf beiden Seiten schürt. Wir müssen aufklären und die Begegnung zwischen den Menschen fördern. Auch wenn uns die demokratischen Parteien unterstützt haben, unterschätzten sie den Widerstand in der

Bevölkerung, genauso wie wir. Im Rahmen der öffentlichen Diskussion hätten sie einen deutlich stärkeren Beitrag leisten können, um die Öffentlichkeit aufzuklären. Doch es ist dafür noch nicht zu spät.

Ich bin mir sicher, dass – wenn der Neubau der Moschee steht – alle Kölner Bürgerinnen und Bürger stolz auf dieses Gebäude, auf diese Begegnungsstätte, diesen Ort des Dialogs sein werden. Ich habe die Hoffnung, dass die Debatte um den Ehrenfelder Moscheeneubau auch Teil eines Öffnungsprozesses der Mehrheitsgesellschaft ist. Viele Kölner Bürgerinnen und Bürger sind heute mehr denn je interessiert, uns kennenzulernen. Eine würdevolle, offene Moschee ist dafür ein wunderbarer Ort.

Helmut Frangenberg

Kleine Migrationsgeschichte der Türken nach Köln

»Viele von ihnen werden in Deutschland ein neues Leben aufbauen, sie werden Wurzeln schlagen und ihr Heimatland nur noch als Gäste besuchen.« Theodor Marquard, der Direktor der »Deutschen Verbindungsstelle« in Istanbul, verfügte bereits 1966 über die Weitsicht, an der es ansonsten weitgehend mangelte. Weder deutsche Politik noch Wirtschaft waren sich über die langfristigen Folgen ihrer offensiven Anwerbung türkischer Arbeitskräfte im Klaren. Aber auch diejenigen, die sich dazu entschlossen, den weiten Weg in ein fremdes Land anzutreten, hatten sich nicht bewusst gemacht, welche Lebensperspektiven vor ihnen lagen. Sie gingen als »Gastarbeiter«, im Bewusstsein, irgendwann einmal zurückzukehren. Kaum einer konnte sich vorstellen, sein Leben im kalten Deutschland zu verbringen. »Der Traum aller Freunde, die hierherkamen, war, einen amerikanischen Chevrolet zu kaufen und dann sofort in die Türkei zurückzukehren«, sagt Ihasan T., der schon 1958 – also drei Jahre vor dem offiziellen Anwerbeabkommen zwischen Deutschland und der Türkei – nach Köln zu den Ford-Werken gekommen war, wo er in der Gießerei arbeitete.

Eine Materialsammlung des »Dokumentationszentrums und Museums über die Migration in Deutschland e. V.« (Domit) dokumentiert im Auftrag des Landesarbeitsministeriums NRW viele solcher Aussagen der ersten Arbeitsmigranten. Sie alle belegen, mit welcher Naivität und Unkenntnis, aber auch Lebensfreude und Optimismus die ersten türkischen Gastarbeiter nach Deutschland kamen. Hier winkte die Perspektive materiellen Wohlstandes, dessen Symbole ein Auto oder ein kleines Kofferradio waren. Über achtzig Prozent aller Bewerber bei der »Deutschen Verbindungsstelle« in Istanbul kamen nicht aus der Weltstadt, sondern aus zum Teil tiefster Provinz. Für sie schien fast unvorstellbar, was man ihnen mit Zeitungsartikeln, Werbung und gezielter Ansprache in Aussicht stellte. »Die Menschen lügen doch das Blaue vom Himmel herunter«, zitiert die Domit-Materialsamlung Adil S., der der Reklame zunächst misstraute. »Es kam einem unerreichbar vor.« 1963 bewarb er sich als Bergarbeiter.

Deutschland fehlten Arbeitskräfte. Deutsche wollten einfache und schlecht bezahlte Jobs nicht machen. In der Industrie und im Bergbau waren die Klagen der Unternehmer besonders groß. Aber es fehlten auch Krankenschwestern und Pflegekräfte. Bei den Anwerbebemühungen ganz vorne mit dabei waren die Kölner Ford-Werke, bei denen schon in den 50er Jahren Türken arbeiteten. Bundespräsident Theodor Heuss hatte während eines Türkeibesuchs in Ankara Berufsschulabsolventen nach Deutschland eingeladen. Die sogenannten »Heuss-Türken«, von denen viele bis zur Rente in den 80er Jahren bei Ford blieben, waren die Vorboten der Einwanderung Tausender, die 1961 begann, nachdem das deutsche Arbeitsamt seine »Verbindungsstelle« in Istanbul eröffnet hatte. Deutsche Arbeitgeber meldeten ihre Anforderung dem örtlichen Arbeitsamt, das diese dann in die Türkei weiterleitete, wo zusammen mit dem Auslandsdienst des türkischen Arbeitsamtes gesucht wurde. Die »Deutsche Verbindungsstelle« wuchs rasant. Nach dem Start mit sieben Mitarbeitern waren 1973 schließlich 170 Mitarbeiter beschäftigt. Der deutsche Arbeitgeberverband hatte zuvor angekündigt, insgesamt 500.000 Arbeitskräfte aus der Türkei holen zu wollen.

Das Auswahlverfahren war streng und standardisiert: 15 Stufen mussten durchlaufen werden, bevor man die ersehnten Papiere bekam. Es ging darum, die Anforderungen der Wirtschaft möglichst passgenau zu erfüllen. Da war eine von vielen Bewerbern als unmenschlich und entwürdigend empfundene Gesundheitsüberprüfung wichtiger als die Fähigkeit, lesen und schreiben zu können. Wenn das türkische Arbeitsamt nicht genügend »geeignete« Bewerber schicken konnte, gingen die deutschen Stellen selbst auf die Suche. So fuhren Siemens-Mitarbeiter in die tiefe anatolische Provinz, um Frauen zu suchen, die elektronische Kleinteile montieren sollten. Niemand interessierte sich für die Kultur und die Mentalität der Menschen, die man holte. Niemand wurde auf ein Leben in Deutschland vorbereitet. Keinen interessierte, was ein Leben in einem völlig fremden Land für die zum Großteil einfachen und bildungsfernen Menschen bedeutete. Keiner machte sich Gedanken über die Folgen einer massenhaften Einwanderung. Es zählte nur das ökonomische Kalkül. So folgte für die ersten Migranten auf Hoffnung und Optimismus bittere Ernüchterung: »In jenen Zeiten war das seelische Befinden der türkischen Arbeiter sehr schlecht. Keiner hatte das vorgefunden, was er sich erhofft hatte«, erinnert sich Metin T, der 1962 zu Ford kam. »Am Anfang wollte ich unbedingt zurück. Aber nicht zurechtzukommen und zurückzukehren war eine Schande.« Auch deshalb seien sie gezwungen gewesen, »die Zähne zusammenzubeißen«.

So begann man zu arbeiten. Vergessen waren die Träume vom Chevrolet und anderen Verlockungen. Genau wie die Anwerbung war auch das Angebot der eigenen Arbeitskraft nur ein Geschäft. Es wurde Geld verdient, um es zur Familie in die Türkei zu schicken oder dort für die eigene Zukunft anzulegen. Die »Gäste« lebten in beengten Verhältnissen. Kaum jemand richtete sich in den ersten Jahren in Deutschland häuslich ein. Das Haus wurde in der Türkei gebaut – vom in Deutschland verdienten Geld.

Doch es war nicht nur diese stillschweigende Übereinkunft, dass es hier nur um ein zeitlich befristetes Geschäft »Geld gegen Arbeitskraft« ging, oder die Trennung von Heimat und Familie, die das Leben schwer machten. Hinzu kam ein tiefer kultureller Konflikt, über den sich weder Einwanderer noch Anwerber Gedanken gemacht hatten: Fast alle, die kamen, waren Moslems. Die Bindung zur Religion musste in Deutschland größer werden, weil sie in der Fremde und Einsamkeit Orientierung und Halt bot. Damit waren ganz praktische Probleme verbunden, die angesichts der beiderseitigen Unfähigkeit, miteinander zu sprechen, ungelöst blieben.

Das »Präsidium für religiöse Angelegenheiten« der Türkei (Diyanet) wurde mit Fragen ratloser Moslems bombardiert: Darf man am Arbeitsplatz beten? Muss man auch fasten, wenn man einer schweren körperlichen Arbeit nachgeht? Diyanet gab eine Broschüre als Leitfaden für den Alltag in Deutschland heraus, um in Deutschland besser zurechtzukommen: So gingen offenbar viele nach der Arbeit in ein öffentliches Bad, um sich dort nackt zu waschen. Wieder andere waren erstmals mit alkoholischen Getränken konfrontiert und fragten nach dem richtigen Umgang damit. »Ist es gestattet, mit einer Frau zu tanzen, die nicht zur Familie gehört«, war eine weitere Frage. Oder: »Darf ich in einer Kirche mein Feiertagsgebet verrichten?« Letztere Frage wurde in Köln übrigens ganz pragmatisch beantwortet: Die »Mohammedaner« durften 1965 zum Ende des Ramadan im Dom beten. Niemand regte sich auf. Im Gegenteil: Der Dompropst meinte, das sei »durchaus nichts Ungewöhnliches«, und in den Leserbriefspalten war die Forderung zu lesen: »Gebt den Moslems eigene Kirchen!«

Geradezu symptomatisch für das völlig unvorbereitete Zusammentreffen der Kulturen war das heiß diskutierte Thema der Toilettenhygiene. Genauso entrüstet, wie sich die Gäste darüber aufregten, dass die Deutschen auf dem Klo kein Wasser zum Waschen brauchen, äußerten sich die Deutschen über die »missverständliche Auslegung des Koran aus Entwicklungsgegenden«, wie es in einem Schreiben einer deutschen Gesundheitsbehörde heißt. Statt mit Papier wollten sich nicht wenige türkische Arbeiter mit Wasser und der linken Hand reinigen und kletterten dazu – Stehklos gewöhnt – mit den Schuhen auf die Toilettenbrille. Das Problem, das in vielen Betrieben zu handfesten Konflikten in der Belegschaft geführt haben dürfte, wurde erst Jahre nach Beginn der offiziellen Anwerbung von den Behörden als solches erkannt. Erst Ende der 60er Jahre druckte man Informationsblätter zur »richtigen« Toilettenbenutzung in Deutschland (»Hier sind deine besten Freunde: Papier, Wasser, Seife, Handtuch«, Merkblatt der Hansestadt Hamburg, 1971) und begann damit, sich Gedanken darüber zu machen, ob man denn Menschen, die sich weiterhin auf traditionelle Weise reinigen wollten, die Arbeit in Lebensmittelbetrieben untersagen musste.

Schon damals zeigte sich, wie entscheidend der soziale Hintergrund und die Bildung für das Einleben in Deutschland waren. Mancher lernte die deutsche Sprache, obwohl es nicht einfach war: Zum einen gab es wenige Kursangebote, zum anderen fehlte Kraft und Zeit. Die Akkordarbeit war anstrengend, der Schichtdienst ließ keinen kontinuierlichen Besuch eines Kurses zu. Wer sich ein wenig hinauswagte in die Alltagswelt der Deutschen, erlebte viele positive Reaktionen. »Damals gab es eine Sympathie für die Türken«, dokumentiert Domit die Empfindung eines gelernten Konstrukteurs, der 1962 in Deutschland als Akkordarbeiter anfing und schließlich als Maschinenschlosser arbeiten konnte. Man habe davon profitiert, dass die Deutschen auf die Italiener wütend gewesen seien. »Unsere Gruppe bestand aus ordentlichen Menschen, die Fachabitur hatten. Wenn sie auch nicht tanzen konnten, lernten sie es schnell.« Die öffentliche Wahrnehmung »der Türken« in Deutschland wurde jedoch eher von denen geprägt, die Hans-Günter Kleff vom »Netzwerk Migration in Europa« als »anatolische Bauernsöhne« bezeichnet.

Dabei ist die Gruppe der Einwanderer keinesfalls homogen. Der Grad der Frömmigkeit variiert genauso wie die Sympathien der Migranten für die verschiedenen politischen Strömungen in ihrem Heimatland. Und doch beginnt bereits in den 70er Jahren eine sogenannte »Selbstethnisierung« – soziale Probleme werden ethnisch erklärt. Bezeichnend dafür ist der Umgang von Politik und Medien mit dem großen Streik der türkischen Arbeitnehmer bei Ford im Jahre 1973. Plötzlich hatte einer der eifrigsten Anwerber türkischer Arbeitskräfte – ein Drittel aller Arbeitnehmer sind 1973 türkischer Herkunft – ein »Türkenproblem«. Der Anlass für den Streik, sein Verlauf und die Reaktionen sagen viel aus über Befindlichkeiten im Miteinander von Deutschen und türkischen Migranten – nicht nur im Jahre 1973.

Ford hatte rund 300 türkischen Arbeitnehmern gekündigt, weil sie zu spät aus den Werksferien zurückgekehrt waren. Das hatte man in den letzten Jahren weitgehend toleriert. Nun wollte man kein Verständnis mehr zeigen für den eigenmächtig verlängerten Familienbesuch in der Türkei. Türkische Kollegen erklärten sich bereit, die liegen gebliebene Arbeit der verspäteten Heimkehrer zu übernehmen, falls die Kündigungen zurückgenommen werden. Weil sich die Werksleitung damit nicht zufrieden gab, kam es zu spontanen Arbeitsniederlegungen. Aus der Solidarisierung mit den Kollegen wurden schnell Demonstrationen für bessere Arbeitsbedingungen. Die türkischen Arbeiter fühlten sich zunehmend ausgebeutet. Wer zehn Jahre im Land war, wollte sich nicht mehr nur als billige Arbeitskraft ausgenutzt sehen. Der Verdienstunterschied zu den deutschen Kollegen wurde als ungerecht empfunden. So forderten die Streikenden eine Mark mehr Stundenlohn, mehr Urlaub, eine Reduzierung der Fließbandgeschwindigkeit und einen Wegfall der Billiglohngruppen. Entscheidend für die bald beginnende scharfe Kritik an den Streiks, die man in den Medien zunächst durchaus mit Verständnis begleitet hatte, dürfte gewesen sein, dass sich die Türken vom deutschen Betriebsrat und der Gewerkschaft nicht mehr einfangen ließen. Die türkischen Arbeitnehmer störten das eingeübte Miteinander des deutschen Tarifsystems, das nie an einer Einbeziehung oder Mitbestimmung der Gastarbeiter interessiert gewesen war.

Bundeskanzler Willy Brandt forderte die Streikenden auf, in »die Arme der Gewerkschaft« zurückzukehren, die Landesregierung verkündete die Beobachtung der Streikenden durch den Staatsschutz, und die Ford-Werksleitung beorderte die deutsche Polizei aufs Werksgelände, um den Streik gewaltsam aufzulösen. Deutsche Arbeitnehmer organisierten eine Demonstration gegen ihre Kollegen und gaben der Bild-Zeitung die Traumvorlage zur Überschrift: »Deutsche Arbeiter erkämpfen ihre Fabrik zurück.« Die Stimmung war umgeschlagen: Im selben Jahr, in dem die Bundesregierung den Anwerbestopp verkündete, verfestigte sich in Teilen der Öffentlichkeit ein Feindbild: Diejenigen, die man geholt hatte, um den deutschen Wirtschaftsaufschwung voranzutreiben, wurden als Last und Konkurrenten empfunden. Die Jahre 1973/1974 bildeten eine Zäsur, die genau wie der Beginn der Migration über zehn Jahre zuvor von keinem integrationspolitischen Konzept begleitet wurde. Dabei wäre es spätestens jetzt dringend nötig gewesen: Fast zeitgleich mit dem Anwerbestopp setzte sich nämlich die Erkenntnis durch, dass man den Einwanderern den Nachzug der Familien ermöglichen muss.

Experten gehen davon aus, dass etwa die Hälfte aller zwischen 1961 und 1973 Angeworbenen aus unterschiedlichen Gründen wieder in die Türkei zurückgekehrt ist. Das bedeutet aber keineswegs, dass sich die andere Hälfte in den 70er Jahren bewusst für ein dauerhaftes Leben in Deutschland entschieden hat, auch wenn nun in großer Zahl Ehepartner und Kinder nachzogen. Die Familien wuchsen. Die meisten Kinder der »Gastarbeiter« wurden in Deutschland geboren, nicht mehr in der Türkei. Sie gingen in deutsche Kindergärten und Schulen. So wurden Tatsachen geschaffen, über die sich mancher selbst kaum im Klaren war. Kinder von Migranten der ersten Generation erinnern sich daran, wie ihre Eltern weiter für die Rückkehr planten, während für sie der bundesrepublikanische Alltag längst der eigene geworden war. So leben bis heute Menschen in Deutschland, die kein Deutsch können, weil sie auch noch nach Jahrzehnten glaubten, dass sich der Aufwand für einen Sprachkurs nicht lohnte, weil man ja doch »bald« zurückkehren wollte. Es gibt Großmütter, die sich nicht mit ihren Enkeln unterhalten können, obwohl sie in derselben Stadt wohnen.

Der Familiennachzug hätte der Grundstein für den Beginn einer echten Integration werden können. Weil die deutsche Politik und Öffentlichkeit aber keine Idee von einem Konzept des »Förderns und Forderns« hatten, konnte in vielen Familien aus bildungsfernen Schichten und sozial schwachen Milieus genau das Gegenteil von Integration stattfinden. Durch den Nachzug der Ehepartner, die in der Regel Hausfrauen waren, konnte sich in diesen Milieus eine stabile Privatsphäre der bisher allein hier lebenden Arbeiter ausbilden, die tief von traditionellen und konservativen Grundwerten, dem patriarchalischen Rollenverständnis und einem problematischen Ehrbegriff einer türkischen Familienstruktur geprägt war. Zwangsläufig musste sich die Segregation verstärken, weil sich durch Solidarität und Nachbarschaft leichter eine Infrastruktur aufbauen ließ, um den Alltag meistern zu können. Darauf waren vor allem die nachgezogenen Frauen angewiesen, die kein Wort Deutsch konnten und aus mehreren Gründen daran gehindert waren, am Leben einer westlichen Großstadt teilzuhaben.

Durch den Nachzug der Familien veränderte sich viel – vor allem für die Frauen selbst. Sie lebten isoliert und verunsichert. Die schwierige Situation verschlimmerte sich, als sie zusehen mussten, wie sich ihre Kinder viel besser im Leben zurechtfanden als sie. Die Kinder lernten die Sprache, während die Mütter zu Hause saßen und das Gefühl bekommen konnten, zu nichts nutze zu sein. Hatten sie in der Türkei ihr Leben in einem gewissen Rahmen – erleichtert und erzwungen durch die Abwesenheit des Ehemannes – durchaus selbst bestimmen können, befanden sie sich nun in einer völligen Abhängigkeit von einem zumeist strengen Patriarchen, der in alte Rollenmuster zurückfallen konnte. Die Furcht vor dem Ungewohnten und den vermeintlich schädlichen Einflüssen verhinderte nicht nur Anpassung, sondern förderte die Abschottung. Der gelernte Maschinenbauer Mitat Özdemir aus Köln-Mülheim, seit über vierzig Jahren in Deutschland, sagt heute: »Die Frauen wurden alleine gelassen – auch von ihren eigenen Männern.«

Nicht nur Männer holten ihre Ehepartnerinnen nach. In vielen Fällen waren es die Frauen, die ihre Männer in der Türkei zurückgelassen hatten. Etwa zwanzig Prozent der bis 1973 Angeworbenen waren Frauen, von denen viele in der Elektroindustrie arbeiteten. Viele der in der Türkei gebliebenen Männer beobachteten die »Karrieren« ihrer Frauen mit Argwohn und Eifersucht, während sich die Lebensformen der Frauen in Deutschland rasant veränderten. Kam dann der Ehemann nach, führte das oft zu Zerrüttungen, weil sich das traditionelle Familienleben nicht wiederbeleben ließ und der Mann seine klassische dominierende Rolle verloren hatte.

Im Laufe der Jahre haben sich in Deutschland eine Vielzahl von religiösen Verbänden und Vereinen herausgebildet, die schnell Zulauf fanden. Fast alle wichtigen Gruppen haben ihre Deutschland-Zentrale in Köln. Die Vereine wollten sich um die türkischen Auswanderer kümmern, ihnen in schwierigen Situationen helfen und das Leben erleichtern. In Hinterhöfen und alten Lagerhallen wurden Gebetsräume eingerichtet, die sich Moscheen nannten, aber keine waren. Im Gegensatz zu den italienischen oder spanischen Einwanderergemeinschaften war die Gruppe der türkischen Einwanderer von Anfang an stark zersplittert. Dabei spielten religiöse Fragen, unterschiedliche Auslegungen von Vorgaben des Korans und geistliche Orientierungen eine Rolle. Die türkischen Vereine spiegelten aber auch immer die innenpolitische Lage der Türkei wider, die stets geprägt war vom Widerstreit zwischen laizistischer und religiös-fundamentalistischer Staatsauffassung. So sollte die Gründung der Ditib als deutscher Ableger der staatlichen Diyanet ein Gegengewicht zur »Milli Görüs«-Bewegung bilden, die den laizistischen Staat ablehnte und eine islamische Gesellschaftsordnung etablieren wollte. Die Ditib entstand mehr oder weniger als Abwehrinstrument gegen fundamentalistische Strömungen. »Milli Görüs« wird genau wie einige andere religiöse Verbände auch heute noch vom Verfassungsschutz beobachtet. Dabei fällt es den Staatsschützern jedoch zunehmend schwerer, diese Aktivität zu begründen. Die Konfrontation mit den Werten einer freiheitlichen Grundordnung, mit den Erziehungsidealen des deutschen Bildungssystems oder mit den Ansprüchen erfolgreicher politischer Bewegungen wie dem Feminismus ist auch bei erzkonservativen Gruppierungen nicht ohne Auswirkungen geblieben. Nur wenige haben sich in diesen Auseinandersetzungen wie die verbotene Kölner »Kalifatstaats-Bewegung« der Kaplans als Fundamentalopposition positioniert.

So sind es heute weniger grundsätzliche Widersprüche, die eine Integration belasten. Es ist vielmehr das traditionelle Verständnis der Werte von »Familie« und »Ehre« in verschiedenen türkisch geprägten Milieus. Vor allem erschwert das Frauenbild die Integration dieser Milieus. Hier hat die Abschottung sogar Mentalitäten und Stimmungen verstärkt. »Die Türken hier sind religiöser und nationalistischer als in der Türkei«, erklärt der Menschenrechtsverein Tüday in

Köln. Er warnt davor, dass nationalistische Gruppen wie die »Grauen Wölfe« oder fundamentalistische religiöse Strömungen an Einfluss gewinnen können.

Die Biografien türkischer Einwandererfamilien nehmen zum Teil ganz unterschiedliche Entwicklungen: Türkische und kurdische Lehrer arbeiten heute – als beste Beispiele einer gelungenen Integration – in deutschen Schulen und warnen vor der Anfälligkeit bestimmter Schülergruppen für extremistische Positionen, während deutsche Behörden abwiegeln. Diese Lehrer treffen bei ihrer Arbeit auf Eltern, die als Kinder der ersten Einwanderergeneration das deutsche Schulsystem – durchaus auch mit Erfolg – durchlaufen haben, und jetzt vor ihnen sitzen, um über getrennten Sport- und Schwimmunterricht für Jungen und Mädchen oder die Teilnahme an Klassenfahrten zu diskutieren. Ihre Kinder sind Deutsche, doch sie empfinden Deutschland nicht als ihre Heimat. Das ist die Türkei, obwohl sie nicht viel von ihr wissen. Ihre Eltern schicken sie in Koranschulen und überlassen manchmal problematischen Organisationen die Vermittlung der Werte, an die sich die Kinder halten sollen.

Ausgerechnet der technische Fortschritt hat Trends der Rückbesinnung und Abschottung verstärkt: Via Satellit flimmern eine Unzahl türkischsprachiger Fernsehprogramme in deutsche Wohnzimmer. Sie befördern eine diffuse türkische Identität und transportieren – nicht selten bezahlt von dubiosen Organisationen und Interessengruppen – Botschaften, die sich nur schwer mit den Grundwerten einer freien Gesellschaft vereinbaren lassen.

Andererseits sind es türkischstämmige Künstler, Journalisten, Lehrer oder Politiker, die Probleme der Migration thematisieren. Sie verweisen auf gefährliche Ausrichtungen einzelner problematischer Organisationen. Die deutsche Öffentlichkeit hat sich über lange Zeit dafür genauso wenig interessiert wie für die Herausbildung der sehr komplizierten und zersplitterten Landschaft religiöser und politischer Organisationen der Türken in Deutschland. Sie erkennt nicht die Chance, türkischstämmige Bürger als Mitstreiter und Partner bei einer Problemlösung zu sehen. Aus Problemen mit bestimmten Milieus werden grundsätzliche Konflikte mit einer ganzen Religion. Selbst Menschen, die mit der Religion oder Kultur ihrer Väter nicht mehr viel zu tun haben, werden so zur Selbstethnisierung gezwungen. Der deutsche Europa-Parlamentarier Cem Özdemir erzählt bei Vorträgen zum Thema Integration gerne, dass er, der wenig mit Religion zu tun habe, von der US-Außenministerin Condoleezza Rice zu einem Empfang in Deutschland als »Muslim Leader« eingeladen wurde. Nun »vertritt« er die Moslems in Deutschland. Auch die Bundesregierung macht religiöse Gruppierungen faktisch zu weltlichen Interessenvertretern. Sie setzt sich zudem mit Gruppierungen an einen Tisch, die der eigene Verfassungsschutz als problematisch einstuft.

Viele Lebenswege der türkischstämmigen Bevölkerung zeugen von einer unglaublichen Emanzipationsleistung. Viele Kinder der ersten Einwanderergeneration haben gleichzeitig einen Generationskonflikt und schwere kulturelle Auseinandersetzungen ausgetragen. Vielen ist es dabei nicht gelungen, den eigenen Lebensstil mit den Vorstellungen des Elternhauses unter einen Hut zu bringen. Der strenge Ehrbegriff, der das Verzeihen so schwer macht, hat dazu geführt, dass manche Eltern den Kontakt zu ihren Kindern abgebrochen haben. In den Familien, in denen es nicht zum Bruch gekommen ist, leiden heute junge Erwachsene unter einer tiefen Zerrissenheit. Das Alte und das Neue, das Türkische und das Deutsche lassen sich oft nur schwer verbinden.

So erzählt ein türkischer Polizist aus Kalk vom Stolz seiner Eltern darüber, dass er es in Deutschland geschafft hat. Darüber reden können sie zurzeit nicht mehr, weil die Eltern den Kontakt zu ihrem Sohn einstellten, nachdem er mit einer

Freundin zusammengezogen war. Der junge Mann, dem man die türkische Herkunft kaum ansieht, unterrichtet eine türkische Volkstanzgruppe. Er weiß, dass zu einer erfolgreichen Integration gehört, die eigenen Wurzeln zu kennen und zu lieben.

In Poll berichtet ein junger Mann vom Streit mit seiner deutschen Ehefrau darüber, ob der Sohn nun getauft oder beschnitten werden soll. Eigentlich ist es ihm egal, wäre da nicht seine Mutter, die er über alle Maßen liebt und nicht verletzen will. Der Mann tanzt leidenschaftlich im Karneval – für seine fromme Mutter ist das tiefste Sünde. Wenn in der Schule seiner jüngeren Schwester Elternsprechtag ist, muss er mit, um zwischen Mutter und Lehrern zu vermitteln. Die Mutter verbietet der Tochter die Teilnahme am Schwimmunterricht, der Sohn hält das für völlig falsch. Seine Schwester läuft bauchfrei durch die Stadt, schwimmt aber nicht mit Jungs – der Mutter zuliebe.

Das sind Geschichten, die sich nicht in den konstruierten Gegensatz von Mehrheits- und Minderheitsgesellschaft einfügen. Nicht das Gegeneinander zweier Gruppen ist das Ergebnis von fast fünfzig Jahren türkischer Migrationsgeschichte, sondern eine spannungsgeladene Vielfalt, die die gesamte Gesellschaft prägt, fordert und verändert. Dabei geht es nicht um Multi-Kulti-Schwärmereien, sondern um die völlig wertfreie Anerkennung einer Gesellschaft, die tatsächlich von vielen kulturellen Einflüssen geprägt ist.

Martin Stankowski

Eine Muslim-Rallye durch die Kölner Stadtverwaltung

Der Kölner ist von Natur aus tolerant, weltoffen, seit dem römischen Ursprung gleichsam multikulturell. So oder so ähnlich jedenfalls lauten die Standardreden der Kölner Oberbürgermeister. Doch in der kölschen Toleranzgeschichte gibt es größere Lücken; Juden und Protestanten können ein Lied davon singen, so wie jetzt die Muslime.

Köln ist nämlich das Zentrum der deutschen Muslime und das hängt mit der Einwanderungspolitik der 60er Jahre, mit den »Gastarbeitern« und der Firma Ford zusammen. Dort soll auch – wie die Fama weiß – neben dem Fließband der Y-Halle, quasi im Schatten von Capri und Transit, der erste muslimische Gebetsraum entstanden sein. Ein paar Jahre später, Ende der 80er Jahre, waren es dann fast drei Dutzend Moscheen in allen Stadtteilen, eingerichtet in vormaligen Läden, Lokalen oder stillgelegten Hinterhofbetrieben.

Die Sprache, in der dort gepredigt wird, war und ist meist Türkisch. In einer dieser Moscheen wird allerdings auch bosnisch gesprochen und in einer anderen ist das Freitagsgebet sogar in Englisch zu hören, der einzigen gemeinsamen Sprache von Afrikanern, Mitarbeitern der Deutschen Welle und Angehörigen der Kölner Universität – alle Besucher der Moschee in der Kölner Südstadt.

Doch ein Stadtteil hatte – und hat – ein Problem: Chorweiler. In der Trabantenstadt im Kölner Norden gibt es nämlich keine ehemaligen Fabriken oder pleitegegangenen Handwerksbetriebe, in deren Räumen sich die frommen Muslime mit ihrem Imam hätten einrichten können. Und so versuchten sie schon vor Jahren, so wie es ihre Kinder im Gemeinschaftskundeunterricht beigebracht bekamen, mit Hilfe der Stadt, des Landes, sogar des Bundeskanzlers, oder auch mit Hilfe von Kirchen und Parteien an eigene Räume zu kommen.

Die drei dicken Aktenordner mit Briefen und Belegen, Plänen und Petitionen des »Türkisch-Islamischen Kulturverein« bekam ich vor zehn Jahren zu lesen und veröffentlichte die treffendsten Zitate im März 1997 in der »Eurowerkstatt« des WDR. Bei neuerlicher Lektüre im Jahre 2007 hat der Vorgang kaum an Aktualität verloren, im Gegenteil: Chorweiler besitzt immer noch keine eigene Moschee und wir hören weiter die Geschichte von der kölschen Toleranz.

21. November 1988
Türkisch-Islamische Union der Anstalt für Religion e. V
An den Oberstadtdirektor Herrn Rossa, Historisches Rathaus Köln
Sehr geehrter Herr Rossa,
wir benötigen dringend ein Lokal für religiöse, soziale und kulturelle Dienste in Köln-Chorweiler, wo eine große Anzahl unserer Landsleute leben. Aus gut unterrichteten Quellen haben wir gehört, dass sich passende Räume im stillgelegten Kindergarten Willi-Suth-Allee befinden. Wir bitten daher höflichst wie dringendst um die Nutzungsrechte für o. g. Objekt oder Zuweisung ähnlicher Räume.

Der Brief wurde vom Büro des Oberstadtdirektors über die Fachdezernate bis in die Bezirksverwaltung weitergereicht. Inzwischen waren neben dem früheren Kindergarten auch leer stehende Garagen als Räume für eine Moschee ins Gespräch gebracht worden.

Bezirksamt Chorweiler, 23. Dezember 1988
An die Türkisch-Islamische Union
Die von mir angeschriebenen Wohnungsbaugesellschaften verweisen darauf, dass … eine Zweckentfremdung von Stellplätzen und Garagen nach § 47 Absatz 8 der Bauordnung NW untersagt ist. Ich bitte, sich mit dem Amt für Stadtentwicklungsplanung in Verbindung zu setzen.

Um vor Ort mit einer Stimme reden zu können, gründeten die in Chorweiler lebenden Muslime einen eigenen »Türkisch-Islamischen Kulturverein Chorweiler«. Man hatte ihnen erzählt, ein Verein sei immer gut in Deutschland. Die Gründungsversammlung fand am 21. März 1989 statt, die Satzung regelte in 21 Paragrafen die Interna, und nach kurzer Zeit zählte der Verein über 700 Mitglieder.

Türkisch-Islamischer Kulturverein
Herrn Johannes Rau, Ministerpräsident des Landes NRW
Köln, den 24. Januar 1990
Sehr geehrter Herr Ministerpräsident,
wir suchen seit mehr als fünf Jahren nach geeigneten Räumen, die in Köln-Chorweiler lebenden Muslime kulturell und religiös zu betreuen. In Zusammenarbeit mit den hiesigen Behörden ist es uns nicht gelungen, aber auf der anderen Seite haben wir das Gefühl, dass wir an der Nase herumgeführt werden. Jede andere religiöse Gemeinde hat Räume, nur wir stehen im Freien.

Der Chef der Staatskanzlei antwortete, immerhin schon 14 Tage später, mit demselben Argument wie später der Bundeskanzler, an den sich der Verein Ende des Jahres 1990 wandte: Er sei nicht zuständig, empfehle aber, einen Makler einzuschalten.

An das Stadtplanungsamt Köln
An die Evangelische Kirche Chorweiler
CDU- und SPD-Fraktion
Herrn Oberstadtdirektor
Herrn Oberbürgermeister
An den Ausländerbeirat der Stadt Köln
Wir benötigen folgende Räumlichkeiten: 1 großen Saal von etwa 500 qm, 3 weitere Vielzweck-Räume, Sozial- und Sanitärräume. Die Privatinitiative unsererseits hat bisher keinen Erfolg verzeichnen können. Somit sind wir gezwungen, uns an Sie zu wenden. Wir hoffen auf Ihre Unterstützung

Der Oberbürgermeister antwortete ziemlich rasch:

Leider ist die Wahrscheinlichkeit sehr gering, dass die Stadt Köln Ihnen in dieser Beziehung helfen kann …

Er habe den Brief aber dem Oberstadtdirektor zur weiteren Bearbeitung übergeben. Dessen Büro teilte knapp mit, dieser habe die Angelegenheit an das Dezernat Tiefbau abgegeben. Von dort kam sechs Wochen später der Zwischenbescheid, die Antwort nehme Zeit in Anspruch, man möge warten. Das Stadtentwicklungsamt, das plötzlich mit im Spiel war, schlug dagegen ein Treffen von Vertretern diverser religiöser Minderheiten vor, die alle Gebetsräume suchten. Da die Bewohner dieser unterschiedlichen Religionsgemeinschaften in Chorweiler oft auch im gleichen Haus wohnten, stelle sich die Frage, ob man nicht ein gemeinsames Zentrum bauen könne.

Inzwischen ging Zeit ins Land, verschiedene Räume wurden vorgeschlagen, eine alte Feuerwache, Sozialbaracken, Garagen, ein leer stehender Kindergarten. Zum Ramadan 1991 stellte der Verein ein großes Zelt auf und seine Briefe wurden flehentlicher:

Köln, den 14. Oktober 1991
Oberstadtdirektor Lothar Ruschmeier, Rathaus
Erinnerung
Wir haben Ihnen am 16. April und am 7. August bezüglich Raumbedarf für unseren Verein geschrieben. Nun schreiben wir Ihnen zum dritten Male.
Lieber Herr Ruschmeier, werden wir als Verein, der 800 Mitglieder hat, nicht ernst genommen, oder fühlen Sie sich unserer Gemeinde gegenüber nicht verpflichtet?

Nun kam immerhin ein längerer schriftlicher Dialog über die Frage zustande, ob der Verein mit seinem Wunsch nach Räumen eher als religiöse oder doch mehr als soziale Einrichtung einzuordnen sei und ob es nicht günstiger sei, erst einmal die Anerkennung als Ausländerzentrum anzustreben, um nach den hierfür geltenden Richtlinien gefördert zu werden.

Der Ordnung halber teilte der zuständige Sozialdezernent dem Raum suchenden Moscheeverein aber auch mit:

Die Anerkennung als Ausländerzentrum setzt allerdings das Vorhandensein eigener Räumlichkeiten voraus.

Inzwischen hatte sich ein Vereinsmitglied, Hasan Durdu, direkt mit einem Bürgerantrag an den Beschwerdeausschuss des Rates der Stadt Köln gewandt, unter anderem mit dem Argument, dass die erste Generation der Muslime allmählich ins Rentenalter komme und schon daher der Wunsch nach eigenen Räumen einen ganz anderen Stellenwert bekäme.

Beschwerdeausschuss 19. März 1992
Beschlussvorlage
Es wird empfohlen, weiterhin in Zusammenarbeit mit den Antragstellern an einer Lösung zu arbeiten. Der Antrag wird dem Oberstadtdirektor überwiesen.

Und so ging das weiter bei der Rallye durch die Behörden: Mal wurden Vorschläge zur Satzung gemacht, mal diskutiert, wer die Moschee benutzen dürfe; mal wurden sich entgegenstehende Gesetze ins Feld geführt oder finanzielle Einwände erhoben; mal wurde ihnen geraten, mehrere Vereine zu gründen bzw. sich zu einem zusammenzuschließen. Aber meistens war man nicht zuständig oder gerade in Beratung.

Nun hatte die Mehrheit der Muslime in Chorweiler damals noch keinen deutschen Pass, auch wenn sie schon seit Jahrzehnten in Köln lebten, zum Teil auch hier geboren waren. Und es gab auch in Köln natürlich einen Ausländerbeirat.

Sitzung des Ausländerbeirats am 25. September 1995,
TOP 3, Antrag von Herrn Ugurlu und Herrn Kayhan
Der Ausländerbeirat unterstützt das Anliegen, im Einzugsbereich von Chorweiler eine Moschee zu errichten, und beauftragt die Verwaltung, interessierten Trägern ein geeignetes Grundstück zum Verkauf anzubieten.

Nun wurde dieser Beirat zwar von den Kölner Ausländern gewählt, ein »Parlament« für vier Jahre, mit Wahlkampf, Kandidaten und Fraktionen, aber er konnte nichts entscheiden, noch weniger die Verwaltung »beauftragen«. Seine Entschließung ging an den Rat der Stadt Köln.

Protokoll des Rates der Stadt Köln
27. Juni 1996
TOP 4.4
Der Rat nimmt einstimmig die Anregung des Ausländerbeirates zur Kenntnis und empfiehlt der Verwaltung, von einer Unterstützung einzelner Gruppierungen abzusehen.

Damit waren die Petenten in Chorweiler wieder da, wo sie fast zehn Jahre zuvor losgegangen waren. Aber immerhin haben sie viel gelernt, denn das alles war ein Intensivkurs in Staatsbürgerkunde. Bei ihrer Behördenrallye gewannen sie intime Einblicke in die Kölner Stadtverwaltung: Vom Tiefbauamt über die Feuerwehr und die Liegenschaften, das Sozialdezernat, die Bezirksvertretung bis hin zu der Kindergartenbehörde gab es ja kaum eine Dienststelle, mit der sie im Laufe der Jahre nichts zu tun bekommen hatten.

Anfang 1997 gründete sich dann ein neuer »Multinationaler Kulturverein«; von den bisherigen Verfechtern einer Moschee in Chorweiler war fast niemand mehr dabei.

Satzung des »Multinationalen Kulturvereins«, § 2:
Zweck des Vereins ist es, den in Chorweiler und Umgebung wohnenden Muslimen eine Räumlichkeit zu beschaffen, wo sie ihre sozialen, kulturellen und religiösen Aktivitäten ausüben können. Im Bedarfsfall kann Grundbesitz erworben werden. Der Verein ist unabhängig.

Zehn Jahre später, Ende 2007, gibt es immer noch keine Moschee in Köln-Chorweiler.

Navid Kermani

Die Kölner Botschaft

Erst war Markus Kerber zu Besuch, Schäubles Abteilungsleiter, der die Islamkonferenz ausgeheckt hat. Wenn man sich in allem, in der Analyse der Versäumnisse, dem Stirnrunzeln über die Äußerungen mancher Verbandsvertreter und der Einsicht in die Notwendigkeit der Geduld, mit dem Mann einig ist, der für die Bundesregierung die Integration des Islam betreut, kann es so schlecht nicht laufen, dachte ich. In einem pathetischen Moment gegen Ende unseres Gespräches im coolen Café La Pop – neben dem türkischen Restaurant Doydoy mit den Plastiktischdecken und gegenüber vom Laden mit den Modelleisenbahnen, um nur drei der Parallelgesellschaften anzudeuten, die sich in meinem Kölner Stadtteil Eigelstein ballen – sagte ich Herrn Kerber und seinem Mitarbeiter Herrn Frehse, der älter ist als wir beide und bestimmt schon einige Minister erlebt hat, ich sagte, in vierzig, fünfzig Jahren wird man in den Chroniken lesen können: 2006 hat das begonnen, dass die Muslime in Deutschland heimisch wurden und als heimisch galten, mit einer Initiative des damaligen Innenministers, ausgerechnet eines Christdemokraten, und Sie sind dabei, und wir alle zusammen, die besonnenen Kräfte in diesem Land, wir kriegen das hin. Die anderen mögen wüten, sie mögen den Mob herbeischreiben, aber in unserer Hand liegen die Dinge. Spätestens wenn einer der Chefredakteure von Spiegelspringerfaz Gülinaz oder Mehmet heißt, werden sie sich einen anderen Popanz basteln als die Unmöglichkeit, Muslime in Deutschland zu integrieren.

Abends besuchte ich dann die groß angekündigte Bürgeranhörung zum Moscheebau in Ehrenfeld. Wir alle befürchteten das Schlimmste, vor allem nach der Eskalation, die der eigentlich liberale *Kölner Stadt-Anzeiger* mit seinen Berichten und Interviews ausgelöst hatte. Aber dann hatten die Hassprediger keine Chance. Vier, fünf von ihnen wurden des Saals verwiesen, die anderen von der überwältigenden Mehrheit der 800 anwesenden Bürger übertönt.

Sicher wurden Bedenken geäußert, auch Ablehnung, aber es waren größtenteils ganz konkrete Einwände, artikuliert ohne Schaum vor dem Mund. Es ging um die Verkehrsführung, die vielen Ein-Euro-Shops auf der Ehrenfelder Einkaufsstraße, die Lärmbelästigung, die viel zu knappen Informationen des Bauherrn, die Höhe des Minaretts, nicht um das Minarett an sich. Als der Architekt Gottfried Böhm den wirklich beeindruckenden und keineswegs, wie zu lesen war, osmanisierenden Entwurf der Moschee auf die Leinwand projizierte, haben die Menschen in der Aula gejubelt – Deutsche. Das muss man sich vorstellen. Die Angehörigen der Mehrheitsgesellschaft nehmen den Symbolbau einer neuen Minderheit nicht nur hin, sie sagen: Ja, so eine Moschee, wenn sie so herrlich aussieht – die wollen wir haben. Applaus. Die Leute müssen doch irgendwo beten. Applaus. Wir können doch nicht sagen, dass die sich integrieren sollen, und gleichzeitig verlangen, dass sie mit ihrem Glauben in den Fabrikhallen bleiben. Applaus. Wir sind Ehrenfeld. Jubel.

Es gibt in Köln eine breite weltoffene Mitte, die ins Gutmenschentum übergeht, auch und gerade unter Leuten, die ausschließlich Hosen mit Bundfalten tragen. Es ist mir schon oft als wunderbar aufgefallen, unter solchen Menschen zu leben, Gutmenschen meinetwegen, aber tausendmal angenehmer als die ehemals linken konvertierten Kulturkämpfer, die nicht mehr darüber reden möchten, gestern den Irakkrieg unterstützt zu haben, und dafür heute im Namen der westlichen Freiheit O-Töne wie von Rechtsradikalen auf die Titelseiten spucken. Dann sind mir Menschen tausendmal lieber, die immer Verständnis haben, auch dort, wo es gar nicht angebracht wäre, wo man meinen könnte, dass es auch mal reicht.

Natürlich hat die Dame recht, die sich darüber beschwerte, dass diese Türken, die ihretwegen eine Moschee haben sollen, ständig in der zweiten Reihe parken. Die Jungs in den schwarzen BMWs regen mich auch auf. Penner, rufe ich dann hinterher, Asi oder, wenn sie mir auf dem Fahrrad wieder die Vorfahrt genommen haben, Scheißtürke. Das ist noch halbwegs lustig. Aber den afghanischen Jungen, der in der Schule meine Tochter verprügelte und gegen den die Lehrerinnen und Betreuerinnen keine Chance haben, weil er es von zu Hause offenbar nicht kennt, Frauen zu respektieren – den fand ich überhaupt nicht lustig. Natürlich ist das ein Problem. Nur wieso erwartet irgendwer, dass ein Anteil von dreißig Prozent Zuwanderern oder Zuwandererkindern aus größtenteils unterentwickelten, ländlichen Gebieten keine Probleme verursacht für die alteingesessenen siebzig Prozent?

Gewiss verursachen Einwanderer Probleme. Aber genau so, wie es auf der Bürgeranhörung geschah, ist über diese Probleme zu reden. Das war, ich konnte es selbst nicht glauben, Demokratie in Reinkultur. Jeder, der nicht pöbelt, darf seine Meinung äußern, ihm wird geantwortet, und wenn es sich bis weit nach Mitternacht hinzieht. »Wir haben Zeit«, sagt der Versammlungsleiter. Es geht der Reihe nach und streng nach Vorschrift. Sie wollen eine Moschee bauen? Haben Sie denn genug Parkplätze?

Ich hatte Amir Hassan Cheheltan mitgenommen, den iranischen Schriftsteller, der im Rahmen des Schriftstelleraustausches Westöstlicher Diwan zu Besuch in Köln war. Bauklötze staunte er. Was für eine Toleranz, murmelte er immer wieder, was für ein entwickeltes Land.

Ich sah, wie die jungen Türken, die ihre Beiträge in besserem Deutsch vortrugen als die Randalierer, strahlten, wie sie stolz waren, wie sie dachten: Hier gehören wir hin, auch die, die nach schwarzem BMW aussahen (meiner ist blau und ein Kombi, um das zu betonen). Eine Frau mit Kopftuch, orientalisch die Gesichtszüge, rheinisch ihr Tonfall, rief begeistert, Köln möge seinen Weltruf als Zentrum der Lesben und Schwulen bewahren (unterm Weltruf macht's in Köln keiner), aber sich zusätzlich als Zentrum der religiösen Vielfalt etablieren. Bei der Aussicht schnalzt man doch mit der Zunge: Zentrum der sexuellen und religiösen Vielfalt. Das wäre, nein, das ist sie schon, die Kölner Botschaft. Möge sie gehört werden, in der Welt und in der Heimat meines iranischen Gastes, aber mindestens in den Redaktionen, Moscheen und Staatskanzleien der Republik.

Der Text erschien in der *Süddeutschen Zeitung* vom 4.6.2007

Du häs keine Jlöckstän
un all' die Engel lore fott
Di Hätz is ne Schlaachhoff
un dinge Buch is voll met Schrott
Wie et Bermuda-Dreieck
zwesche Milch, Fleisch un Sex
He is mancher jebore
un mancher verreck

Denn du bes zwesche Himmel un Höll'
Wie ne Diamant unger all dem Jeröll
Du bes för jeden do
dä zo dir hält – Ihrefeld

Fabrikruine un Bahndamm,
Minsche ohne Job
Jewöhl us hundert Sproche
un se bette zo Allah un Jott
Maach die Auge op
et litt Jold op d'r Stroß
Wä de einmol häs
löste nie widder loß

En dir ben ich jebore
he es mih zo Huus
He kritt mich keiner erus

Ming janze Welt litt en Ihrefeld
Brings – Ihrefeld (1993)

Peter Berger

Zwischen Damla und Scholzen

Natürlich ist es ihr nicht verborgen geblieben, wie sich das Herzstück des Viertels verändert hat. Wie ein Fachgeschäft nach dem anderen verschwunden ist, wie Billigläden, Handy-Shops, Dönerbuden und türkische Bäckereien von der Venloer Straße Besitz ergriffen haben. Das sei zwar nicht schön, aber nicht das Problem, meint Ingeborg Becker. Damit hätten schließlich alle Vororte zu kämpfen. Und natürlich habe man längst erkannt, dass Ehrenfeld ein besonders bunt gemischtes Viertel sei. »Wir haben die Moschee immer akzeptiert. Die gehört doch seit mehr als 25 Jahren zum Viertel.« Dazugehören ja, aber Ehrenfeld prägen, »ihrem« Ehrenfeld einen markanten Stempel aufdrücken? Der Geschäftsführerin der Bürgervereinigung, die seit 62 Jahren im Schatten des Bahndamms lebt, geht das entschieden zu weit. Für sie markiert der Neubau der Türkisch-Islamischen Union zwischen Shell-Tankstelle, Fußballplätzen und Innerer Kanalstraße einen Wendepunkt. Eine Zentralmoschee, mit zwei hohen Minaretten, mit einer Kuppel, das sei eine völlig neue Qualität. Das sei nicht mehr ihr Ehrenfeld. »Ich habe mir niemals vorstellen können, hier wegzuziehen. Und ich werde das auch nicht tun. Aber ich habe meinen Söhnen gesagt, wenn ich mal nicht mehr bin, könnt ihr das Haus ruhig verkaufen.«

Mit ihrer Meinung, mit dieser diffusen Angst, sich in der Heimat nicht mehr heimisch zu fühlen, steht Ingeborg Becker nicht allein. Es sind vor allem die Älteren, die man klischeehaft gerne als »echte Kölsche« bezeichnet, für die eine Zentralmoschee als neues Wahrzeichen des Stadtteils nicht akzeptabel ist. Da mag sie noch so modern und transparent gestaltet sein, da mag sie dem Entwurf eines vielfach ausgezeichneten Kirchenbaumeisters wie Paul Böhm entspringen, da mag die Ecke, an der sie entstehen soll, noch so unwirtlich erscheinen.

Walter Kütz, der seit zwanzig Jahren ein Bilderrahmengeschäft auf der Venloer Straße betreibt, wirft den Kommunalpolitikern vor, sich um Ehrenfeld nie richtig gekümmert zu haben. Chaotische Verkehrsverhältnisse, kaputte Bürgersteige, wellige Radwege und verdreckte Fassaden. Das sei eine Entwicklung, die viele Alteingesessene aufschrecken lasse. Ein Stadtteil, sich selbst überlassen. Von Politikern, die andere Viertel bevorzugten, Lindenthal und Marienburg zum Beispiel.

Dort, findet auch Hartz-IV-Empfänger Klaus Porzer, »käme kein Mensch auf die Idee, so ein Ding zu bauen. Das baut man lieber bei uns, oder in Chorweiler und in Mülheim. Aber der Oberbürgermeister wohnt ja nicht mehr in unserem Bezirk. Der ist ja fein raus«. Walter Kütz spricht offen von dem, was er die »schleichende Islamisierung« nennt. Er fürchtet, dass seine Einkaufsstraße nicht mehr weit davon entfernt ist, zu einer zweiten Keupstraße zu werden. »Wie in Mülheim. Fest in türkischer Hand.« Ehrenfeld als das neue Multikulti-Szeneviertel? Als Stadtteil der Gegensätze, in dessen schmalen Straßen sich unglaublich viel Neues tut? Ein Viertel mit hippen Kneipen und Läden, die Namen wie »Die hängenden Gärten von Ehrenfeld« und »Rock-it-Baby« tragen? Ein Viertel, in dem eine Traditionsgaststätte wie das »Haus Scholzen« seit hundert Jahren mit einer Küche aufwartet, wie sie gutbürgerlicher nicht sein kann?

Ehrenfeldern wie Walter Kütz bleibt dieser Blick auf den Stadtteil verstellt. Weil sie ein Bild mit ihm verbinden, das über Jahrzehnte geprägt wurde, und die zum Teil radikalen Veränderungen irgendwie ausgeblendet haben. Weil sie noch heute davon sprechen, wie der U-Bahn-Bau in den 80er Jahren ihre Einkaufsstraße zerstört hat und dass es auf dem Gürtel keine Paketpost mehr gibt. Und mit jeder Eckkneipe, die mangels Kundschaft aufgegeben hat, beschleicht sie das Gefühl, unwiederbringlich ein Stück Heimat verloren zu haben.

»Und wer kümmert sich um uns, Herr Schramma?«, fragt Angelika Over bei einer der vielen Bürgerversammlungen zum Moscheebau. Könnte man nicht einen Bau errichten, der das Stadtbild nicht verändere? Der zwar neu sei, aber nicht prägend. Nicht so monumental. »Wir brauchen doch auch jemanden, der hinter uns steht. Wir hängen sehr an unserer Stadt, an unserem Viertel, an unseren Liedern.« Es ist eine der Stärken des Kölner Oberbürgermeisters, auf solche Fragen keine abgehobenen Antworten zu geben. Er könnte jetzt davon sprechen, dass die Moschee die Nagelprobe sei, wie tolerant Köln, wie tolerant Ehrenfeld ist. Und dass die gesamte Republik in dieser Frage auf Köln guckt. Genau das tut er nicht. »Diese Menschen arbeiten hier, sie leben hier, sie arbeiten mit uns zusammen. Wir haben sie alle hierhergeholt, damals zu Ford; und heute sind wir in einer Situation, wo wir sie wieder brauchen werden.« Wie zum Beweis klopft er Mehmet Günet, dem Justiziar der Türkisch-Islamischen Union, vor allen Leuten kumpelhaft auf die Schulter. »Wenn Sie mir heute zusichern, dass der Muezzin nicht vom Minarett über Ehrenfeld rufen wird, wenn Sie mir darauf die Hand geben, brauchen wir keine schriftlichen Vereinbarungen.« Der Oberbürgermeister will so um Vertrauen werben – und der Vertreter der Ditib hilft ihm dabei. »Die Autofahrer auf der Inneren Kanalstraße brauchen wir nun wirklich nicht zum Gebet rufen«, sagt Günet. Der Gebetsruf werde nur innerhalb der Moschee erschallen. Ob das alles wirklich dazu beigetragen hat, die Ängste der 61-jährigen Angelika Over zu besänftigen? Fritz Schramma ist überzeugt davon, dass es nur so gehen kann. Dass ein kölsches Lied wie »Der Stammbaum« von den Bläck Fööss auf Dauer mehr bewirkt als alle Debatten über Integration, über Parallelgesellschaft und das Recht auf freie Religionsausübung: »Su simmer all he hin jekumme.«

»Damit haben die Fööss genau den Nerv getroffen«, findet Demir Sedar. Der 37-Jährige ist ganz offensichtlich ein Muster-Integrationstürke, so wie ihn sich die Politik vorstellt, wenn sie über das Zusammenleben der Kulturen spricht. In Köln geboren, die Eltern stammen aus Bursa am Schwarzen Meer. »Ich bin in der Ditib groß geworden und jetzt kann ich sogar Hochdeutsch reden«, sagt er im breitesten Kölsch, das man sich vorstellen kann. »Wir sind doch schon längst interkulturell und werden das in Ehrenfeld auch noch hinkriegen. Hand in Hand, Schulter an Schulter.« Die Wirklichkeit sieht noch anders aus – zwischen Damla und Scholzen.

Wenn es zuträfe, was der Schriftsteller Günter Wallraff über Ehrenfeld sagt, wäre der Stadtteil längst das kölsche Brooklyn – und die Venloer Straße die Bedford Avenue. »Wir sind doch hier schon wesentlich weiter als anderswo«, sagt Wallraff, der seit 1967 im Viertel wohnt und auf seine Weise versucht, den Ängsten entgegenzuwirken. Die Venloer Straße sei, wenn man mit weltoffenem Blick über sie spaziere, nahezu einzigartig in Deutschland: »Auf wenigen Hundert Metern findet man französische, griechische, chinesische, argentinische, türkische, portugiesische, tunesische und italienische Lokale. Und dazwischen traditionelle deutsche Gastronomie und typische Szeneläden. Das ist ein Schmelztiegel. Die Stimmung ist verhältnismäßig locker und entspannt.« Wallraff ist der festen Überzeugung, dass man die Ditib fordern müsse. Der Bau einer Moschee in Ehrenfeld sei nicht unabhängig von der Entwicklung in der Türkei zu sehen: »Wir müssen darauf achten, dass die Trennung von Staat und Kirche erhalten bleibt. Sollte das nicht der Fall sein, werden ganz neue und dann auch berechtigte Ängste entstehen.« Die Ditib werde gut daran tun, eine ehrliche und ernst gemeinte Diskussionsbereitschaft unter Beweis zu stellen: »Auch sie ist nicht im Besitz einer absoluten Wahrheit und sollte ihre Glaubenslehre mit einer offenen und demokratischen Gesellschaft in Einklang bringen.« Wallraff provoziert: Für seinen Vorschlag, in der neuen Moschee aus Salman Rushdies »Satanischen Versen« zu lesen, erntet er selbst unter den Moscheekritikern heftigen Widerspruch. Das, so ist die allgemeine Auffassung, könne man den Muslimen nun wirklich nicht zumuten.

Entspannt – mag sein. Aber ein Schmelztiegel? Der Inhaber eines alteingesessenen Schlüsseldienstes spricht in einem viel beachteten Fernsehfilm, den Ahmet Senyurt und Mareike Wilms für den WDR über Ehrenfeld gedreht haben, freimütig über seine Vorbehalte gegen die Moschee, in deren unmittelbarer Nachbarschaft er seinen Laden betreibt. Der Islam sei halt »offensiver in der Auslandsmissionierung«. Und die gewichtigen Damen vom Kegelclub »Die lustigen Klötzchen« äußern am Stammtisch die Befürchtung, »hier überrollt zu werden«. Schließlich hätten die Türken jetzt auch schon den Colonius, den Kölner Fernmeldeturm, gekauft. Oder stünden zumindest kurz davor. Das wirkt unfreiwillig komisch – und es ist natürlich auch erst einmal lustig, wenn der italienische Lokalbesitzer einem Zeitungsreporter sagt, er habe das Gefühl, »dass ich hier bald der einzige Deutsche bin«.

Das Zusammenleben der Kulturen – in Wahrheit ist es noch viel zu oft ein Nebeneinander, mit Konflikten, die nur schwer zu lösen sind. Wenn zum Beispiel der griechische Imbiss-Besitzer, ein glühender Anhänger des 1. FC Köln und wie selbstverständlich Jahr für Jahr mit einer Dauerkarte ausgestattet, nach mehr als zehn Jahren im Veedel sein Geschäft aufgibt, weil die Halbstarken vor der italienischen Café-Bar nebenan seine Kunden anmachen, vor seinem Laden offen mit Drogen gehandelt wird und keiner etwas dagegen unternimmt. »Das macht einfach keinen Spaß mehr«, sagt Athanassios Kalpakis, den seine FC-Freunde alle Günter nennen, weil Athanassios ja kein Mensch aussprechen kann. »Das finde ich nicht schlimm. Günter ist einfacher.«

Seinem ehemaligen Nachbar, einem Kioskbetreiber armenischer Abstammung, gehen die Deutschen mit ihrer »falsch verstandenen Toleranz« schon lange auf die Nerven. Weltpolitik zwischen zwei Kölsch, ein paar Tüten Chips und Gummibärchen: »Was fragst du mich nach der Moschee? Ich bin Kurde, ich bin Armenier und in der Türkei geboren. Ich stamme aus Diabakyr. Das ist doch Antwort genug, oder?« Er habe in der Türkei lange vergeblich darauf gehofft, dass man seine Minderheitenrechte anerkenne. »Du kannst dir denken, wie das ausgegangen ist. Ich musste gehen, sonst würde ich heute wohl nicht mehr leben.« Nein, nach Köln sei er nicht freiwillig gekommen. Niemand verlasse seine Heimat ohne triftigen Grund. Es könne nicht sein, dass man die eigene Identität derart verleugne. Wie die Deutschen das täten. »Jetzt dürfen die Türken auch noch ihre Moschee bauen. In der Nachbarschaft.« Letztlich müsse es doch allein darum gehen, seinen Glauben leben zu können. Dazu brauche man keine Prunkbauten. Die seien das falsche Signal. »Du musst nur mal beim Freitagsgebet über die Venloer Straße gehen. Die Türken geben allen das Gefühl: ›Seht her, wir haben es geschafft. Wir bauen, und die Deutschen haben ja nicht einmal das Geld, ihre eigenen Kirchen zu erhalten.‹ Aber sie unterstützen, dass diese Moschee entsteht. Das kann ich nicht verstehen.«

Brooklyn tickt anders. Warum das so ist? Den Versuch einer Antwort geben junge Kölner türkischer Abstammung, die in Ehrenfeld geboren und aufgewachsen sind, die hier leben und dennoch eine Art von Heimatlosigkeit verspüren. Öner Tugrul zum Beispiel: »Ich habe Abitur«, sagt der 19-Jährige gleich zu Beginn des Gesprächs. So als müsse er mit dem Vorurteil aufräumen, dass alle türkischstämmigen Jugendlichen erst auf der Hauptschule rumlungern, danach arbeitslos sind und in ihrer Freizeit Autos aufknacken. Die neue Moschee hat für Tugrul eine besondere Bedeutung: »Wir fühlen uns als Türken. Wir sind fern von unserer Heimat. Das neue Gebetshaus wird uns näher an Deutschland bringen. Und je besser wir uns fühlen, desto besser wird die Verbindung sein.« Dahinter steht ein starkes Gefühl des Nur-geduldet-Seins. Wie soll man sich da als Kölner fühlen? Die dritte Generation will endlich die Hinterhöfe verlassen: »Es weiß doch kaum jemand, was bei der Ditib alles geschieht. Von der Hausaufgabenbetreuung bis zu Sprachkursen für Migranten aus allen möglichen Ländern.« Das neue Gebäude werde derart offen sein, »dass auch die Ditib gezwungen ist, auf ihre Nachbarn zuzugehen«.

Das macht Hans Wehr seit Monaten. Genauer gesagt, seit feststeht, dass die Ditib neu bauen wird und die Ehrenfelder Sportplätze, die an das Grundstück grenzen, davon berührt werden. »Für die Fußballplätze haben wir schon eine Lösung gefunden. Jetzt geht es noch um den Tennisclub und die Minigolfanlage«, sagt der Vorsitzende des Bezirkssportverbands Ehrenfeld, ein kleiner zierlicher Mann. Mit dem Bauherrn müsse auch noch geklärt werden, dass durch die geplante Mauer entlang der Grundstücksgrenze der vordere Sportplatz nicht in Mitleidenschaft gezogen werde. »Der würde dann bei Regen und Kälte schlechter abtrocknen und auf Dauer darunter leiden. Aber auch das werden wir hinkriegen.« Wie das unter Nachbarn üblich ist.

»Viele wissen gar nicht, wie wir drauf sind«, sagt Sesman Ümmühan. »Die haben so etwas Schönes und Neues wie unsere Moschee doch noch nie gesehen.« Sie fahre regelmäßig in die Türkei, »um dort meine Kultur zu lernen«. Das sei doch selbstverständlich, auch wenn sie hier geboren und aufgewachsen sei. Wo ihre Heimat liegt? »Ich bin Türkin – und Kölnerin«, antwortet die 18-Jährige. »Ich wandele zwischen den Kulturen und versuche, von beiden das Beste aufzunehmen und weiterzugeben.« Genau das könnten viele deutschstämmige Kölner nicht verstehen. »Die meinen ernsthaft, wir müssten unsere Herkunft verleugnen und deutscher als die Deutschen werden.«

Es ist noch ein weiter Weg – von Ehrenfeld zum kölschen Brooklyn.

Jürgen Becker

Türken können nichts dafür, dass sie Moslems sind

Ihr Türken könnt ja nichts dafür, dass ihr Moslems seid. Wir Deutsche können nichts dafür, dass wir hier in den europäischen Wäldern einst eine Religion aus der Wüste bekamen. Da verhält es sich mit der Religion ähnlich wie mit der Politik: Was konnten die Ossis für die DDR und den Sozialismus? Nichts. Wären die Russen im Zweiten Weltkrieg etwas weiter südlich ausgekommen, sagen wir mal in Bayern, dann hätten die das gehabt: Vierzig Jahre eine Partei an der Macht – gut, das haben sie so auch. Aber ebenso könnten wir Deutsche heute Moslems sein.

Hätte Karl Martell 732 die Araber nicht bei Poitiers gestoppt, wäre der Kölner Dom eine Moschee. Die Türken standen schon mal vor Wien und haben uns den leckeren Kaffee gebracht, dann hat man sie wieder nach Hause geschickt. Sonst sänge jetzt der Papst vom Minarett. Die Mongolen waren auf dem Vormarsch nach Westen und standen schon vor Liegnitz in Schlesien, das ist nicht weit weg! Dann ist der Dschingis Khan gestorben und die mussten alle nach Hause zur Beerdigung. Und vergaßen, zurückzukommen. Sonst wären wir jetzt alle mongoloid.

In der Regel bleibt jeder bei der Religion, in die er hineingeboren wird, und wer hätte dafür mehr Verständnis als der Rheinländer: Die ganze Scheiße neu auswendig lernen wäre einfach zu viel Arbeit. Ich plädiere also für mehr Gelassenheit und dafür, sich an der Unterschiedlichkeit zu erfreuen. Das ist doch super, was es alles gibt: Religionen mit Gott, Buddhisten ohne Gott, Hindus mit tausend Göttern und dann noch die Agnostiker, die sagen, ich habe keine Ahnung und nehme den Fifty-fifty-Joker. Niemand ist ungläubig oder unrein, selbst Atheisten glauben an die Vernunft, was schon schwer genug ist. Das müssen auch die strengen Moslems einsehen, die offenbar ständig Angst haben, im himmlischen Elferrat neben den falschen Leuten sitzen zu müssen. Gut, ich gebe zu, der Gedanke, da neben Kardinal Meisner zu landen, ist unschön, aber ewiges Leben heißt ja auch nicht, dass das nie vorbei ist. Natürlich könnt ihr eure Religion ausüben. Natürlich dürft ihr eine schöne Moschee bauen. Es will ja auch kein Katholik ein Pontifikalamt in einer ehemaligen Reinigung oder alten Druckerei abhalten. Aber ihr müsst auch aushalten, dass euch andere kritisieren oder sich über euren Glauben amüsieren. Das müssen Christen auch aushalten – bis hin zur Blasphemie. Blasphemie ist eine tolle Sache. Jesus war blasphemisch, für Juden und Römer ein Gotteslästerer. Trotzdem oder gerade deshalb ist eine recht passable Firma daraus entstanden, bis hin zu Caritas und Misereor und sogar indirekt bis zum Islam, der ja Jesus als Propheten heute noch auf der Gehaltsliste des historischen Personals hat.

Religionen sind sich permanent verändernde Gedankengebäude. Sie sind wie Häuser, und die muss man einfach von Zeit zu Zeit mal gründlich renovieren. Und da habt ihr Muslime die letzten paar hundert Jahre ziemlich geschlunzt. Ihr wohnt in einem Altbau mit zu niedrigen Decken, und vor allem die Frauen haben bessere Zimmer verdient. Aber wo könnte die dringend notwendige Kernsanierung besser stattfinden als hier in Europa? Schließlich haben wir auch von euch profitiert. Als das christliche Abendland im Mittelalter geistig erstarrte, habt ihr Muslime die ersten Universitäten gegründet. Viele Grunderkenntnisse der Wissenschaft haben wir indirekt von euch: Algebra, Dezimalsystem und Dönersandwich, um mal die drei Wichtigsten zu nennen. Mohammed sprach: Jeder Moslem ist verpflichtet, Wissen zu suchen! Doch dann kamen eines Tages diese Ayatollahs, Muftis und Imame und sagten: »Nix da, alles was ihr wissen müsst, steht im Koran.« Die Wissenschaft sagt, aus A folgt B. Die sagen: Aus A folgt B, wenn es Allahs Wille ist. Folge: Jeder fünfte Mensch auf der Welt ist Muslim, aber von hundert Wissenschaftlern bekennen sich nur zwei zum Islam.

Insofern ist die Angst vor dem Islam unterschwellig vielleicht die Angst davor, dass uns die Unterschicht überrollt. Uns kommt der Islam ein wenig vor wie RTL 2: ein Deppensender mit jeder Menge Action. Der Buddhismus hingegen erscheint uns wie Arte: Alle sind froh, dass es das gibt, aber keiner guckt. Ein soziales Problem also.

Insofern müssen wir Deutsche und deutsche Türken uns gemeinsam dort engagieren, wo es viele türkische und andere Muslime gibt: an unseren Hauptschulen. Etwa neunzig Prozent der Schulabgänger dort bekommen keine Lehrstelle. Teils sind sie auch nicht ausbildungsfähig. Man kann doch nicht akzeptieren, dass fast zwanzig Prozent aller Schüler eines Jahrgangs einfach ins Nichts laufen. Noch besser wäre natürlich, die Hauptschule ganz abzuschaffen, aber leider ist die CDU geistig noch zu stark im Ständesystem verhaftet. Eine Gesellschaft ist aber von allen Mitgliedern abhängig, und eine Kette ist so stark wie ihr schwächstes Glied.

Die Wirtschaft boomt, es herrscht schon wieder Fachkräftemangel, aber das so genannte abgehängte Prekariat wird immer größer. Gerade jetzt, wo sich die gebildeteren Schichten mit der Fortpflanzung so zurückhalten, hängt die Zukunft dieses Landes davon ab, wie viele es von den Hauptschulen an die Universitäten schaffen. Das ist nicht nur eine staatliche, sondern auch eine gesellschaftliche Aufgabe. Alle Menschen mit ein wenig Zeit können mithelfen. Es gibt in diesem Land über zwanzig Millionen Rentner und ein bis zwei Millionen

Jugendliche, die Hilfe brauchen. Mancher hat einiges anzubieten, was bei der Arbeit mit den Jugendlichen so verzweifelt gebraucht wird: Zeit, Autorität, Lebenserfahrung. Ob Türken oder Deutsche, mit Migrationshintergrund oder ohne. Diese Kinder sind unsere Kinder.

Protokolliert von Helmut Frangenberg

Fatih Cevikkollu

Deutsche sind Arbeitsmaschinen

Ihr deutschen Eingeborenen, hört auf mit der Kriminalisierung der Moslems. Der Großteil der Menschen will den lieben Gott doch nur einen guten Mann sein lassen. Die Türken sind orientierungslos: gestern Kümmeltürke, heute Topterrorist – und immer schön am Rande der Gesellschaft, wo er rumsteht und nicht weiterweiß. Darf ich in eine Moschee gehen oder bin ich dann gleich verdächtig? Darf ich mein heiliges Buch in die Hand nehmen oder werde ich dann gleich abgeschoben?

Liebe Deutsche, es wird einfacher, wenn ihr die Unterscheidung zwischen Zugezogenen und Eingeborenen vergesst und euch stattdessen auf die Suche nach dem »Ali« und der »Aishe« in euch macht. Es ist längst alles eins. Ich habe den »Hans« in mir längst gefunden, das typisch Deutsche wie die Lust am Recht auf Empörung. Ihr wisst: Ein empörter Deutscher geht ab wie Hölle. Ich stelle mir vor, wie ich in der Türkei im Supermarkt zu lange in einer Schlange rumstehen muss und dann ausrufe: »Das geht entschieden zu weit. Freundchen, Freundchen! Jetzt schlägt's aber dreizehn!« Deutschland ist meine Heimat. Ich kann nichts dagegen tun. Trotz all der Imageprobleme, die Türken hier haben.

Wenn ich jemanden treffe, sagt der nach einiger Zeit: »Oh, Sie sprechen aber gut Deutsch.« Dann sage ich: »Danke schön, ich wünschte, ich könnte dasselbe von Ihnen behaupten.« – »Ach, Sie sind Schauspieler. Ich wusste gar nicht, dass es bei euch Türken ... Wenn Sie eine Schwester hätten, dürfte die das auch?« Ich sage ihm: »Nein, die würde geschlachtet.«

Schlimm sind auch die Verständnisvollen, diese Positivrassisten: »Ja, ich weiß Bescheid, Sie kommen ja aus einem anderen Kulturkreis, ich respektiere euch. Wenn Sie heiraten, wollen Sie eine Jungfrau haben?« – »Nee, ich will Profis. Hast du schon mal mit einem Anfänger Tennis gespielt? Das macht mir auch keinen Spaß. Kein Ballgefühl.«

Ich habe mit diesen Leuten, die mit einem Stock im Arsch rumlaufen, nichts zu tun. Ich war auch nie Teil einer Parallelgesellschaft. Meine Mutter hat mich von diesen Hinterhofmoscheen ferngehalten. »Bleibt da weg«, hat sie gesagt. »Das ist Hirnwäsche, das sind Hassprediger, das hat mit dem Islam nichts zu tun.« Dass so viele heute an seltsamen und konservativen Werten festhalten, ist ein hausgemachtes Problem. Man hat die Türken in einen Kokon getrieben. Integrationspolitik hat nicht stattgefunden. Der Plan war ein anderer: Die Türken sollten nach Deutschland kommen und wieder gehen. Das ist wie bei einer Pflanze, die immer nur im Topf wächst und nicht ins Beet gesetzt wurde, wo sie eigentlich schon früh reingehört hätte. Warum sollte Ali hier Wurzeln schlagen? Also bleiben viele Türken unter sich. Da herrscht eine strenge Hierarchie, die nicht selten auf Angst statt auf Respekt beruht. Die haben nicht mitbekommen, dass Menschen miteinander reden können, Sexualität ein Urtrieb ist und Entwicklung immer auch Veränderungen mit sich bringen. Dieser konservierten Welt muss man knallhart das geltende Recht entgegenhalten und immer wieder Gelegenheiten für Begegnungen schaffen.

Vieles, was heute unter der Überschrift Integration diskutiert wird, hat mit sozialen Entwicklungen zu tun. Perspektivlosigkeit führt zu Verzweiflung, Frust und zu den Auswüchsen, die wir beklagen. Hinzu kommt die Ausgrenzung, die zum

Rückzug ins Religiöse führt. Und man darf nicht vergessen: Da sitzt dir nicht die Bildungselite der Türkei gegenüber. Das sind tolle, einfache Menschen, die sich und ihr Wertesystem nicht in Frage stellen wollen. Und die nicht immer gut von den Deutschen denken: »Die können doch gar nichts. Das sind doch Kühlschränke, Roboter, die können weder singen noch tanzen, noch haben die einen Funken Leben im Leib, das sind Arbeitsmaschinen.«

Mein Vater kam als einfacher, ungelernter Arbeiter nach Deutschland. Ich bin in dem ständigen Bewusstsein aufgewachsen, dass wir irgendwann zurückkehren. Wir haben zu fünft auf fünfzig Quadratmetern gelebt. Unsere Wohnung war so klein, dass alles, was wir eingekauft hatten, erst einmal in Kartons verstaut wurde. Wir lebten mit einer Mauer aus Kartons in der Wohnung. Ich hatte Mauererfahrung, ohne die Berliner Mauer je gesehen zu haben. Dann stand ich da und habe gerufen: »Die Mauer muss weg, die Mauer muss weg!«

Was verdient wurde, ist in der Türkei investiert worden. Jedes Kind hat ein Grundstück, eine Wohnung, und dann wurde noch ein Laden gekauft. Mein Vater hat mal gesagt: »Wenn wir damals nur ein bisschen in Deutschland investiert hätten, wäre die Welt hier viel schöner.« Das Problem ist nicht, dass die Türken vergessen haben, zurückzukehren. Sie haben vergessen, hier anzukommen.

Ich selbst halte Distanz zu religiösen Vereinigungen, weil solche Zusammenschlüsse immer den Ausschluss von anderen bedeuten. Trotzdem sage ich: Baut die Moschee in Ehrenfeld! Auch mit Minaretten und Kuppel! Damit die Wellblechmoschee-Idioten und Hinterhof-Prediger aufhören, Hass zu säen, der bei denen einen Nährboden findet, die sich ausgegrenzt fühlen. Ditib ist eine staatliche Organisation. Man kann dem türkischen Staat eine Menge vorwerfen, mit Sicherheit aber eines nicht: Er vermischt nicht Staat und Religion miteinander. Wenn man es jemandem erlaubt, dann sollte es die Ditib sein. Und dann kann man hoffentlich ein paar von diesen Wellblechmoscheen einstampfen.

Protokolliert von Helmut Frangenberg

Tobias Kaufmann

Linkes Scheitern im Umgang mit dem Islamismus

Niemand wünscht sich Beifall von der falschen Seite. Wenn sich liberal oder konservativ gesinnte Europäer kritisch mit dem Islam befassen, müssen sie jedoch damit leben, Applaus auch von Rassisten und Moslemhassern zu erhalten. Das ist umso unangenehmer, als von der Linken praktisch kein Beitrag zur Auseinandersetzung mit dem politischen Islam zu hören ist. Am ganz linken Rand, also in der Partei Die Linke und sozialistischen Splittergruppen, ebenso wie in weiten Teilen des »gefühlt« linken »Mainstreams« bei Bündnis 90/Die Grünen, innerhalb der Gewerkschaften oder im globalisierungskritischen Netzwerk Attac genießt der Kampf gegen »Islamophobie« Priorität. Mit diesem Kampfbegriff wird jede kritische Auseinandersetzung mit einer Religion und ihren verschiedenen Ausformungen – wie im Streit über den Bau einer Moschee in Köln-Ehrenfeld – unter den Generalverdacht des Rassismus gestellt. Während Provokation und Polemik gegen christliche Kirchen und ihre Vertreter, gegen die USA oder gegen politische Gegner selbstverständlich – und zu Recht – als legitime Mittel im Meinungsstreit angesehen werden, gilt gegenüber dem Islam eine Taktik der Beschwichtigung. Es soll bloß niemand »diskriminiert« oder provoziert werden. Die Islamkritikerin Ayaan Hirsi Ali etwa beklagt: »Frauen wie ich bekommen Unterstützung von konservativer und rechter Seite, von der Linken werden wir im Stich gelassen.« Dort, wo man angesichts eines religionskritischen Erbes glaubwürdigen

Widerstand gegen gottesstaatliches Denken erwarten würde, herrschen Schweigen, Verharmlosung oder gar Sympathie mit islamistischen Ideen.

Statt mit guten Argumenten für den Moscheebau in Köln zu werben, wird von Mitgliedern der Partei »Die Linke« wie dem Kölner Stadtratsmitglied Claus Ludwig schon die Debatte über den Bau verunglimpft: »Bundesweit läuft eine Kampagne gegen den Islam, ein politischer Kampf, der aus Sicht der Herrschenden nötig ist, um Diskriminierung hier und außenpolitisches Vorgehen im Nahen und Mittleren Osten zu legitimieren. Diesen ›Kulturkampf‹ will man ›seriös‹ führen und nicht den Nazis überlassen.« In solchen linken Worthülsen wird alles gegen Emanzipation und Aufklärung miteinander vermengt. Der britische Journalist Nick Cohen, der 2007 mit seinem Buch »What's left?« einen Bestseller in Großbritannien landete, beklagt: »Wenn Sie heute an einer europäischen Universität vor aufgeklärten Linken fordern, Frauen im Iran sollten die gleichen Rechte haben wie Frauen in Berlin, wäre ich nicht überrascht, wenn Sie zu hören bekämen, dass das eine kulturimperialistische Position sei.« Und weiter: »Der Islamismus widerspricht allem, woran die Linke glauben müsste. Aber die Linke läuft Amok.«

Natürlich gibt es viele Linke, für die das nicht gilt. Aber um etwas Grundsätzliches diagnostizieren zu können, muss man verallgemeinern. Und verallgemeinert betrachtet wird deutlich: Die Linke hält eine Auseinandersetzung mit dem islamischen Faschismus nicht für wesentlich. Unzählige Positionspapiere gegen den »Neoliberalismus« werden geschrieben. Debatten über die »Palästina-Frage« werden geführt: Die Grünen-Politikerin Antje Vollmer etwa sieht im Nahostkonflikt das »Ur-Trauma der islamischen Welt«, womit sie die Gründung des Staates Israel zur Ursache des nahöstlichen Fanatismus umlügt. Islamismus als politische Herausforderung kommt dagegen nur am Rande vor – dargestellt als überbewertetes Missverständnis von Fundamentalisten, das mit dem »friedliebenden Islam« nichts zu tun habe. Wenn man bedenkt, dass die islamistische Bewegung nicht nur die vermutlich größte politisch-kulturelle Herausforderung unserer Zeit ist, sondern auch mit nichts vereinbar scheint, was im positiven Sinne klassisch »links« wäre, dann ist diese Haltung erstaunlich. Oder?

Lässt man die verständliche und nicht auf die Linke beschränkte Angst, sich mit einer brutalen Bewegung wie dem Islamismus anzulegen, beiseite und sieht sich die Bausteine linker Weltanschauung genauer an, löst sich das vermeintliche Rätsel schnell. Denn ein »linkes« Weltbild kommt nicht ohne die folgenden Elemente aus:

I. Materialismus – oder die Überbetonung der sozialen Frage

Zum marxistischen Erbe der Linken gehört es, nicht in Kategorien wie Kultur oder Tradition zu denken. Linke Gesellschaftskritik bezieht sich auf Arm und Reich, Unten und Oben. Sie ist dadurch vor rassistischen Gedanken über den Wert von Menschen und Menschengruppen gefeit – aber sie läuft auch Gefahr, wesentliche Merkmale von Gesellschaften zu ignorieren. Denn die Linke erklärt sich letztlich alles aus der sozialen Frage. Einfach ausgedrückt: Wenn der Wohlstand innergesellschaftlich sowie weltweit gerecht oder gar gleich verteilt wäre, lösen sich aus linker Perspektive auch alle untergeordneten Konflikte. Dieses materialistische Menschenbild macht es unmöglich, Fanatismus und Hass als solche zu erkennen – und zu bekämpfen. »Man ist noch nicht gut und klug, nur weil man arm ist«, hält in Erich Kästners »Fabian« der gleichnamige Moralist einem kommunistischen Straßenkämpfer allerdings entgegen. »Gut« und »klug« zu sein, ist ein moralischer Anspruch, der unabhängig ist vom sozialen Status. Er hat mit Erwartungen an Kultur und Erziehung, mit »Werten« im bürgerlichen Sinne zu tun. Dieser Anspruch ist der Linken fremd, weil sie alles unter den Vorbehalt der »sozialen Gerechtigkeit« stellt. Deshalb kann für überzeugte Linke sogar das Selbstmordattentat zum zumindest nachvollziehbaren Ausdruck des Kampfes der Unterdrückten werden. Diese Verblendung offenbarte Eugen Drewermann, als er die Anschläge vom 11. September 2001 als Hilferuf der »Armen« deutete, die »in der Ersatzsprache der Gewalt« mit uns reden wollen – eine erstaunliche Aussage für einen Theologen, aber eine typische Aussage für einen »kritischen« Linken.

II. Kulturrelativismus – oder das große Missverständnis

Weil die Linke Kultur als maßgebliche Kategorie unterschätzt, lehnt sie es auch ab, Kulturen zu bewerten. Sie folgt stattdessen dem Modell der Gleichwertigkeit aller Kulturen unter deren jeweiligen Gegebenheiten. Doch was Jens Jessen in der *Zeit* positiv als »alten konservativen Respekt vor den historisch gewachsenen Unterschieden« definiert, wird in der Auseinandersetzung mit totalitären Ideologien zu blankem Relativismus. »Das Spannungsverhältnis zwischen Kulturrelativismus und allgemeinen, universalen Werten und Rechten war schon früh zutage getreten, etwa in der Opposition gegen die Allgemeine Erklärung der Menschenrechte der Vereinten Nationen 1948 vonseiten der Amerikanischen Anthropologischen Gesellschaft, und zwar mit der Begründung, damit zwinge der Westen der übrigen Welt seine Werte auf«, schreibt Siegfried Kohlhammer im Magazin *Merkur*. Er fordert, Kulturen daraufhin zu untersuchen, »wieweit sie Wohlstand und Wohlergehen der Menschen, Freiheit und Menschenrechte fördern oder hemmen«. Solche Abwägungen aber werden von Linken oft pauschal unter Rassismusverdacht gestellt.

Kultur als Erklärungsmuster akzeptiert die Linke nur dann, wenn sie daraus Opposition gegen den globalen Kapitalismus ableiten kann. Jessen gewinnt diesem Reflex Gutes ab: »Angesichts eines kriegerisch auftrumpfenden Kapitalismus betonte sie das Recht der nichtwestlichen Kulturen auf Schutz, Eigenständigkeit, sogar Rückständigkeit.« Für die Opfer der Rückständigkeit aber hat eine solche Linke weder einen Blick noch ein Gefühl. So bleibt alles beim Alten – auch in der Sozialarbeit mit jungen Migranten.

Ein Musterbeispiel für diese fatale Mischung aus der Überbetonung des Sozialen, aus Naivität und Relativismus lieferte die Kölner Sozialdezernentin und Mitglied der Grünen, Marlis Bredehorst, als sie sich im *Kölner Stadt-Anzeiger* dafür aussprach, zwei islamischen Verbänden den Bau einer Moschee in Köln-Mülheim zu erlauben, obwohl ihnen eine Nähe zu der unter Beobachtung des Verfassungsschutzes stehenden Vereinigung Milli Görüs nachgesagt wird. Während die (faschistischen) Grauen Wölfe kein Partner für die Politik sein könnten, wünsche sie sich bei den religiösen Verbänden, dass es gelinge, »die vielen Vorurteile abzubauen«. Milli Görüs leiste wertvolle Integrations- und Sozialarbeit, so Bredehorst: »Wir brauchen für unsere Sozialarbeit diese religiösen Vereine, weil wir sonst die Menschen nicht erreichen.« Dass die Vorstellungen solcher Vereine mit dem Grundgesetz nicht vereinbar sind, dass es deshalb falsch wäre, Sozialarbeit unter solchen Vorzeichen auch noch zu fördern – wer sollte das begreifen, wenn es schon einer Vertreterin einer säkularen Partei wie den Grünen nicht einsichtig ist? Kultur ist Kultur, Sozialarbeit ist Sozialarbeit, Religion ist Religion. Der entscheidenden Frage, welche Kultur, welche Religion, welche Sozialarbeit, weichen Politiker wie Bredehorst mit absurden Gleichsetzungen aus: »Dass Frauen keine Priester werden können, ist für mich mit dem Grundgesetz nicht vereinbar. Wir haben aber noch nie darüber diskutiert, ob irgendwo eine christliche Kirche gebaut wird oder nicht.«

III. Anti-Kapitalismus – oder das falsche Pferd

»Ich war nie ein Freund des Kommunismus, aber als der Ostblock zusammenbrach, habe ich gesagt, dass es sich auch schlecht auswirken könnte, weil ein Korrektiv gegenüber dem westlichen Kapitalismus wegfällt«, sagte der Islamwissenschaftler und ehemalige Grünen-Politiker Gernot Rotter in einem *Stern*-Interview: »Jetzt hat sich dieser globalisierte Wirtschaftswahnsinn durchgesetzt. Die Wirtschaftsbosse haben keine Scham mehr, und der Staat knickt ein. Hier könnte der Islam als spirituelle Gegenbewegung wirken.«

Die Linke ist nach dem wirtschaftlichen und moralischen Bankrott des Ostblocks vom Rand bis weit in den Mainstream hinein ideologisch offenbar dermaßen ausgehöhlt, dass sie sich selbst an eine so absurde Annahme klammert, eine Religion (!) wie der Islam weise sozial und/oder spirituell in Richtung eines »dritten Wegs«. Der Chef von »Die Linke«, Oskar Lafontaine, drückt dies, im Gegensatz zum immerhin Islamismus-kritischen Rotter, noch deutlicher aus: »Im Islam spielt das Zinsverbot noch eine Rolle, wie früher auch im Christentum. In einer Zeit, in der ganze Volkswirtschaften in die Krise stürzen, weil die Renditevorstellungen völlig absurd geworden sind, gibt es Grund für einen von der Linken zu führenden Dialog mit der islamisch geprägten Welt.« Wer eine heterogene – und in weiten Teilen totalitär strukturierte – Größe wie die islamische Welt mit einem solchen politischen und moralischen Vertrauensvorschuss bedenkt, tut sich schwer, Kritik zu üben. Dass Lafontaine mit seinem Verweis auf die »unchristliche« Zinswirtschaft über den Grat antisemitischer Stereotype balanciert, ist bei dieser Linken weniger Zufall als ein beständiges, unangenehmes Nebengeräusch extremer Kritik an Neoliberalismus, Globalisierung und Finanzmärkten. Zumindest aber das Feindbild USA wird von Attac bis zu fundamentalistisch islamischen Kreisen geteilt.

IV. Kollektivismus – oder die Mär vom »reinen« Leben

Ebenfalls von Oskar Lafontaine stammt ein Satz, der belegt, wie wenig das Individuum Hilfe von der real existierenden Linken erwarten kann: »Der Islam setzt auf die Gemeinschaft, damit steht er im Widerspruch zum übersteigerten Individualismus, dessen Konzeption im Westen zu scheitern droht.« Galt es vor vierzig Jahren noch als schick (und links), seinen Individualismus auszuleben, sexuell und kulturell freizügig zu sein, so sind weite Teile der Linken heute dem konservativen Narrativ vom »Ende der Spaßgesellschaft« verhaftet. Das ist stimmig, denn die Überbetonung der Gemeinschaft, der Triumph des »allgemeinen Willens« über den »Lobbyismus« der »Partikularinteressen« ist eine im Kern totalitäre Aufwallung gegen den westlichen Liberalismus – und damit Grundausstattung jeder freiheitsfeindlichen Ideologie, egal ob sie links- oder rechtsextrem oder religiös-fundamentalistisch ist.

Zwischen Rassismus und einer islamskeptischen Haltung, die vom Ideal der individuellen Menschenrechte ausgeht, besteht ein gravierender Unterschied, der von vielen Linken weitgehend ignoriert wird. Damit fallen sie als Partner im Kampf gegen den Islamismus bis auf weiteres aus.

Bekir Alboga

Dialog statt Polarisierung

Der Islam und die Muslime zählen zu den aktuellsten und wichtigsten Themen der Gegenwart. Seitdem in den 60er Jahren die ersten türkischen Gastarbeiter nach Deutschland kamen, leben wir Muslime als friedliche Nachbarn in Deutschland. Doch nach dem Zweiten Golfkrieg mit seinen schrecklichen Folgen für die Muslime und den verheerenden Anschlägen vom 11. September 2001 hat die deutsche Mehrheitsgesellschaft uns Muslime in Deutschland »entdeckt«. Der dadurch angestoßene Dialog der Mehrheitsgesellschaft mit der muslimischen Minderheit – wie beispielsweise die von Innenminister Schäuble ins Leben gerufene Islamkonferenz – bietet eine einzigartige Chance für die Entwicklung unseres Gemeinwesens. Dabei kann nur ein aufgeschlossener offener Dialog zu einem erfolgreichen Miteinander führen.

Die in Köln angestoßene Debatte um den Bau der Zentralmoschee des Dachverbandes Türkisch-Islamische Union der Anstalt für Religion e. V. (Ditib) hat sicherlich für ganz Deutschland Symbolcharakter. Umso wichtiger erscheint es, dass beide Seiten aus den Erfahrungen dieses Diskurses Schlüsse ziehen. Ziel sollte die erfolgreiche Integration – das heißt Teilnahme und Beteiligung der Muslime – in die deutsche Gesellschaft sein.

Wir, die Muslime in Deutschland, können rechtlich gesehen unseren Glauben in Deutschland im Schutze der Verfassung, in Sicherheit und Geborgenheit ausüben. Wir können die Unabhängigkeit des Gerichts wahrnehmen und auf die deutsche Rechtsstaatlichkeit vertrauen. Dieses Land ist mittlerweile für die Mehrheit der Muslime die neue Heimat geworden; für viele, die seit Jahrzehnten hier leben oder hier geboren sind, sogar die einzige Heimat. Die muslimischen Schülerinnen und Studentinnen können in Deutschland mit Kopftuch in der Schule, an der Uni und insgesamt im öffentlichen Raum und Leben präsent sein. Sie können ihrer Spiritualität und Frömmigkeit einen sichtbaren Ausdruck verleihen. Sie erfahren in seltenen Fällen Diskriminierung.

In vielen Städten können wir Muslime repräsentative Moscheen bauen. Sicherlich kann dabei die Erteilung der Baugenehmigung Zeit kosten und erfordert einen umfangreichen Dialog mit der Bevölkerung vor Ort. Doch die Verfahren folgen rechtsstaatlichen Prinzipien. So konnte die Ditib in den letzten Jahren mehr als hundert Moscheen deutschlandweit bauen. Dadurch werden wir als Teil der Gesellschaft wahrgenommen, unsere Moscheen zu offenen Begegnungsstätten. Dies führt wiederum zur Öffnung beider Seiten.

Neben der rechtlichen Sicherheit stellen wir jedoch eine zunehmende emotionale, öffentliche Ablehnung der Muslime durch einen Großteil der deutschen Bevölkerung fest. Bei der Debatte um das Miteinander von muslimischer Minderheit und christlich geprägter Mehrheit fällt es schwer, den objektiven Blick zu bewahren und die Emotion zu besänftigen. Ein steigender Anteil der deutschen Mehrheitsgesellschaft begegnet dem Islam und den Muslimen in Deutschland mit Ängsten und Misstrauen. Diese Haltung wiederum emotionalisiert viele Muslime: Sie begeben sich in den meisten Fällen in die Defensive, haben das Gefühl, sich und ihren Glauben vor der deutschen Mehrheitsgesellschaft schützen zu müssen. Statt eines dringend notwendigen Dialogs kommt es so zur beiderseitigen Isolation.

Die Berichterstattung in den Medien über den Islam und die Muslime beschleunigt diese Entwicklung. Warum spricht man von muslimisch, wenn man Terroristen meint? Terroristen sind Terroristen. Fundamentalismus und Islamismus sind nicht mit der Frömmigkeit von Gläubigen zu verwechseln. Die im Namen des Islam verübten Anschläge und Attentate weltweit sind nicht mit dem islamischen Glauben vereinbar. Die Muslime in Deutschland und insbesondere die Ditib haben diese Gewalttaten stets aufs Schärfste verurteilt, ebenso alle Mitgliedsdachverbände des Koordinationsrates der Muslime in Deutschland.

Einige Meinungsmacher aus Politik und Kultur der deutschen Mehrheitsgesellschaft versuchen bewusst und provokativ, die Islam-Phobie zu verstärken. Welche Motive treibt sie? Ein echtes Bedürfnis nach Diskurs und Dialog? Häufig entsteht leider der Eindruck, dass dies nicht der Fall ist. Vielmehr scheint es um Wählerstimmen, um den Verkauf aktuell erschienener Buchtitel oder einfach um die Imageverbesserung vergessener Intellektueller zu gehen.

Für ein friedliches, erfolgreiches Miteinander ist es daher dringend notwendig, dass Medien, Politik und Kulturschaffende in Deutschland endlich ein differenziertes Bild des Islam vermitteln und einen echten Dialog anstreben.

Es kann nicht sein, dass nur die Muslime als »vertrauenswürdig« und »staatstreu« gelten, die nicht ihre Religion praktizieren oder ihre muslimische Persönlichkeit bekunden. Frömmigkeit und Religionspraxis darf nicht mit Demokratiefeindlichkeit oder Radikalismus gleichgesetzt werden. Solche Tendenzen unter den traditionell muslimisch geprägten Gesellschaftsgruppen in Deutschland sind eine marginale Erscheinungsform.

Muslime erleben den Islam als eine Religion, in der der Mensch seinen Frieden mit sich selbst, seinen Mitmenschen, seinen Glaubensgenossen, den Andersgläubigen und der Welt durch die freiwillige Hingabe an Gott findet. Demgemäß bedeutet der Islam sowohl wörtlich als auch seinem Sinngehalt nach Frieden, ebenfalls Sicherheit und Hingabe.

Es gibt – entgegen der öffentlichen Wahrnehmung in Deutschland – viele Stimmen unter den muslimischen Denkern, die die muslimisch geprägte Welt auffordern, aus den Quellen aller modernen Zivilisationen zu schöpfen. Mit Recht. Denn die islamische Welt und ihre Gesellschaften verfügen heute nicht mehr in gebührender Art und Weise, qualitativ wie quantitativ, über kulturelle, gesellschaftliche oder politische Institutionen. Die westliche Kultur, besonders was Rechtsstaatlichkeit, Demokratie und Menschenrechte angeht, könnte bei Aufbau und Weiterentwicklung moderner, islamisch geprägter Gesellschaften sehr nützlich, konstruktiv und kreativ sein.

Das beste Beispiel dafür liefert die Türkei, wo wir in den letzten Jahren enorme Umbrüche wahrnehmen konnten. Der Präsident des Präsidiums für Religionsangelegenheiten in der Türkei, Professor Bardakoglu, erläuterte bei verschiedenen Deutschlandbesuchen, dass die Türkei eine Neuauslegung des Verständnisses des Islam gemäß Aufklärung und Demokratie vorgenommen hat, wodurch die Rechte der Frau verbessert, die Demokratie gefördert und die Beachtung der Menschenrechte verstärkt werden. Auch die Überzeugung, dass die Religionen zu einem Dialog kommen müssen, wurde mehrfach betont.

Die Erfahrungen aus der Debatte in Köln lehren uns jedoch, dass ein etablierter Dialog zwischen Mehrheits- und Minderheitsgesellschaft fehlt. Die Kölner Debatte spielte sich fast ausschließlich in der Mehrheitsgesellschaft ab. Wir, die muslimischen Migranten, hatten häufig den Eindruck, nur Statisten auf der politischen Bühne zu sein.

Welche Schlüsse ziehen wir daraus? Wir müssen zukünftig Strukturen etablieren, mit deren Hilfe wir einen kontinuierlichen Austausch, einen Dialog, eine fruchtbare Streitkultur zwischen Mehrheits- und Minderheitsgesellschaft schaffen. Unsere Moscheen können dabei ein Baustein werden, offene

Häuser und Begegnungsstätte. Darüber hinaus erkennen wir die Notwendigkeit, dass die Stadt Köln ein tragfähiges Integrationskonzept entwickeln muss, das insbesondere den Dialog und den Diskurs mit den muslimischen Migranten in konstruktive, zielorientierte Bahnen lenkt – zum Wohle unseres Gemeinwesens.

Die Ausübung des Religiösen kann im Besonderen zur Weiterentwicklung des Gemeinwesens beitragen. Dafür müssen wir die intellektuelle Reife in der Frömmigkeit und im demokratischen Alltag erreichen. Denn wenn wir religiöse Identität und Identitätswahrung im Sinne eines modernen Miteinanders in der kulturellen und religiösen Vielfalt verstehen, dann steht das menschliche Bedürfnis nach religiöser Heimat nicht im Widerspruch zur gesellschaftlichen Eingliederung und Weiterentwicklung moderner Gesellschaften.

Hans-Joachim Höhn

Die Goldene Regel

Die Debatte um den Kölner Moscheebau hat im Sommer 2007 binnen weniger Wochen nicht nur an Schärfe, sondern auch an Tiefe gewonnen. Zunehmend sind grundsätzliche Fragen in den Vordergrund gerückt. Denn zu klären sind nicht bloß bau- oder verkehrsrechtliche Belange, wie sie sich auch bei der Erschließung eines Gewerbegebietes ergeben. Vielmehr geht es hier um die Einbürgerung einer Religion. Der Islam in Deutschland will heraus aus seiner Nischenexistenz. Er will politische und kulturelle Anerkennung und drängt auf architektonische Sichtbarkeit. Die Planung repräsentativer Moscheen zeigt den Ehrgeiz, das Stadtbild mitzuprägen. Dabei ist mehr als bloße Symbolik im Spiel. Die Umsetzung dieser Pläne wird zur Probe, wie ernst man es in unserem Land mit der Integration des Islam meint.

Indem die Befürworter des Moscheebaus die Integrationsfrage mit einer Grundrechtsfrage verknüpfen, engen sie den Spielraum ihrer Kritiker deutlich ein: Das individuelle Grundrecht der Religionsfreiheit ist wie alle Grundrechte unteilbar. Ohne dieses Prinzip kann es keinen liberalen Rechtsstaat und keine liberale Demokratie geben. Ohne Offenheit für eine Pluralität an Religionen bleibt das Reden von Religionsfreiheit reiner Etikettenschwindel. Das müssen sich vor allem prominente Kirchenvertreter sagen lassen, die mit dem Hinweis auf die Unterdrückung des Christentums in arabischen Ländern den Muslimen in Deutschland zur Bescheidenheit beim Anmelden von Rechtsansprüchen raten. Eine solche »Wechselseitigkeit« ist unvereinbar mit der Unteilbarkeit von Grundrechten. Wer die Anspruchnahme von Rechten hierzulande nach dem Maß der Verweigerung von Rechten im Ausland bemessen will, offenbart eine prekäre Distanz zu rechtsstaatlichen Prinzipien. Grundrechte werden im liberalen Rechtsstaat nicht zuerkannt oder vergeben, sondern jeder Mensch ist als Träger solcher Rechte anzuerkennen.

Allerdings darf auch nicht unterschlagen werden, dass Werden und Bestand eines liberalen Rechtsstaates von bestimmten Voraussetzungen abhängig sind. Er verdankt sich zum einen der Trennung von Religion und Staat, die zur Bedingung für das Miteinanderleben von Menschen unterschiedlicher Konfessionen geworden ist. Er ist zum anderen auf Seiten der Bürger auf eine Loyalität angewiesen, die sich nicht in bloßer Gesetzestreue erschöpft. Der liberale Staat gründet in einem Ethos, das in seiner Funktion der Gewährleistung einklagbarer Grund- und Menschenrechte selbst ein erhaltens- und schützenswertes Gut sieht. Wo dieses Bewusstsein nicht wachgehalten wird, erscheint eine liberale Demokratie nur noch als formale Verfahrensordnung für die Regelung von Interessenskonflikten. Verkannt wird dabei ihr Rang als Rahmenordnung zur Verwirklichung des Menschenrechtes, Rechte zu haben. Dies gilt auch für das Recht auf freie Religionsausübung. In einer weltanschaulich und religiös pluralen Gesellschaft sichert gerade der säkulare Rechtsstaat am ehesten die hierfür nötigen Voraussetzungen.

Es steht außer Zweifel, dass das Christentum, vor allem in Gestalt der katholischen Kirche, lange gebraucht hat, um diese Einsicht »von innen«, aus seinem religiösen Bekenntnis und Menschenbild heraus, nachzuvollziehen. Man wird dem Islam nicht ersparen können, einen ähnlichen Lernprozess durchzumachen. Gegenwärtig ist allerdings kaum absehbar, inwieweit er sich dieser Aufgabe stellen will. Die 2002 verabschiedete »Islamische Charta« des Zentralrats der Muslime in Deutschland erkennt zwar im islamischen Recht eine Verpflichtung der Muslime in der Diaspora, sich grundsätzlich an die Rechtsordnung »vor Ort« zu halten. Können aber Muslime die Ordnung eines liberalen Rechtsstaats wirklich aus ihrem Glauben heraus bejahen? Der liberale Rechtsstaat verfolgt in der Gestaltung des Zusammenlebens der Menschen allein säkulare Zwecke und legitimiert sich allein aus ihnen. Religiöse Ziele und Zwecke liegen außerhalb seiner Zuständigkeit. Ein liberaler Staat verzichtet auf religiöse Wahrheitsansprüche und erwartet von Religionsgemeinschaften den Verzicht auf jede Befugnis zu weltlicher Herrschaft. Gleichwohl wird die Religion vom säkularen Staat keineswegs negiert. Er verdrängt sie auch nicht in die Privatsphäre. Vielmehr gibt er ihr Raum für öffentliche Betätigungen, die auch das gesellschaftliche und politische Leben beeinflussen. Mehr will und darf er für die Religion nicht tun.

Können Muslime diese Unterscheidung von religiöser und säkularer Sphäre in Staat und Gesellschaft nachvollziehen? Oder bekennen sie sich nur vorläufig und widerwillig unter den Zwängen der Diaspora dazu? Es ist keineswegs unbillig, den Vertretern islamischer Verbände solche Fragen zu stellen. Und schon gar nicht sind sie zu unterdrücken, wo mit dem Hinweis auf das Prinzip der Religionsfreiheit und der Gleichbehandlung der Status einer Körperschaft des öffentlichen Rechts eingefordert wird. Eine solche Einbindung in die öffentlich-rechtliche Ordnung vorzunehmen, ohne vorher die Vorbehalte auszuräumen, die von Seiten des Islam selbst immer wieder gegen eine liberale und säkulare Demokratie erhoben werden, ist voreilig und leichtfertig. Auch den christlichen Kirchen musste der Abbau dieser Vorbehalte abgerungen werden. Wer dies als unbillige Zumutung abwehrt, offenbart ein merkwürdig gespaltenes Verhältnis zu Anspruch und Reichweite liberaler Grundrechte. Von ihnen profitieren zu wollen, ohne ihre Geltungsbasis zu respektieren, weckt den Verdacht einer nur halbherzigen Integrationsbereitschaft.

Wer die Integration des Islam will und damit nicht nur rechtliche Gleichstellung, sondern auch gesellschaftliche Anerkennung und Wertschätzung verbindet, muss außerdem unterscheiden: Rechte nimmt man in Anspruch und kann man einklagen. Anerkennung aber muss erworben werden. Wertschätzung erwächst aus der Erfahrung einträglichen Miteinanders. Vielerorts ist dies im Erleben guter Nachbarschaft von Christen und Muslimen bereits geschehen. Steigerungen sind zweifellos möglich, nicht nur im zwischenmenschlichen Verhältnis, sondern auch dort, wo es »vor Ort« in Bürgerinitiativen um gemeinsame Anliegen wie etwa die Ausstattung von Kindergärten, Schulen und Sportstätten geht. Gegenseitiger Respekt wächst im solidarischen Einsatz für die Belange des Gemeinwesens – nicht aber durch die Abschottung in einer »Parallelgesellschaft«.

In diesem Zusammenhang können die Vertreter der Religionen voneinander durchaus jene »Wechselseitigkeit« erwarten, die für staatliches Handeln nicht gefordert werden darf. Für Christen wie für Muslime gehört die »Goldene Regel« zum Kern ihres religiösen Ethos. Im Neuen Testament findet sich die Aufforderung: »Alles was ihr wollt, dass euch die Leute tun sollen, das tut ihnen auch« (Mt 7,12). Und von Mohammed ist die Sentenz überliefert: »Keiner von Euch ist ein Gläubiger, solange er nicht das für seinen Bruder wünscht, was er für sich selbst gewünscht hätte« (Hadith 40,13). Gegenseitiger Respekt, der sich in der wechselseitigen Eröffnung gleicher Chancen zur Teilhabe am öffentlichen Leben manifestiert, ist nichts, was Christen und Muslimen »von außen« aufzuerlegen oder von ihnen widerwillig als Tribut an »political correctness« aufzubringen wäre. Vielmehr können sie dieses moderne Leitprinzip sozialer Ordnung in ihren ethischen und religiösen Traditionen entdecken und somit »von innen« heraus bejahen.

Es ist an der Zeit, dieser Regel auch interreligiöse Geltung zu geben und sie nicht allein auf den Kreis der jeweiligen Glaubensbrüder und -schwestern zu beschränken. Keinen Christen darf es kaltlassen, wenn im Namen des Christentums irgendwo andere Religionen diskriminiert werden. Keinem Muslim darf es gleichgültig sein, wenn im Namen des Islam irgendwo Gläubige anderer Religionen benachteiligt werden. In der Tat lässt sich dann auch leichter über Moscheebauten in Deutschland reden, wenn von Vertretern muslimischer Verbände gegen das Verbot von Kirchenbauten in islamischen Ländern protestiert wird.

Ernst-Wolfgang Böckenförde

Säkularer Staat und Religion

Der säkulare Staat unserer Gegenwart ist ein säkularisierter Staat. Sein Verhältnis zur Religion ist ein in jüngster Zeit viel diskutiertes Thema. Und dies nicht zuletzt im Hinblick auf die mögliche, von vielen und auch von mir als notwendig erachtete Integration der über drei Millionen Muslime, die in unserer politischen Ordnung und Gesellschaft leben. Dass die Bundesrepublik Deutschland selbst ein säkularisierter Staat ist, wird dabei kaum bestritten. Aber das Verhältnis zur Religion, das sich daraus ergibt, wird durchaus unterschiedlich beurteilt. Für viele ist der säkularisierte Staat eine epochale politische Kulturleistung, weil er es möglich gemacht hat, dass Menschen verschiedener religiöser Überzeugung und Weltanschauung friedlich und in Freiheit in einer gemeinsamen Ordnung leben können. Andere hingegen, und darunter gewiss auch Vertreter des Islam, beurteilen ihn skeptisch oder ablehnend, weil er sich und seine Ordnung von der Religion emanzipiere, den Anspruch der Religion, auch die Ordnung des Zusammenlebens der Menschen zu bestimmen, negiere und letztlich ein ›Staat ohne Gott‹ sei. Das könne grundsätzlich nicht akzeptiert werden.

Ich möchte versuchen, zu einer Entspannung zwischen diesen Auffassungen beizutragen. Die entscheidende Frage ist, wie das Verhältnis des säkularisierten Staates zur Religion und die Stellung der Religion in ihm beschaffen sind. Um dies zu klären, stelle ich vier Fragen und suche sie zu beantworten: Was kennzeichnet den säkularisierten Staat? Wie weit reicht die Bekenntnisfreiheit im säkularisierten Staat und wie wirkt sie sich aus? Wie weit wird die Bekenntnisfreiheit durch die allgemeine Rechtsordnung und die überkommene Kultur der Gesellschaft beschränkt? Wie weit kann, darf oder muss vom Islam und den Muslimen die Anerkennung des säkularisierten Staates und seiner Ordnung erwartet werden?

I. Was kennzeichnet den säkularisierten Staat?

Was ist eigentlich damit gemeint, wenn von einem säkularisierten Staat die Rede ist? Bedeutet die Säkularisiertheit des Staates nur seine Weltlichkeit in Abgrenzung zu einer sakralen Ordnung? Meint sie Distanz zu jedweder Religion und eine konstitutive Unabhängigkeit von der Religion, oder meint sie eine übergreifende Neutralität gegenüber Religion und Weltanschauung, die diesen Raum gibt, auch öffentlichen Raum, ohne sich aber in irgendeiner Weise mit ihnen zu identifizieren?

Der Charakter des säkularisierten Staates lässt sich zunächst dahingehend beschreiben, dass in ihm die Religion bzw. eine bestimmte Religion nicht mehr verbindliche Grundlage und Ferment der staatlichen Ordnung ist. Staat und Religion sind vielmehr grundsätzlich voneinander getrennt, der Staat als solcher hat und vertritt keine Religion. Er hat sich aus der Umfangenheit von der Religion, welche für die politische Ordnung in Antike und Mittelalter und auch in der frühen Neuzeit noch bestimmend war, losgelöst.[1] Er verfolgt in der Gestaltung des Zusammenlebens der Menschen allein weltliche Zwecke und legitimiert sich aus ihnen; geistliche und religiöse Zwecke liegen »außerhalb seines Befugniskreises«.[2]

---

[1] E.-W. Böckenförde, Die Entstehung des Staates als Vorgang der Säkularisation (1967), in: Ders., Recht, Staat, Freiheit, Frankfurt [4]2006, S. 92–114.

[2] So schon die Formulierung des liberalen Staatsrechtslehrers Robert v. Mohl, Das Staatsrecht des Königreichs Württemberg, Bd. 1, Tübingen 1829, S. 9.

Führt diese Trennung von Religion und Staat dann aber nicht zu einem gottlosen Staat, einem Staat ohne Gott? Diese Schlussfolgerung wäre voreilig. Denn die Religion wird vom säkularisierten Staat keineswegs negiert oder beiseite gestellt. Er findet sie vor und setzt sich in ein Verhältnis zu ihr. Dieses Verhältnis ist dadurch gekennzeichnet, dass zum einen die Religion vom Staat freigegeben, in Freiheit gesetzt wird. Ihre Zulassung, Organisation und Ausübung ist keine staatliche Angelegenheit mehr, wird vom Staat auch nicht gelenkt und dirigiert; der säkularisierte Staat verzichtet – dies war in der Entwicklung ein langwieriger Prozess – auf jedwede Form von Religionshoheit, er leiht seinen ›weltlichen Arm‹ auch nicht mehr für die Durchsetzung der Religion oder religiöser Forderungen. Zum anderen aber wird die Freiheit und Wirksamkeit der Religion vom Staat und seiner Rechtsordnung unter dem Gesichtspunkt seiner weltlichen Aufgaben und Zwecke auch eingegrenzt.

Was die Freigabe der Religion angeht, so bedeutet sie, dass die Religion in den Bereich der Gesellschaft verwiesen wird; sie bestimmt nicht mehr den Geist des Staates, der folglich kein christlicher, muslimischer oder von einer anderen Religion verbindlich geprägter Staat sein kann; sie entfaltet sich vielmehr in der bürgerlichen Gesellschaft und ihrer Freiheitsordnung. Von dort aus kann die Religion freilich, je nach den bestehenden Prozessen politischer Willensbildung, auf den Staat hin, in Richtung auf die verbindliche Gestaltung des Zusammenlebens, nach Maßgabe der ihr bei den Gläubigen als Bürger innewohnenden Kraft Einfluss nehmen und gewinnen. Das politische Eintreten für Ziele und Forderungen, die sich aus religiöser Motivation herleiten, ist also keineswegs ausgeschlossen.

Was die Grenzen angeht, die der Entfaltung und Wirksamkeit der Religion gezogen werden, agiert und versteht sich der säkularisierte Staat zunächst als religionsneutraler Staat. Was bedeutet das? Er identifiziert sich erstens mit keiner Religion oder Religionsgemeinschaft und deren Begehren, er gibt zweitens der Religion durch die Gewährleistung religiöser Freiheit Raum zu eigener Entfaltung, verwehrt ihr aber drittens den Zugriff auf staatliche Institutionen und Ämter sowie die Abkehr vom Prinzip der religiösen Neutralität des Staates selbst, etwa auf dem Weg einer mehrheitsgetragenen politischen Willensbildung. Im Hinblick auf die nähere Ausgestaltung der religiös-weltanschaulichen Neutralität des Staates haben sich zwei Konzepte herausgebildet. Zum einen das Konzept der distanzierenden Neutralität, exemplarisch verwirklicht im französischen Laizismus; zum andern das Konzept der übergreifenden offenen Neutralität, wie es vor allem in der Bundesrepublik Deutschland, aber keineswegs nur dort gilt.[3] Die distanzierende Neutralität verweist die Religion tendenziell in den privaten und privatgesellschaftlichen Bereich und hält sie dort fest, die übergreifende, offene Neutralität gibt ihr darüber hinaus auch Entfaltungsraum im öffentlichen Bereich, wie beispielsweise an Schulen, Bildungseinrichtungen und dem, was zusammenfassend als öffentliche Ordnung bezeichnet wird; dies freilich ohne jede Form der Identifikation.

Der Unterschied beider Konzepte ist nicht nur ein formaler, er wirkt sich vor allem in den Bereichen aus, die einen geistlich-religiösen und weltlich-politischen Aspekt zugleich haben. Solche Bereiche gibt es überall dort, wo eine Religion sich nicht auf Gottesverehrung in Form von Liturgie und Kultus beschränkt, sondern auch das Leben in der Welt und Verhaltensgebote in sich einbegreift. Das ist bei der christlichen Religion, aber auch im Islam und im Judentum der Fall. Die distanzierende Neutralität gestaltet insoweit die Rechtsordnung rein weltlich, weist die religiösen Aspekte als irrelevant und privat ab, die offene Neutralität sucht hingegen einen Aus-

---

[3] Vgl. Michael Brenner, Staat und Religion, in: VVDSTRL 59 (2000), S. 270–275, und E.-W. Böckenförde, Diskussionsbeitrag, ebd. S. 316–318.

gleich herzustellen, indem das Bekenntnis und die Lebensführungsmöglichkeit gemäß der Religion auch im öffentlichen Bereich, soweit mit den weltlichen Zwecken der staatlichen Ordnung vereinbar, durch die Rechtsordnung zugelassen und in sie hineingenommen wird.

II. Wie weit reicht die Bekenntnisfreiheit im säkularisierten Staat und wie wirkt sie sich aus?

Die Frage zielt auf den näheren Inhalt der Bekenntnisfreiheit im säkularisierten Staat. Bekenntnisfreiheit kommt zunächst dem Einzelnen zu, daneben auch den Religionsgemeinschaften selbst; sie ist, so gesehen, ein individuelles und ein korporatives Freiheitsrecht.

Als Freiheitsrecht hat die Bekenntnisfreiheit wie jedes Freiheitsrecht eine zweifache Dimension, die positive und die negative. Sie enthält die Freiheit *zum* Bekenntnis, das heißt den eigenen Glauben bekennen, ihm privat und öffentlich Ausdruck verleihen zu können – denken wir an Priesterkleidung, Ordenshabit, Wegekreuze und Gotteshäuser –, sowie die Freiheit *vom* Bekenntnis, das heißt nicht von Rechts wegen zum Bekenntnis eines Glaubens oder zur Teilnahme an Glaubensbekundungen angehalten zu werden, sich ihnen entziehen zu können. In diesem Sinn kann man von positiver und negativer Bekenntnisfreiheit sprechen.[4] Bekenntnisfreiheit ist mithin keine Garantie für den Bestand oder Fortbestand eines religiösen Bekenntnisses. Als Freiheitsrecht ist sie nur die Garantie der *Möglichkeit*, dass ein religiöses Bekenntnis bestehen und fortbestehen kann.

---

4 Siehe Herzog, in: Maunz/Dürig, Grundgesetz, Rdn. 98 i.V.m. Rdn. 78 zu Art. 4; Morlock, in: Dreier (Hg.), Grundgesetz. Kommentar Bd. 1, 1996, Rdn. 30 zu Art. 4; BVerfGE 41, 29 (49 f.).

Die Erscheinungsformen der Bekenntnisfreiheit sind vielfältig. Das fällt besonders ins Auge, wenn sie öffentlich ausgeübt wird. Denken wir nur an Kirchengebäude und Glockengeläut, an Wegekreuze und Kreuzwegstationen im Freien, an Prozessionen und Wallfahrten, aber auch an Moscheen und Gebetsrufe des Imam. Den Schutz der Bekenntnisfreiheit genießen dabei nicht nur solche Bekundungen, die sich nach der Lehre der betreffenden Religionsgemeinschaft auf ein verpflichtendes Gebot zurückführen lassen, sondern auch solche, die sich unabhängig von solcher Gebotsverpflichtung als religiöses oder religiös motiviertes Brauchtum herausgebildet haben. Alle Prozessionen und Wallfahrten und auch die Wegekreuze fallen unter letztere Kategorie; sie folgen keiner Verpflichtung durch göttliches oder Kirchengebot, sind vielmehr Ausdruck eines – oft jahrhundertealten – religiösen Brauchtums. Auch für das islamische Kopftuch ist es unerheblich, ob sein Anlegen einem Gebot des Korans entspricht oder lediglich religiös motiviertes Brauchtum darstellt; im einen wie im andern Fall wird es von der Bekenntnisfreiheit umfasst.

Angesichts unserer religiös-weltanschaulich pluralen Gesellschaft zeigt die Bekenntnisfreiheit heute eine neue Dimension. Sie verändert nicht ihren rechtlichen Inhalt, aber es gehen andere Wirkungen von ihr aus. Das ist eine Folge ihres Charakters als allgemeines Freiheitsrecht: Sie gilt für jedermann, für alle Religionsgemeinschaften und Bekenntnisse, und sie gilt für alle in gleicher Weise, kennt keine Bevorzugung oder Benachteiligung bestimmter Bekenntnisse. Der säkularisierte, religiös-weltanschaulich neutrale Staat ist im Hinblick auf die Verschiedenheit der Bekenntnisse sozusagen farbenblind. Jeder soll aus seinen religiösen Wurzeln leben können, nicht von ihnen abgeschnitten werden. Lösen sich geschlossene Religionsgebiete auf, durch Binnenwanderung oder durch bewusste konfessionelle Vermischung wie bei der Ansiedlung der Vertriebenen nach dem Zweiten Weltkrieg, spiegelt sich die Pluralität in der Gesellschaft in neuer Vielfalt bei der Ausübung der Bekenntnisfreiheit. Bislang vertraute Einheitlichkeit und relative Geschlossenheit löst sich auf, es tritt Neues und Fremdes auf, was dann zuweilen als Infragestellung oder Bedrohung des Bisherigen empfunden wird.

Dies tritt heute besonders deutlich im Hinblick auf die islamische Glaubensgemeinschaft und ihre Anhänger hervor. Ihr gegenüber besteht eine Fremdheit besonderer Art, die nicht vergleichbar ist mit der früheren Distanz und vereinzelt auch Feindseligkeit zwischen den christlichen Bekenntnissen, die inzwischen einem offenen Miteinander in gegenseitigem Respekt gewichen ist. Gleichwohl haben die über drei Millionen Muslime in Deutschland das gleiche Recht auf Bekenntnisfreiheit wie die Christen und andere. Sie sind bei uns aufgenommen und leben hier nicht ohne, sondern mit ihren menschenrechtlichen Kleidern. Ihr Recht auf Gebetsräume, das heißt Moscheen und Minarette, auf Gebetsrufe des Imam, ist grundsätzlich kein geringeres als das der Christen auf Kirchen und Glockengeläut: Über Dezibel und Rücksichtnahme auf die Nachtruhe muss man sich im einen wie im anderen Fall verständigen. Dass dadurch eventuell Ortsbild und Lebensgewohnheiten verändert werden, trifft zwar zu, ist aber rechtlich gesehen kein Argument dagegen. Die Bekenntnisfreiheit als Menschenrecht steht nicht generell unter dem Vorbehalt hergebrachter Kulturen, auch wenn manch einer vielleicht wünschte, es wäre so.

III. Wie weit wird die Bekenntnisfreiheit durch die allgemeine Rechtsordnung und die überkommene Kultur der Gesellschaft eingeschränkt?

Wir haben bisher von der Reichweite der Bekenntnisfreiheit im säkularisierten Staat gesprochen. Das ist aber nur die eine Seite der Medaille. Die andere Seite zeigt sich, wenn wir nach den Einschränkungen und Grenzen dieser Bekenntnisfreiheit fragen.

Kein Recht kann grenzenlos sein, auch ein als Menschenrecht gewährleistetes Freiheitsrecht nicht, es würde dann zur Macht über andere. Es muss im Zusammenleben bestehen, darf die Freiheit der anderen nicht aufheben und ebenso wenig sonstige grundlegende Rechte anderer, wie etwa das Recht auf Leben, Gesundheit, Eigentum, freie Berufswahl. Das ist unbestritten und gilt auch für die Bekenntnisfreiheit. Darüber hinaus befreit die Bekenntnisfreiheit auch nicht von der Beachtung der geltenden Gesetze, sie hat ihren Raum und entfaltet sich im Rahmen der allgemeinen Rechtsordnung. An dieser Stelle taucht freilich ein Problem auf. Es ist ein allgemeines Problem, es entsteht nicht erst in einer pluralen Gesellschaft, erhält in ihr aber besondere Relevanz.

Denn religiöse Bekenntnisse sind in aller Regel nicht auf Gottesverehrung in der Form von Liturgie und Kultus beschränkt, sondern umfassen auch Gebote und Maximen für die Lebensführung, für das Verhalten in der Welt. Diese wirken in das Zusammenleben der Menschen hinein, können aber von den gesetzlichen Vorschriften, die in der politischen Gemeinschaft gelten, abweichen. Was gilt dann? Gilt die Bekenntnisfreiheit oder hat die allgemeine Rechtsordnung den Vorrang? Das Spannungsverhältnis, das sich hier auftut, kann nicht einseitig aufgelöst werden. Es ist die notwendige und legitime Aufgabe der staatlichen Rechtsordnung, die Fragen des äußeren Zusammenlebens der Menschen für alle verbindlich zu regeln; insofern gilt, dass die bürgerlichen und staatsbürgerlichen Rechte und Pflichten durch die Ausübung der Bekenntnisfreiheit weder bedingt noch beschränkt werden.[5] Andererseits muss die staatliche Rechtsordnung die Gewährleistungen der Verfassung, wozu ja die Bekenntnisfreiheit gehört, berücksichtigen und in sich aufnehmen. Mithin ist der Bekenntnisfreiheit auch in weltlichen Bereichen und Angelegenheiten, die nicht unmittelbar kultisch-religiösen Charakter haben, Raum zu geben, soweit das mit den Grunderfordernissen gemeinsamen Zusammenlebens, die allerdings gewahrt werden müssen, vereinbar ist. Das betrifft den Bereich der nicht wenigen Angelegenheiten, die einen geistlich-religiösen und weltlich-politischen Aspekt zugleich haben – denken wir an Eherecht, Sonn- und Feiertagsrecht, auch Fasten und Kleidergebote bzw. -bräuche.

Die Problemfälle vermehren sich durch die Pluralisierung der Bekenntnisse, und im Hinblick auf die Muslime werden sie verstärkt wahrgenommen: zum Beispiel die Teilnahmepflicht muslimischer Mädchen am koedukativen Schwimmunterricht und koedukativen Schulausflügen, das Kopftuchtragen muslimischer Schülerinnen und Lehrerinnen sowie die Handhabung des Schächtungsverbots.

Das Problem der Einschränkung der Bekenntnisfreiheit ist damit freilich noch nicht erschöpft. Es entzündet sich weiter an der Frage, wie weit dieser Staat die für ihn konstitutive Gewährleistung von Religionsfreiheit, religiöser Neutralität und Gleichberechtigung der Religionsgemeinschaften angesichts des wachsenden religiös-weltanschaulichen Pluralismus und

---

[5] So die Grundsatzaussage in Art. 136 Abs. 1 WRV: »Die bürgerlichen und staatsbürgerlichen Rechte und Pflichten werden durch die Ausübung der Religionsfreiheit weder bedingt noch beschränkt.« Zur Interpretation unter der Weimarer Verfassung siehe G. Anschütz, Die Verfassung des Dt. Reiches vom 11.8.1919, 13. Aufl. 1933, Bem. 1 u. 2 zu Art. 136; zur Interpretation unter dem Grundgesetz, nach Übernahme des At. 136 WRV durch Art. 140 GG, v. Campenhausen, in: v. Mangoldt/Klein/Starck, Bonner Grundgesetz, Bd. 3, Rdn. 6 zu Art. 136 WRV.

zunehmender Migration durchhalten kann, wenn er doch zugleich auf eine gelebte, nicht selten durch religiöse Traditionen geprägte Kultur als Grundlage, die die Gesellschaft zusammenhält, angewiesen ist.

An dieser Stelle tut sich, so scheint es, ein Dilemma auf. In der Tat ist der säkularisierte Staat heute und in Zukunft auf gelebte Kultur als eine Kraft angewiesen, die relative Gemeinsamkeit und ein die staatliche Ordnung tragendes Ethos vermittelt. Diese Kultur hat sich aber nicht nur am Rande aus bestimmten religiösen Wurzeln, aus davon geprägten Traditionen und Verhaltensweisen geformt. Diese sind ihr auch als säkularer Kultur, die sie heute ist, noch inhärent, sei es als Ablagerungen, sei es als gelebte Traditionsbestände. Wenn diese Kultur nun dabei ist, sich ethisch, religiös, mental zu pluralisieren, kann dieser Staat dann volle Religionsfreiheit, Religionsneutralität und Gleichberechtigung aller religiösen Bekenntnisse gewährleisten, ohne dass der kulturelle Sockel, auf dem er aufruht, sich zunehmend parzelliert und möglicherweise aushöhlt? Der unselige Kopftuchstreit, der nicht nur in Deutschland von einer Runde in die andere geht, ist ein Symptom für dieses Dilemma.

Um das Problem zu verdeutlichen, möchte ich von einem Briefwechsel berichten, den ich vor mehr als zwei Jahren mit dem damaligen Präfekten der Glaubenskongregation, Kardinal Ratzinger, geführt habe. Zu meinem Plädoyer gegen ein generelles Kopftuchverbot für muslimische Lehrkräfte schrieb der Kardinal – ich zitiere mit seinem Einverständnis –, dass er in einem Punkt etwas anderes denke. In einem weltanschaulich neutralen Staat müssten nicht alle öffentlich erscheinenden Symbole gleich behandelt werden, sodass entweder alle gleichmäßig oder keines öffentlich erscheinen könne. Ein Staat habe doch seine eigenen kulturellen und religiösen Wurzeln, die auch dann für ihn in gewisser Hinsicht konstitutiv blieben, wenn er selbst sich den Religionen gegenüber zur Neutralität verpflichtet wisse. Andernfalls, so der Kardinal, müssten die Privilegien des Sonntags verschwinden, die Gesetzgebung in Sachen Ehe und Familie gleichermaßen der muslimischen wie der christlichen Tradition Rechnung tragen. Abschließend heißt es: »Ein Staat kann sich nicht völlig von seinen eigenen Wurzeln abschneiden und sich sozusagen zum reinen Vernunftstaat erheben, der ohne eigene Kultur und ohne eigenes Profil alle für Ethos und Recht relevanten Traditionen gleich behandelt und alle öffentlichen Äußerungen der Religionen gleich einstuft.«[6]

In meiner Antwort schrieb ich, dass der Vorbehalt, den er anmelde, auf ein wichtiges Problem hinweise, das in der Debatte leicht übersehen werde und auch von mir nicht aufgegriffen worden sei. »Sie haben recht, jede staatliche Ordnung hat ihre eigenen kulturellen und auch religiösen Wurzeln, und das prägt sich in ihren Institutionen und ihrer Rechtsordnung mehr oder minder aus, auch dann (noch), wenn der Staat ein säkularer, den Religionen und Weltanschauungen gegenüber neutraler Staat ist. Er muss sie um der Gleichbehandlung der Religionen willen nicht verleugnen und kann seinen davon geprägten ›ordre public‹ aufrechterhalten.« Zu diesem ordre public gehöre aber angesichts der Anerkennung der Religionsfreiheit als Menschenrecht, dass andere Religionen und Bekenntnisse nicht von dieser Freiheit, ihren Glauben zu haben und ihn privat und öffentlich zu bekunden, ausgeschlossen oder darin wesentlich beschränkt würden; insofern sei Religionsfreiheit nicht teilbar und müsse eine Offenheit auch für religiöse Symbole anderer Bekenntnisse Platz greifen, ohne dabei die Eigenart der vorhandenen Kultur verleugnen zu müssen.[7]

---

[6] Joseph Kardinal Ratzinger, Brief vom 30.4.2004 an den Verfasser; vgl. auch Ders., Werte in Zeiten des Umbruchs, Freiburg i. B. 2005, S. 136 f.

[7] E.-W. Böckenförde, Brief an Kardinal Ratzinger vom 28.6.2004.

Die Quintessenz dieser Diskussion liegt für mich darin, dass einerseits Bekenntnisfreiheit als Menschenrecht nicht unter einem Kulturvorbehalt steht und stehen darf, andererseits aus der Religionsfreiheit und Gleichberechtigung der Religionen kein Anspruch auf die Einebnung religiös determinierter Prägung der Kultur und Lebensform als Teil des ordre public erwachsen kann. Im Blick auf solche Prägung leben die Angehörigen von Minderheitsreligionen in der Diaspora. Für solches Leben in der Diaspora enthalten übrigens der Islam und die jüdische Religion explizit die Anweisung, die Gesetze und Gewohnheiten des Landes zu achten.

Wie kann eine Lösung des Problems aussehen? Kein Lösungsweg ist der Übergang zu einer strikt distanzierenden Neutralität des Staates, sozusagen als »zweite Wahl«, um eine zunehmende und eher heterogene religiös-kulturelle Vielfalt in den privaten Bereich abzudrängen und das öffentliche Zusammenleben davon zu entlasten. Die Menschen wollen nicht nur halb und privat, sondern zur Gänze aus ihren Wurzeln leben können, nicht davon abgeschnitten werden, und sie haben ein Anrecht darauf. Gerade die erstrebte Integration hat ja das Ziel, die Menschen in die gemeinsame Ordnung einzubeziehen, ohne ihnen die Aufgabe ihrer Identität abzuverlangen. Integration unterscheidet sich gerade dadurch, was zuweilen übersehen wird, von purer Assimilation. Integration setzt ein Lebenkönnen aus den eigenen Wurzeln voraus.

Der Weg zur Lösung liegt eher in der Stabilisierung einer von offener, übergreifender Neutralität getragenen Freiheitsordnung, die der Verschiedenheit auch öffentlich Raum gibt, ohne deshalb die Grundgestalt der eigenen Ordnung aufzulösen. Dazu bedarf es freiheitsbezogener, aber auch freiheitsbegrenzender Gesetze, deren Einhaltung und Beobachtung strikt durchgesetzt wird. Diese Gesetze müssen klare, in sich begründete Wegmarken und Linien vorgeben, die auch begrenzte Toleranzräume enthalten, nicht aber in die Unübersichtlichkeit permanenter Abwägung auseinanderlaufen.[8] Das ist in mehreren Bereichen aktuell und angezeigt, zwei seien herausgehoben: die Unabdingbarkeit des allgemeinen Schulunterrichts, einschließlich der schulischen, auch koedukativen Umgangs- und Erscheinungsformen, und der Schutz religiöser Überzeugungen in dem, was ihnen heilig ist, vor Diffamierung und Herabsetzung[9]. Solche freiheitsbezogenen Gesetze, werden sie konsequent und unparteiisch angewandt, können eine neue Art von einigendem Band über einer pluralen, teilweise auseinanderstrebenden religiös-kulturellen Wirklichkeit hervorbringen: die Gemeinsamkeit des Lebens in und unter einer vernunftgetragenen gesetzlichen Ordnung, die unverbrüchlich ist. Der kulturelle Sockel, von dem die Rede war, entwickelt sich dadurch fort, erhält einen neuen Akzent. Der wichtige Satz Montesquieus: »Freiheit heißt, alles tun zu dürfen, was die Gesetze erlauben«,[10] erhält auf diese Weise eine neue Bedeutung und legitimierende Kraft – das Gesetz, nicht die Beliebigkeit, ist das Panier der Freiheit.

---

[8] Die Tendenz der heutigen Gesetzgebung, die zunehmend nur normative Zielvorstellungen und offene Begriffe anstelle inhaltlich bestimmter Wenn-dann-Regelungen vorgibt, geht freilich in andere Richtung. Sie wird durch eine verbreitete Richtung der Grundrechtsdogmatik und die Abwägungsjudikatur der verfassungsgerichtlichen Rechtsprechung zu den Grundrechten noch befördert. Exemplarisch für Letztere etwa BVerfGE 83,130 (142 f.) – Mutzenbacher. Dort wird dem Gesetzgeber verwehrt, den notwendigen Ausgleich zwischen Kunstfreiheit (Art. 5 III) und Jugendschutz (Art. 5 II) dahin zu regeln, dass bei einer bestimmten Art jugendgefährdender Schriften dem Jugendschutz generell ein Vorrang eingeräumt wird, vielmehr müsse es auch hier bei einer Abwägung im Einzelfall verbleiben. Grundsätzliche Kritik bei Bernhard Schlink, Abwägung im Verfassungsrecht, Berlin 1975.

[9] Falls sich Letzteres nicht von selbst, aus Respekt vor der Überzeugung anderer Menschen versteht, ist es Aufgabe des Rechts und der Gesetze, hier Grenzen des Zulässigen festzulegen und auch mit Sanktionen zu versehen. Beim Ersteren sind die Gerichte mit der Anerkennung von Befreiungsansprüchen aufgrund von Art. 4 GG in etlichen Fällen zu weit gegangen.

[10] Montesquieu, De l'Esprit des lois, Buch XI, cap.3.

IV. Wie weit kann und darf vom Islam und den Muslimen die Akzeptanz des säkularisierten Staates und seiner Ordnung erwartet werden?

Wir haben gesehen, welchen Status die Religion im säkularisierten Staat hat, wie weit in ihm die Bekenntnisfreiheit auch für die Angehörigen des Islam reicht und wie weit sie Einschränkungen unterliegt. Das führt uns zu einer abschließenden Frage. Sie ist für das Verhältnis zum Islam und die Integration der Muslime bei uns wichtig. Sie lautet: Wie weit kann und darf, ja muss vom Islam die Anerkennung und Akzeptanz des säkularisierten Staates und seiner Ordnung erwartet werden?

Diese Frage betrifft nicht nur die Anerkennung und Befolgung der hier geltenden Gesetze einschließlich ihrer Auswirkung auf die Bekenntnisfreiheit der Muslime. Insoweit wäre sie mit einem Hinweis auf die Grundsatzerklärung des Zentralrats der Muslime in Deutschland aus dem Jahre 2001 schnell beantwortet. Darin heißt es: »Das islamische Recht verpflichtet Muslime in der Diaspora, sich grundsätzlich an die lokale Rechtsordnung zu halten. In diesem Sinn gelten Visumserteilung, Aufenthaltsgenehmigung und Einbürgerung als Verträge, die von der muslimischen Minderheit einzuhalten sind.«[11]

Die Frage betrifft darüber hinaus die grundsätzliche Einstellung zum Prinzip der Trennung von Religion und Staat, in dem der säkularisierte Staat seine Grundlage hat, und den sich daraus ergebenden Folgerungen. Diese Frage ist mit der eben erwähnten Grundsatzerklärung noch nicht beantwortet,

---

[11] Art. 10 der Grundsatzerklärung des Zentralrats der Muslime in Deutschland, angeführt bei Mohammad A.H. Hobohm, Muslime in der Diaspora, in: R. Isak/Hj. Schmid (Hg.), Christen und Muslime in Deutschland, Freiburg i. Br. 2003, S. 34.

denn diese bezieht sich nur auf die Situation der Diaspora. Was aber gilt, wenn die Situation der Diaspora nicht mehr besteht? Gewinnt dann die Ablehnung einer Trennung von Religion und Staat die Oberhand und wird sie maßgebend? In einem ehrlichen Dialog darf diese Frage nicht ausgeklammert werden.

Der säkularisierte Staat macht dem Islam und seinen Anhängern ein Angebot, das zwei Seiten hat. Auf der einen Seite erwartet und verlangt er von ihnen Gesetzesloyalität und in diesem Sinn Rechtstreue, wobei er ihnen den ›inneren Vorbehalt‹ belässt, seiner Ordnung möglicherweise distanziert und vom Grundsätzlichen her ablehnend gegenüberzustehen. Indem er den Status als gleichberechtigter Bürger nicht an ein Wertordnungsbekenntnis als an seine Grundlage bindet, sondern sich mit der Achtung und Befolgung der Gesetze zufrieden gibt, bestätigt er seine Freiheitlichkeit. Dies ist zuletzt im Urteil des Bundesverfassungsgerichts zu den Zeugen Jehovas deutlich geworden.[12] Für den von dieser Glaubensgemeinschaft erstrebten Körperschaftsstatus hat das Gericht nicht auf eine positive Staatsnähe und bestimmte Einstellungen oder Gesinnungen abgestellt, vielmehr deren Verhalten, die Rechtstreue im Sinne loyaler Befolgung der geltenden Gesetze als maßgeblich angesehen. Die glaubensbedingte Auffassung dieser Gemeinschaft, der Staat sei an sich von Übel und eher ein Werkzeug der Herrschaft des Bösen, der ›innere Vorbehalt‹, bleibt ihr unbenommen.

Das Konzept, um das es hier geht, ist nicht von vornherein utopisch. Es hat unter anderen Vorzeichen seine Bewährungsprobe schon einmal bestanden. Auf diese Weise konnten nämlich im 19. Jahrhundert und auch später die Katholiken in Deutschland in den säkularisierten Staat integriert werden.

---

[12] BVerfGE 102,370 (394 f.); dazu und zu Folgeproblemen Christian Walter, Religionsverfassungsrecht, Tübingen 2006, S. 560–565.

Sie brauchten sich nicht zur Religionsfreiheit (als Prinzip) zu bekennen, was sie von ihrem Glauben her bis zum Zweiten Vatikanischen Konzil in den 60er Jahren des 20. Jahrhunderts auch schwerlich konnten, da in der bis dahin maßgeblichen Staatslehre Papst Leos XIII. die Religionsfreiheit als Recht abgelehnt und der »katholische Staat« als These explizit vertreten wurde[13] und im Lehrbuch des Kirchenrechts von Klaus Mörsdorf noch 1964 der religiös-neutrale Staat der Neuzeit als »nationale Apostasie« angesehen wurde;[14] sie mussten nur die Religionsfreiheit als gesetzlich bestehend respektieren und sich entsprechend verhalten. Das haben sie getan und ihre Vorbehalte im Laufe der Zeit abgebaut.

Auf der anderen Seite kann und darf der säkularisierte Staat keiner religiösen Überzeugung, welchen Rückhalt sie bei den Menschen auch haben mag, die Chance einräumen, unter

---

[13] Die Verurteilung beziehungsweise Ablehnung der Religionsfreiheit zeigt sich in der Enzyklika Quanta cura Papst Pius IX. von 1864 sowie dem angeschlossenen Syllabus (Nr. XV und LXXVII), den Enzykliken Immortale Dei und Libertas praestantissimum Papst Leos XIII. und – ein Stück weit ethisch eingebunden – in der sog. Toleranzansprache Papst Pius XII. von 1953. Die Belegstellen finden sich bei Denzinger, Enchiridium Symbolorum, 26. Ausg., Freiburg 1947, Nrn. 1690, 1777/78, 1874, 1932 sowie – für Pius XII. – bei Utz-Groner, Aufbau und Entfaltung des gesellschaftlichen Lebens. Soziale Summe Pius XII., Bd. 2, Nrn. 3977 und 3978. Zur Interpretation und den Folgewirkungen dieser Doktrin siehe E.-W. Böckenförde, Kirche und christlicher Glaube in den Herausforderungen der Zeit, Münster 2004, S. 202–207. Kardinal Ottaviani, lange Jahre Präfekt der vatikanischen Glaubenskongregation, verteidigte sie 1960 noch wie folgt: »Du sagst vielleicht, die katholische Kirche braucht also zweierlei Maß und Gewicht. Denn wo sie selbst herrscht, will sie die Rechte der Andersgläubigen einschränken, wo sie aber eine Minderheit der Bürger bildet, verlangt sie gleiche Rechte wie die anderen. Darauf ist zu antworten: In der Tat, zweierlei Gewicht und Maß ist anzuwenden, das eine für die Wahrheit, das andere für den Irrtum.« (Alfredo Ottaviani, Institutiones juris publici ecclesiastici, vol. 2: Eclesia et Status, 4. ed., Roma 1960, S. 72/73.)

[14] Klaus Mörsdorf, Lehrbuch des katholischen Kirchenrechts, Bd. 1, 11. Aufl. 1964, S. 51 f.

Inanspruchnahme der Religionsfreiheit und der Ausnutzung demokratischer Möglichkeiten seine eigene, auf Offenheit angelegte Ordnung von innen her aufzurollen und schließlich abzubauen. Daraus folgt: Wäre davon auszugehen, dass eine Religion, aktuell der Islam, sich gegenüber der Religionsfreiheit auf Dauer aktiv resistent verhält, sie also abzubauen suchte, sobald sich politische Möglichkeiten, etwa über Mehrheitsbildung, dazu bieten, so hätte der Staat dafür Sorge zu tragen, dass diese Religion bzw. ihre Anhänger in einer Minderheitenposition verbleiben, mithin der Diasporavorbehalt weiter Geltung hat.

Die Frage ist also, wie weit der Islam seiner Art nach auf das Ausmaß der Trennung von Religion und Staat, wie es sich im säkularisierten Staat zeigt, und damit auf die Anerkennung des säkularisierten Staates hin vermittelbar ist. Man muss hier die Auffassungen im Islam genau ansehen und darf sie nicht vorschnell mit Äußerungen islamistischer Gruppen gleichsetzen. Eine Vermittlung ist ja nicht schon deshalb ausgeschlossen, weil der Islam von der Wahrheit und universalen Gültigkeit der im Koran niedergelegten Offenbarung ausgeht. Das tun die christlichen Kirchen im Hinblick auf die von ihnen vertretene Offenbarung auch, die katholische zumal, und doch haben sie sich – wenn auch nicht ohne innere Kämpfe – zur Anerkennung von Religionsfreiheit und säkularisiertem Staat verstanden. Die Frage ist also, ob im Islam eine parallele Entwicklung, eine Art Nachvollzug der Entwicklung, wie sie namentlich in der katholischen Kirche stattgefunden hat, ohne Selbstaufgabe möglich erscheint. Alle Positionen gegen Religionsfreiheit und Trennung von Religion und Staat, die im Islam oder von Islamisten derzeit vorgetragen werden, hat ja auch die katholische Kirche in ihrer Geschichte vertreten.

Paul Stelkens

Moscheeplanung zwischen Baurecht und Verfassungsrecht

Wenn, worauf der letzte Stand der Pläne der Ditib hindeutet, eine Zentralmoschee für alle dieser Organisation angehörigen Muslime aus Köln und dem Umland gebaut werden soll, ist es mehr als eine Stadtteilmoschee und geht alle Bürger Kölns und des Umlandes an, nicht nur die Ehrenfelder. Wenn es so ist, dann verfängt allerdings das von Befürwortern der Zentralmoschee benutzte Argument nicht, wonach die Zentralmoschee die Hinterhofmoscheen in den einzelnen Stadtteilen überflüssig machen wird. Für türkische oder türkischstämmige Muslime, die der Ditib nicht angehören, erst recht für nicht türkischstämmige Muslime wie deutsche, iranische, marokkanische, arabische usw. Muslime bietet die Zentralmoschee mit dieser Nutzung keine religiöse Heimat. Sie werden weiterhin auf eigene Moscheen angewiesen sein.

Geht es bei dieser Zentralmoschee um einen Gebetsraum, vergleichbar einer Kirche mit dem üblichen Gemeindezentrum, oder um eine Moschee im türkischen oder orientalischen Sinn? Die Antwort auf diese Frage hat sowohl verfassungsrechtliche als auch baurechtliche Konsequenzen. Wenn es nur um die generelle Zulässigkeit eines Gebetsraumes geht, kann man das Grundrecht der Religionsfreiheit bemühen. Allerdings folgt aus diesem Grundrecht nichts zum konkreten Baugrundstück, zur vorgesehenen Lage, zur Größe und Architektur des Gebetsraumes und der Notwendigkeit eines oder mehrerer Minarette. Diese Fragen werden vom Baurecht behandelt. In das Baunutzungsrecht nicht einfach einzuordnen ist allerdings der Baukörper eines Minaretts, in welcher Form auch immer.

Die Frage, ob nach dem Selbstverständnis einer islamischen Religionsgemeinschaft durch die Größe des Baukörpers des Gebetsraums, die Höhe und Anzahl der Minarette oder Wahl des Namens für die Moschee (z. B. Fatih-, also Eroberer-Moschee) ein Machtanspruch des an diesem Ort vermittelten Glaubens dargestellt wird, ist nicht mit Mitteln des Baurechts zu beantworten. Wenn diese Befürchtung besteht, muss sie von der kommunalen Politik im Rahmen ihrer Integrationsbemühungen und um des religiösen Friedens in der Stadt willen im Dialog mit der Ditib, den anderen hier ansässigen islamischen Verbänden und den Kirchen gelöst werden.

Ausschließlich vom Baurecht zu beantworten und ohne dass das Grundrecht der Religionsfreiheit weiterhilft, ist die Zulässigkeit der sonstigen Nutzung, die auf dem Moscheegelände geplant wird, wie die in der Türkei und im Orient übliche Zusammenfassung von Geschäftslokalen, Versammlungs- und Schulungsräumen usw. auf einem Moscheegelände. Hierbei verlangt zum Beispiel das Bauplanungsrecht (§ 1 Abs. 6 BauGB), dass die Schaffung und Entwicklung stabiler Bevölkerungsstrukturen und gewerbliche Auswirkungen auf den Ortsteil zu berücksichtigen sind und einseitige Bevölkerungsstrukturen verhindert werden sollen. Der Stadtrat wird mithin nicht nur aus integrationspolitischen, sondern auch aus baurechtlichen Gründen die Frage prüfen müssen, ob eine Moschee mit dem dort konkret geplanten weitreichenden Versorgungsangebot unter Umständen eine bereits vorhandene Geschäftsstruktur in der Nachbarschaft tangiert oder zu einer einseitigen Ansiedlung einer bestimmten Bevölkerungsgruppe führen kann. Baurechtlich kaum durchschlagend dürfte allerdings das Argument sein, dass ohne die geplante gewerbliche Nutzung der Moscheebau nicht zu finanzieren sei: Die Finanzierungsfrage eines Bauvorhabens ist immer ein von dem Bauherrn allein zu lösendes Problem. Nur nach baurechtlichen Gesichtspunkten und ohne Bezug zur Religionsfreiheit entscheidet sich, ob das geplante Verwaltungsgebäude der Ditib an diesem Ort zulässig ist. Das gilt auch dann, wenn die Ditib von Köln aus – einer politischen Organisation ähnlich – die politischen oder religiösen Interessen türkischer oder türkischstämmiger Menschen in Deutschland wahrnimmt.

Rechtliches Neuland wird dadurch betreten, dass sich die Ditib und die Befürworter der Moschee auf die Religionsfreiheit berufen. Warum Neuland? Steht nicht selbstverständlich einer islamischen Religionsvereinigung das Grundrecht der Religionsfreiheit zu? Unbekanntes Terrain für das deutsche Verfassungs- und Staatsrecht wird betreten, weil sich mit der Ditib eine Vereinigung auf die Religionsfreiheit beruft, deren Tätigkeit von der seit 1961 bestehenden staatlichen Religionsbehörde in der Türkei, dem Präsidium für Religiöse Angelegenheiten Diyanet, überwacht wird und das Kultpersonal als türkische Staatsbeamte (in der Türkei seit 1970) von eben dieser Behörde entsandt, beaufsichtigt und wieder abgezogen wird und der Vorstand der Ditib in Köln und für Deutschland jeweils von türkischem Botschaftspersonal angeführt wird.

Die enge Verbundenheit mit dem türkischen Staat und der türkischen Religionsbehörde kommt nicht zuletzt mit der Hissung der türkischen Staatsflagge auf dem Moscheegelände und dem Gebrauch der türkischen Sprache durch den Imam zum Ausdruck. Hinweise auf die Verflechtung mit der türkisch-staatlichen Religionsbehörde oder Erläuterungen findet man leider nicht auf der Homepage der Ditib oder in ihren sonstigen Verlautbarungen.

Nun kann man sich fragen, ob es denn so schlimm ist, dass der türkische Staat im Gewand eines Vereins nach deutschem

Zivilrecht in Deutschland als Religionsbehörde fungiert? Der immer wieder herangezogene Vergleich mit dem Vatikan als Staat einerseits und der Wirkmächtigkeit des Papstes als geistiges Oberhaupt der Katholiken andererseits führt in dieser verfassungsrechtlichen Frage nicht wirklich weiter. Ebenso geht der Vergleich mit der britischen Königin als Oberhaupt der Anglikanischen Kirche fehl. Aus Platzgründen kann der Unterschied hier nicht näher erläutert werden, wird aber am britischen Beispiel wohl deutlich: Es würde dem deutschen Staat schwerfallen, dem britischen Premierminister oder einer ihm unterstehenden Behörde (nicht der Königin als religiösem Oberhaupt) unter Berufung auf die Religionsfreiheit Einwirkungsmöglichkeiten auf die Religionsausübung der in Deutschland lebenden Anglikaner, seien es Deutsche oder Briten, zu gestatten. Ganz absurd erschiene der Gedanke, ein deutscher Innenminister könne eine staatliche Religionsbehörde gründen, die den Inhalt der in Deutschland verkündeten Religionen überwachen und leiten und deren Kultpersonal bestellen und abberufen würde.

Der Hinweis auf den säkularisierten Staat Türkei hilft auch nicht weiter, weil jeder Staat aus seiner Geschichte den Begriff des säkularisierten Staates (und den der Religionsfreiheit) selbstständig definiert und sich Einmischungen eines fremden Staates in diese Interpretation verbittet: Frankreich sieht den säkularisierten Staat und die Religionsfreiheit anders als die USA, die USA anders als Deutschland, Deutschland anders als Polen oder die Türkei. Verfassungsrechtlich maßgebend in Deutschland ist nur der hier verwandte Begriff. Ein etwa 200 Jahre alter Kampf um die Religionsfreiheit des Einzelnen gegen staatliche Einflussnahme fand in Art. 4 Grundgesetz seinen bisherigen Abschluss mit einer sehr weitreichenden Interpretation des Bundesverfassungsgerichts zum Schutz des einzelnen Bürgers.

Neu ist nun, dass dieses Grundrecht der Religionsfreiheit, in seinem Kern als Schutz des Einzelnen *gegen* den Staat gedacht, von einem ausländischen Staat durch einen Verein, der der Aufsicht dieses Staates unterliegt und der mit von diesem ausländischen Staat entsandten Beamten ausgestattet wird, geltend gemacht wird. Wenn es in der Türkei gute Gründe gibt, einen »staatlich verwalteten Islam« (so Verfassungsrichter a. D. Böckenförde in seiner Schrift »Der säkularisierte Staat«) zu pflegen, hat das für Deutschland keine Bedeutung.

Die verfassungsrechtliche Diskussion über diese durch die Ditib verursachte Frage zur Religionsfreiheit steht erst am Anfang. Sie ist nicht nur für das deutsche Verfassungsrecht neu, sondern auch für das durch den Islam geprägte Staatsverständnis in den Ländern, deren überwältigende Mehrheit Muslime sind, und damit für die im Ausland tätigen islamischen Verbände nach dem Vorbild der Heimatländer, die nun ihre Religion als Minderheit in einem durch andere Wurzeln geprägten Verfassungsstaat ausüben.

Die Frage zu stellen, kann nicht durch Hinweise auf unterschiedliche Traditionen oder gar aus Abwehr eines angeblich mangelnden Respekts vor diesen Traditionen verwehrt werden. Sie ist Teil des immerwährenden Diskurses um die in einer langen Geschichte erkämpften Freiheiten in dem Land, in dem wir alle leben. Die Antwort auf diese Frage kann deshalb nicht nur die Ditib betreffen, sondern muss auch im Hinblick auf Präzedenzfälle gelöst werden, falls auch andere Staaten wie Saudi-Arabien, Marokko oder der Iran, die ebenfalls über staatliche Religionsbehörden verfügen, genügend Anhänger ihrer Religionsgemeinschaft in Deutschland haben und den von der Ditib vorgezeichneten Weg gehen.

Wie der deutsche Staat und die säkularisierte Gesellschaft in Deutschland mit der Frage der ausländischen staatlichen Einflussnahme auf die Religionsausübung der in Deutschland lebenden Ausländer und betroffenen Deutschen umgehen, ob sie sie tolerieren oder einen Verzicht dieses Einflusses im Interesse des Religionsfriedens in diesem Staat fordern müssen, ist also nicht nur eine Frage der Integration oder des Baurechts und der dafür zuständigen Minister und Ausländerbeauftragten, sondern ein staats- und verfassungsrechtliches Problem. Die kommunalen Behörden einer Großstadt sind mit der Beantwortung dieser Fragen überfordert, müssen aber mit den Konsequenzen umgehen. Antworten darauf können nur die Innenminister des Bundes und der Länder als Verfassungsminister geben; sie aber schweigen bislang.

Paul Böhm

Auf dem gesellschaftlichen Parkett angekommen

Herr Böhm, Sie stammen aus einer Familie von Kirchenbaumeistern. Wie kommt es da zu dem Wunsch, nun eine Moschee zu bauen?

Ich wohne selbst in der Kölner Innenstadt und erlebe das muslimische Leben in unmittelbarer Nachbarschaft. Ich fand schon vor Jahren schade, dass es für diese Menschen in Köln kein adäquates, repräsentatives Gebetshaus gibt.

Sie loben das gute Verhältnis zur Ditib, also zu Ihren Bauherren. Hat man Ihnen denn von Anfang an freie Hand gelassen oder gab es strikte Vorgaben?

Zunächst haben wir viel über das Raumprogramm, über technische und liturgische Details gesprochen. Dann aber gab es eine Phase, wo sich der Bauherr auch dazu bekennen musste, etwas Modernes, etwas Hiesiges zu bauen und nicht – wie gewohnt – eine Reminiszenz an die alte Heimat. Das dauerte etwa drei Monate, in denen wir intensiv miteinander gerungen haben, um eine gemeinsame Basis zu finden und etwas Neues zu probieren.

Also mussten auch die Bauherren erst einmal von Ihrer Formensprache überzeugt werden.

Wenn es keinen Wettbewerb gegeben hätte, dann wäre das Projekt vermutlich ganz anders geworden – halt so wie in anderen deutschen Städten auch.

Das klingt nach einer intensiven Diskussion.

Sehr intensiv. Aber irgendwann ist der Knoten geplatzt. Und dann haben wir in sehr konstruktiver Arbeit mit unserem Entwurf einen Weg gefunden, den die Bauherren auch mitgehen können.

In der Bevölkerung, vor allem in der Nachbarschaft der künftigen Moschee, ist der Bau ja nicht unumstritten. Wie weit können Sie die Bedenken nachvollziehen?

Das sind ja zumeist sehr handfeste Bedenken, es geht um Alltagsprobleme wie den Verkehr, die Parkplätze, es geht natürlich auch um die Frage, was mit dem Charakter der Venloer Straße als Einkaufsstraße passieren wird. Und diese Bedenken nehme ich sehr ernst.

Und was sagen Sie den Kritikern?

Ich bin zum Beispiel überzeugt davon, dass die Venloer Straße durch die Moschee sogar einen positiven Schub erleben wird, auch weil der Anschluss an die Innenstadt verbessert wird. Und an der Verkehrssituation arbeiten wir intensiv mit Fachingenieuren zusammen. So wird sich die Zahl der Parkplätze wahrscheinlich noch etwas erhöhen, es werden neue Abbiegespuren gebaut, sodass im Verkehrsfluss eigentlich keine Verschlechterungen zu erwarten sind.

Es gibt aber auch sehr viel grundsätzlichere Kritik.

Ich finde es gut, dass allein die Initiierung des Projektes diese Auseinandersetzung mit angeregt hat. Ich glaube allerdings auch, dass mancher nicht differenzieren kann zwischen den Menschen, die seit vierzig Jahren hier leben und sich auf unser Grundgesetz berufen, also die, für die wir bauen, und der weltpolitischen Lage mit Unruhen und Attentaten. Das wird dann einfach zusammengemengt zu einer grundsätzlichen Angst vor allem Islamischen.

Bei manchem ist es aber auch nur die Angst um das gewohnte Stadtbild. Und das hat sich ja etwa auf der Venloer Straße tatsächlich verändert in den letzten vierzig Jahren.

Es sind andere Menschen dazugekommen. Das ist richtig. Aber diese Veränderung hat nun einmal stattgefunden. Wir können doch nicht so tun, als seien die Menschen nicht da. Wenn wir versuchen, sie zu negieren, dann werden sie uns immer fremd, suspekt, unheimlich erscheinen. Wenn wir sie aber mit auf unser gesellschaftliches Parkett heben, dann werden sie einfach ein Teil unserer Gesellschaft, der sie ja eigentlich ohnehin schon sind. Als vor 150 Jahren die erste evangelische Kirche in Köln gebaut wurde, gab es auch einen riesigen Aufstand. Heute spielt das überhaupt keine Rolle mehr.

Der Moscheebau als elementarer Beitrag zur Integration?

Ja, davon bin ich ganz fest überzeugt.

Ein zentrales Element Ihres Baus ist die Kuppel. Sie scheint in der überarbeiteten Fassung präsenter geworden.

Wenn Sie mit präsent aufdringlich meinen, dann widerspreche ich. Ich glaube, es wird keine Kuppel als Krönung eines Bauwerks sein, so wie etwa im Barock. Eher ein Gebilde aus Schalen, die den gesamten Raum umfassen und diesen umschließen.

Unser Ansinnen ist es immer, dem Bau eine Form zu geben, die erkennen lässt, was darin enthalten ist. Dazu haben wir uns hier vor allem eines Stilmittels bedient – das ist das Minarett.

Die Diskussion dreht sich ja zu großen Teilen um Symbole. Gerade Ihr Vater hat bei seinen Bauten für die katholische Kirche die althergebrachten Symbole neu und mutig interpretiert. Ihnen macht man den Vorwurf, dass Sie nun die Symbole des Islam nicht interpretieren, sondern kritiklos verwenden.

Dieser Vorwurf ist unqualifiziert und kommt wohl von jemandem, der unseren Entwurf nicht genau kennt. Grundsätzlich war es uns schon ein Anliegen darzustellen, was in dem Raum stattfinden soll. Dazu haben wir uns gewisser Elemente bedient, die wir aber sehr wohl interpretieren und neu formulieren.

Es ist irreführend, die Entwicklung des Kirchenbaus mit der Entwicklung des Moscheebaus gleichzusetzen, speziell den Kirchenbau in Europa mit dem Moscheebau in Europa. Natürlich hat der Kirchenbau eine viel intensivere, viel offenere Entwicklung hinter sich. Es ging dabei in die verschiedensten Richtungen – und zurzeit geht die Entwicklung auch im Kirchenbau wieder dahin, Räume zu schaffen, die wirklich Kirchenräume sein wollen. Durchaus auch mit Kirchtürmen.

Das war in Westeuropa einmal anders.

In der Phase, die Sie ansprechen, wollte der Kirchenraum in der Stadtstruktur verschwinden. Das war eine Entwicklung in den 70er und 80er Jahren. Damals hat sich auch die katholische Kirche in ihren Bauten fast verleugnet, Kirchen wie Turnhallen gebaut. Das hat aus meiner Sicht auch zu Problemen, zum Verlust der Identität und des Gemeindebewusstseins innerhalb der Kirche geführt. Doch diese Bewegung hat ja schon wieder eine Veränderung erfahren: Moderne Kirchen sind heute wieder stärker als Sakralräume erkennbar.

Zurück zu den alten Formen also.

Nein, ganz zurück wäre fatal. Man geht nur zurück zu dem Punkt, an dem man glaubt, den Anschluss wiederzufinden. Ich habe den Eindruck, dass manches als Fehler erkannt wurde – nicht nur von den Planern, sondern auch von der Kirche selbst. Es gibt, so meine ich, bei den Gläubigen wieder das Bedürfnis, dem Zusammenkommen, dem Beten eine besondere Form zu geben.

Eine vergleichbare Entwicklung hat aber der Moscheebau in Westeuropa noch gar nicht gemacht.

Das stimmt. Der europäische Moscheebau befindet sich in etwa da, wo die Kirche in den 60er Jahren stand. Ich glaube, wir sind gerade am Anfang einer weitreichenden Entwicklung. Wenn wir den Gebetsraum so bauen können, wie wir ihn zurzeit planen, dann wird das sicherlich ein absolutes Novum sein. Nicht nur in Europa. Die Minarette tun dem Gesamtentwurf gut und leisten auch ihren Beitrag im städtebaulichen Umfeld. Die Ausformulierung ist sicherlich noch nicht abgeschlossen, wenngleich sie auch heute schon keinesfalls traditionell osmanisch sind. Auch inhaltlich und funktional versuchen wir weiterzukommen.

Trotz dieser positiven Veränderungen: Gibt es Punkte, an denen Sie sich nicht durchsetzen konnten mit Ihrer Auffassung?

Ich habe den großen Wunsch, dass die Galerien, die wir jetzt im Gebetsraum haben, eines Tages nur noch für Besucher und Ausstellungen genutzt werden und Frauen und Männer auf einer Ebene beten. Das Konzept, das wir hier anbieten, lässt das auch zu. Das ist das, was ich momentan in dieser Sache leisten kann.

Nun stellt sich die Frage, ob man denn hier überhaupt Kompromisse machen darf. Muss man nicht eigentlich sagen: Wenn eine Moschee in Deutschland gebaut wird, dann darf es diese Trennung von Mann und Frau gar nicht geben.

In der Synagoge verhält es sich teilweise genauso. Aber auch in der Kirche ist das nicht lange her. Ich habe vor kurzem in der Eifel eine kleine Dorfkirche gesehen, da stand auf den Bänken auf der rechten Seite »Männer«, auf der linken Seite »Frauen«.

Immerhin auf einer Ebene. Und nicht die Männer unten und die Frauen auf dem Balkon.

Bis vor achtzig Jahren gab es auch das. Die Gleichberechtigung der Geschlechter ist eine Entwicklung, die bei uns Jahrhunderte gedauert hat. Wir müssen den Muslimen die Zeit geben und ich als Architekt kann die Möglichkeit geben, sich dahin zu entwickeln. Es ist eine Politik der kleinen Schritte.

Und der Wunsch, dass in der Moschee auf Deutsch gepredigt wird?

Grundsätzlich fände ich das gut. Und ich glaube, auch das wird über kurz oder lang so sein. Bei meinen Bauherren gibt es manche, die schon kaum noch Türkisch sprechen können – selbst in der Führungsriege. Ich denke, in zehn oder zwanzig Jahren wird alles automatisch auf Deutsch sein müssen, weil es sonst keiner mehr versteht. Aber man muss natürlich immer mit gleichem Maß messen. Wenn der Papst jetzt sagt, wir müssen wieder Messen auf Latein halten, dann lässt das Argument mit der Sprache ganz schnell Federn.

Aber muss Integration nicht in beiden Richtungen passieren?

Aber genau das geschieht doch. Auch und gerade mit dem Bau. Immerhin hat ja die Diskussion bereits dazu geführt, dass die Predigten nun ins Deutsche übersetzt werden sollen.

Aus dem Bauch heraus sage ich: Wir sind hier eine Gemeinschaft. Und wenn andere auf Griechisch oder Lateinisch Messen lesen dürfen, müssen wir den Moslems das Recht einräumen, das auch auf Türkisch zu machen. Natürlich gehe ich davon aus, dass das, was da gepredigt und geredet wird, menschenwürdig ist und die Grundlagen unserer Gesellschaft akzeptiert. Sonst würde ich dieses Haus nicht bauen, das ist klar.

Haben Sie im Zuge der Diskussion persönlich Anfeindungen erlebt?

Ich habe vor allem am Anfang immer wieder E-Mails erhalten, die auch unter die Gürtellinie gingen. Aber in erster Linie erfahre ich Zustimmung.

Würden Sie denn selbst in der Nachbarschaft der Moschee leben wollen?

Klar, Ehrenfeld ist ein lebendiger Stadtteil, und das bleibt er auch mit Moschee.

Das Gespräch führte Christian Hümmeler.

Dörte Gatermann

Die Dialektik von Inhalt und Form

Frau Gatermann, wie sehen Sie als Architektin die Diskussion um die Kölner Moschee?

Die Diskussion ist sehr spannend, auch über den konkreten Fall hinaus, weil hier deutlich wird, ob wir wirklich zu einer Auseinandersetzung über das Verhältnis von Inhalt und Ausdruck finden. Genau das nämlich passiert mir in der Architektur zu selten. So hat ja etwa der Bund Deutscher Architekten gefordert, die Architekten der Moschee mit den Nutzern nun mal machen zu lassen und mit der Diskussion aufzuhören. Ich glaube, genau das ist der falsche Weg. Wir können den richtigen Ausdruck für einen Inhalt nur dann finden, wenn wir uns mit den Inhalten selbst beschäftigen. Und das vermisse ich hier: eine Diskussion über die Inhalte. Wenn wir über besondere Bauten sprechen, müssen wir uns zunächst klarmachen, dass der Ausdruck unserer Gebäude immer ein Zeichen unserer Gesellschaft ist. Und dann müssen wir uns darüber einigen, was unsere Werte sind und was unsere Gesellschaft an Werten ausdrücken will. Dann erst kann man nach Wegen suchen, diese architektonisch umzusetzen.

Nun kommt Paul Böhm, der Architekt der Moschee, ja aus einer Familie von Baumeistern, die sich gerade im Fall ihrer Kirchenbauten intensiv damit auseinandergesetzt haben, neue

Formen zu finden – und sich dabei immer am Inhalt orientiert haben.

Ich fände ein Gespräch mit Paul und Gottfried Böhm über diese Dinge sehr spannend. Weil Gottfried Böhm ja nun tatsächlich derjenige war, der in den 60er Jahren festgefahrene Formvorstellungen, die bis dahin Ausdruck der Kirche waren, bahnbrechend in Frage gestellt hat. Und dadurch unglaublich viel für die Weiterentwicklung in unserer Gesellschaft getan hat. Das ist möglicherweise im Falle eines Moscheebau anders. Aber nur, wenn wir diese Diskussion wirklich führen, können wir feststellen, ob die Muslime einer Integration – wenn sie denn wirklich gewollt ist – auch Ausdruck geben wollen. Dabei ist es nicht die Größe, um die es hier geht. Es ist der Typus der Moschee, der nichts in Frage stellt. Und ich glaube, dass sich die Diskussion gerade an der Kölner Moschee so gut führen lässt, weil der Entwurf ein sehr hohes Niveau hat.

Sie loben das Niveau der Architektur, haben aber dennoch grundlegende Einwände?

Wie gesagt, der Typus ist nicht in Frage gestellt. Und damit ist auch die Grundhaltung nicht in Frage gestellt. Das ist genau das, was die Ditib als Bauherrin will. Sie geht für ihre Vorstellungen sicherlich sehr weit, indem sie hier eine Architektursprache befürwortet, die sich nicht auf die Türkei bezieht, sondern auf die klassische Moderne in Westeuropa. Doch sie stellt eben den Typus selbst nicht in Frage. Und damit werden die Inhalte und das, was in dieser Moschee passieren wird, auch nicht in Frage gestellt. Das ist jedoch der Grundansatz seit der Aufklärung: Wir wollen und müssen Fragen stellen.

Welche Fragen könnten das denn im Detail sein?

Vielleicht sogar ganz unangenehme Fragen, die sich sowohl an die Gestalt als auch an den Inhalt stellen lassen. Bis jetzt heißt es doch automatisch: Wir sind doch schon so modern und haben einen so modernen Architekten, jetzt lasst uns mal mit dem anderen, dem Inhaltlichen in Ruhe. Das kann es nicht sein. Denn – noch einmal – der Typus dieses Baus ist überhaupt nicht modern, nicht zukunftsweisend.

Also müsste sich vor allem der Bauherr bewegen?

Ja, die Ditib müsste zeigen, ob sie sich tatsächlich öffnen möchte, oder ob sie sich abschotten will, das heißt, sich zwar ein Mäntelchen umzuhängen, das schön ist, das den Inhalt aber verdeckt.

Paul Böhm dagegen meint, dass der fertige Bau für Öffnung nach außen sorgen wird und ein elementarer Beitrag zur Integration sein wird.

Das ist sein Wunsch. Ich kann mir auch sehr gut vorstellen, dass Paul Böhm um diese Öffnung ringt. Natürlich ist es schwer, einem Bauherrn solche radikalen Vorschläge nahezubringen, wie Gottfried Böhm das etwa bei der Wallfahrtskirche in Neviges oder anderswo umgesetzt hat. Natürlich wäre das ein gewaltiger Schritt für die Ditib. Aber darüber müssen wir sprechen!

Wo müsste dieser Schritt beginnen?

Eben beim Typus. Natürlich ist ein fließender Raum etwas völlig anderes als ein Kuppelraum. Die Frage ist vor allem: Möchte ich einen Zentralbau haben? Das ist ein Typ, der eine andere Haltung repräsentiert als die, die Paul Böhm eigentlich haben möchte. Gut, er öffnet die Schalen seiner Kuppel. Klar, das ist schon etwas. Aber es ist nicht genug. Und warum darf eigentlich keiner, ohne angefeindet zu werden, fragen, warum es in Deutschland richtig sein soll, Minarette zu bauen, die von der Funktion her hier vermeintlich sinnentleert sind? Ist das wirklich nur eine Zeichensprache, die den klassischen Typ widerspiegelt? Auch wenn dort, wie es immer heißt, gar kein Muezzin rufen soll? Oder soll er es vielleicht doch irgendwann tun? So müssen wir eben unsere Zeichen genau hinterfragen. Warum müssen die Minarette sein? Und als Nächstes, wenn sie denn sein müssten, welche Gestalt sollen sie haben? Der weiterentwickelte Entwurf von Paul Böhm ist in jedem Fall schlüssiger zum Gesamtentwurf.

Es geht Ihnen nicht um die Höhe, sondern um die grundsätzliche Berechtigung der Minarette?

Überhaupt nicht um die Höhe. Und das ist der nächste Punkt, der mir wichtig ist. Wenn man ein Zeichen wirklich will, dann geht es um Form und Proportion – und dann kann man natürlich nicht sagen: Gut, wir schneiden jetzt hier mal drei Meter von der Salami ab. Da kann ich Paul Böhm sehr gut verstehen, wenn er sich dagegen wehrt. Das geht auch nicht, dann werden die Minarette eine Persiflage ihrer selbst. Ein politischer Konsens wäre hier völlig falsch. Aber die grundsätzliche Diskussion um dieses Symbol, die muss sein. Darauf kann eine Gemeinschaft nicht verzichten. Ich glaube, manche Menschen haben eben die Sorge, dass Symbole, die vielleicht jetzt sinnentleert sind, diesen Sinn ja vielleicht zurückbekommen könnten.

Würden Sie eine Kirche bauen, würden Sie also auch solch ein starkes Symbol wie den Kirchturm in Frage stellen?

Ja! Und das haben auch die Böhms gemacht, Dominikus und Gottfried. Sie sind ja bekannt geworden, weil sie Fragen gestellt haben und dann wegweisende Architektur realisiert haben. Bei Paul Böhm, der nun die Moschee baut, werden diese Fragen – zumindest nach außen – nicht so deutlich, wenn ich auch sicher glaube, dass er sich ihnen stellt. Eine Umsetzung ist aber nur mit dem Bauherrn möglich.

Nun haben die christlichen Kirchen bei uns allein aufgrund der Zahl ihrer Mitglieder eine etwas andere Bedeutung als der Islam.

Jede Architektur ist immer Ausdruck eines Teiles der Gesellschaft. Und das gilt auch für den Bau einer Moschee. Da muss gleiches Recht gelten wie beim Bau einer katholischen oder evangelischen Kirche. Die Frage ist eben nur: Was wird ausgedrückt mit dem Bau? Und da kommen wir wieder zu den Inhalten, die ich gerade auch als Architektin diskutiert haben möchte. Ich will nicht nur über die Faltung einer Kuppel sprechen, ich möchte auch wissen, was sich hinter diesen Mauern abspielt. Ganz einfach gefragt: Wie weit kann ich persönlich diesen Raum nutzen?

Diese Antworten müsste der Bauherr geben.

So ist es.

Doch der hält sich in diese Richtung weitgehend bedeckt.

Und das geht nicht. Man kann sich hier nicht raushalten und sagen: Ich baue doch nur ein Haus. Das ist Unfug. Jedes Haus ist ein Beitrag zu dieser Stadt und eine Haltung des Bauherrn dazu. Und zudem ist gerade dieses Gebäude ein sehr prägendes für die Stadt, weil es sich nicht einordnet in einen bestehenden Kontext. Die Frage, welchem Inhalt hier Gestalt gegeben wird, muss besprochen werden, ob auf dem aufgebaut wird, das wir für uns als gesellschaftliche Basis ansehen – und wenn es das Grundgesetz ist.

Zweifeln Sie daran?

Bestimmte Bautypen schaffen bestimmte Möglichkeiten. Bestimmte räumliche Ausprägungen können andererseits Möglichkeiten verhindern – etwa bei der Trennung von Männern und Frauen in der Moschee. Das ist eine der wesentlichen Fragen, an der sich klar darstellt, welche Haltung ein Bauherr hat. Das Tolle ist ja, dass wir mit Gebäuden Chancen ermöglichen können. Aber dafür müssen wir sie in bestimmter Art und Weise konzipieren. Die Frage ist also, welchen Weg ein Bauherr gehen will.

Nun haben wir ja über Jahrzehnte in Deutschland eher die Augen verschlossen vor solcher Form von Religionsausübung. Es war uns sogar ganz lieb, dass das in irgendwelchen Hinterhöfen stattfand. Der Schritt zu völliger Offenheit und Diskussionsbereitschaft muss also riesig sein für eine Organisation wie die Ditib.

Absolut, das ist ganz klar. Da gab es ein Laisser-faire, ein Weggucken, ein Verzicht auf Auseinandersetzung. Aber deswegen ist der Bau einer neuen Moschee ja auch eine Chance. Jetzt findet etwas Ausdruck, an dem wir nicht mehr vorbeigucken können, weil wir mit dem Entwurf eines Gebäudes konfrontiert werden. Aber: Eine solche Auseinandersetzung muss rechtzeitig stattfinden, denn wenn der Rohbau einmal steht, ist es zu spät.

Die Sorgen der Menschen, die in der Nachbarschaft der künftigen Moschee wohnen, bewegen sich allerdings größtenteils auf anderen Ebenen: Angst vor Überfremdung, Angst vor Lärmbelästigung, Angst vor Verkehrschaos.

Natürlich muss man diese Diskussion auf vielen unterschiedlichen Ebenen führen. Wir müssen sie aber jetzt auch über Inhalt und Ausdruck einer anderen Glaubensrichtung führen. Und wir müssen darüber von unserem säkularen Ansatz aus sprechen.

Sie wollen anhand der Gestalt über Inhalte diskutieren und umgekehrt.

So ist es. Inhalt und Gestalt sind zwei Seiten einer Medaille. Wir können deshalb nie über das eine ohne das andere reden. Norman Fosters Reichstagsbau ist zum Beispiel eine grandiose Interpretation, weil er den Typus der Kuppel, über Jahrhunderte ein Zeichen der Macht, so verändert, dass die Bürger nun in einer solchen Kuppel nach oben gehen können und dort über Berlin, aber auch auf die Abgeordneten herabschauen können. Das ist ein grandioser Bau für die Demokratie, weil er zwar hohen Symbolgehalt hat, aber der Machtanspruch, den der Typus der Kuppel ausdrückt, fast konterkariert wird. Zumindest hat Foster ihm eine neue Ebene der Bedeutung gegeben.

Und so etwas würden Sie sich auch für die Moschee in Köln-Ehrenfeld wünschen.

Ja, das würde ich mir wünschen. Damit würden wir alle weiterkommen, egal ob wir Katholiken sind oder Moslems, Juden oder Protestanten. Weil wir dann sagen könnten, was wir eigentlich gemeinsam wollen. Ich glaube, der ureigene Zweck einer Kirche, Synagoge oder Moschee ist doch nicht nur der, Ausdruck des Glaubens zu sein, sondern auch der, den Menschen ein Dach zu geben für ihre Begegnung.

Nun gehören aber zu jedem Glauben bestimmte Riten, die sich dann in der gebauten Form ausdrücken.

Aber das hat sich in der Baugeschichte ja gewandelt. Sakrale Bauwerke haben sich im Laufe der Jahrhunderte gewandelt, weil sich die Menschen auch anders begegnen wollten. In der neuen Moschee für London etwa ist der Gebetsraum von außen nicht ablesbar, da müssen Sie auf den Grundriss schauen. Er ist Teil eines viel größeren menschlichen Begegnungsraums.

Wenn aber nun eine Religionsgemeinschaft sagt: Wir wollen gar nicht offen sein nach außen, wir wollen nur unsere Mitglieder zusammenhalten.

Aber das ist doch gerade das Tolle: Wenn jemand so formuliert, dann kann ich versuchen, ihn davon zu überzeugen, dass eine Öffnung für die religiöse Gemeinschaft vielleicht wichtiger ist und auch für die Gesellschaft, in der wir alle leben. Wenn aber gar nichts gesagt wird, dann kann sich auch keiner damit auseinandersetzen. Und wir können auch nichts weiterentwickeln. Doch man muss einen Dialog führen. Und dann hat – in unserem konkreten Fall – auch Paul Böhm erst die Möglichkeit, Ansätze, die er schaffen will, auch umzusetzen.

Wie könnte das aussehen? Zurück auf null? Und dann Neuplanung auf Grundlage einer solchen Diskussion?

Das ist wahrscheinlich nicht so ganz einfach. Aber ich kann mir durchaus vorstellen, dass Paul Böhm in manchen Punkten, die ihm ja selbst wichtig sind, nach einer solchen Diskussion noch sehr viel Positives für den Entwurf machen könnte.

Und wenn man sich nun nicht einigen kann? Muss dann der Architekt nicht irgendwann sagen: Dann lieber gar nicht bauen?

Ich glaube nicht, dass die Diskussion jemals zu Ende ist. Es wird sicherlich irgendwann ein Kompromiss gebaut werden. Das entnehme ich auch den Worten von Paul Böhm, der wohl gerne noch einiges weiterentwickelt hätte. Es hat allerdings, wie gesagt, keinen Sinn, jetzt mit einer Salamitaktik anzufangen und die Minarette zwei Meter, drei Meter, vier

Meter kürzer zu machen. Das ist nicht der richtige Ansatz. Wir brauchen jetzt die intensive Diskussion mit den Beteiligten über den Inhalt. Und mit Paul Böhm über den Ausdruck.

Worüber müsste noch gesprochen werden in so einer Diskussion?

Über die Trennung von Staat und Kirche. Dass der Bauherr praktisch eine Staatsreligion ist, ist ein Problem, das benannt werden muss. Schließlich verlangt unser Grundgesetz genau diese Trennung. Etwas, das wir als selbstverständlich ansehen. Zum anderen scheuen wir uns aber, sicherlich begründet in unserer Geschichte, vor der Auseinandersetzung mit einer anderen Glaubensgemeinschaft. Aber auch über Macht muss gesprochen werden: Bauten wie die Kölner Moschee sind immer ein Zeichen von Macht – dessen muss man sich bewusst sein. Und da dürfen wir nicht weggucken, sondern müssen damit richtig umgehen.

Es würde also nicht reichen, wenn man nur auf ein paar Symbole verzichtet, die Inhalte selbst aber nicht in Frage stellt?

Nein, das würde nicht reichen. Allerdings wäre die Diskussion wohl nicht so stark entfacht worden, wenn der Symbolgehalt nicht so groß wäre. Ich glaube, dass es ein paar Begriffe gibt, die auch für die Architektur ganz wichtig sind, vor allem für den Inhalt: Das ist die Transparenz, das ist die Kritikfähigkeit aller Beteiligten, das ist das Grundgesetz und das sind die Menschenrechte. Das alles ist dann wichtig, wenn wir einen Dialog wollen zwischen Inhalt und Ausdruck. Und den muss es geben.

Das Gespräch führte Christian Hümmeler.

Sabine Kraft

Moscheearchitektur zwischen Nostalgie und Moderne

Ein Architekturwettbewerb ist eine feine Sache. Leider garantiert diese löbliche Maßnahme, zu der sich die Ditib entschlossen hatte, noch keinen überzeugenden Entwurf, wie das Beispiel der geplanten Moschee in Köln-Ehrenfeld vorführt. Immerhin erlaubt die Kontroverse um das Großprojekt, grundsätzliche Fragen zum Thema Moscheebau in westlichen Ländern zu stellen.

Die erhitzten Gemüter haben freilich übersehen, dass Moscheeplanungen in Ländern wie den USA und Kanada schon längst auf der architekturtheoretischen Ebene reflektiert werden. Bereits 1995 fand eine erste Konferenz am »Massachusetts Institute of Technology« (MIT) statt, die sich mit der Herausforderung des Moscheebaus als »Ausdruck der Identität einer islamischen Minderheit« auseinandersetzte. An dem international geführten Diskurs zur Moscheearchitektur im Westen sind muslimische Planer federführend beteiligt, etwa über das »Aga Khan Program for Islamic Architecture« (MIT und Harvard-Universität). Entsprechende Veröffentlichungen fordern von den Moscheeneubauten in der westlichen Diaspora eine Qualität, die den gültigen Standards zeitgenössischer Architektur entspricht und professioneller Architekturkritik standhält.

In diesem Sinne gelten Moscheebauten nur dann als repräsentativ, wenn sie den Islam *nicht* durch den Rückgriff auf eine architektonische Vergangenheit »repräsentieren«, sondern kreative, wegweisende Lösungen bieten und das Umfeld der westlichen Lebenswelt respektiert wird. Ein Anspruch, dem die neu errichteten Moscheen hierzulande nur selten, wenn überhaupt, gerecht werden –, so auch das Ergebnis meiner Studie »Neue Sakralarchitektur des Islam in Deutschland« im Jahr 2000. Exemplarisch habe ich damals einige Moscheebauten in Deutschland untersucht und sie auf Grundlage der Kategorien eingeordnet, die Omar Khalidi, Wissenschaftler und Chronist für Moscheearchitektur am MIT, schon Ende der 90er Jahre entwickelt hat. Seine Kriterien haben sich als durchaus hilfreich bei der Bewertung hiesiger Moscheegebäude erwiesen; gerade in strittigen Fällen eignen sie sich als Ausgangsbasis für eine niveauvolle Fachdiskussion. Khalidi unterscheidet zwischen folgenden Möglichkeiten:

Traditioneller Stil: Die überlieferte Bauweise verpflanzt vertraute Moscheebauten aus den islamischen Ländern meist unmodifiziert in den Westen, also ohne auf den Kontext und die klimatischen Bedingungen einzugehen. Moscheen aus der Heimat liefern die Vorbilder, doch solche verinnerlichten Modelle bringen allenfalls unreflektierte Kopien hervor. Nicht selten wird die Vorlage zum Klischee, das Ergebnis zur Parodie – oft übersehene Begleiterscheinungen eines rückwärts gewandten Bauens. Die unbekümmerte Imitation ist aus fachlicher Sicht fragwürdig und erzeugt in westlichen Gesellschaften entweder Ablehnung oder bizarre Nostalgietendenzen.

Adaptierte Bauweise: Traditionelle Moscheetypen dienen als Quellen, die jeweils neu interpretiert werden, indem sie eine baukünstlerische Verbindung mit Elementen westlicher Architektur eingehen. Die Modifikation der klassischen Moschee birgt das Risiko, einen eklektischen, unschöpferischen Charakter anzunehmen, falls abendländische Baukultur willkürlich mit Zitaten aus der Moscheebaugeschichte vermischt wird. Dagegen kann die durchdachte, stimmige Verbindung aus islamischen und modernen Architekturformen zu einer erfolgreichen Synthese führen und schließlich eine gelungene Neuinterpretation des traditionellen Moscheenbaus hervorbringen.

Architektonische Innovation: Ein innovativer Entwurfsansatz löst sich bewusst von der Vergangenheit, bricht radikal mit nostalgischen Zerrbildern und historisierenden Entwurfsansätzen. Stattdessen entwickelt diese Herangehensweise eine eigene, dem Kontext gemäße und nach vorne weisende, eher abstrakte Architektursprache. In ihrer Kühnheit verzichten solche Planungen sogar auf Identifikationssymbole wie Kuppel und Minarett, während sie gleichwertige Räume für beide Geschlechter anstreben. Eine architektonische Lösung, die auf anerkannten Regeln internationaler Baukultur beruht, soll die Universalität und Einheit des Islam unterstreichen und dabei Offenheit – in Wechselwirkung mit der Umgebung – vermitteln.

In Nordamerika wurden Projekte verwirklicht, deren überraschend unkonventionelle Gestaltung einen weltoffenen Islam symbolisiert, etwa von Bart Prince oder Gulzar Haidar. Letzterer vermochte in seinen Bauwerken den Geist geometrischer Themen einzufangen, Morphologien zu schaffen, die in der islamischen Kosmologie verbreitet sind und die in der Geometrie ein einigendes Element zwischen islamischer und moderner westlicher Architektur wahrnehmen. Haidars Entwurfsstil ist unverkennbar von den Arbeiten Louis Kahns geprägt, unter dessen Bauten sich auch eine Moschee in Dhaka, der Hauptstadt von Bangladesch, befindet.

Qualitätvolle Neuinterpretationen eines traditionellen Typus sind die islamischen Zentren der Architekturbüros Skidmore, Owings und Merrill (SOM) in New York und Portoghesi, Moussawi und Gigliotti in Rom. In Manhattan wurde eine Istanbuler Moschee von Mimar Sinan, der als Vater der osmanischen Architektur gilt, in modernes Architekturvokabular übertragen, während dem römischen Bauwerk die Moschee in Cordoba als Inspirationsquelle diente. Bemerkenswerte Beispiele für eine Synthese aus islamischer und westlicher Architektur gibt es auch unter den deutschen Moscheen: Die Bilal-Moschee in Aachen kann aufgrund ihrer elementaren geometrischen Formensprache von allen muslimischen Nutzern, unabhängig von deren ethnischer Zugehörigkeit, akzeptiert werden (was allerdings ein Verständnis für moderne Architektur voraussetzt – ein Problem auch bei der Rezeption schockierend neuer Kirchengebäude). Die Bauten der »ersten Generation« aus den 50er Jahren wurden für relativ heterogen geprägte Nutzergruppen entworfen und modifizieren jeweils unterschiedliche Moscheetypen.

Diese historischen Grundtypen sind auf bestimmte Regionen konzentriert und können chronologisch nacheinander, aber auch nebeneinander auftreten. Im Gegensatz zur abendländischen Baukunst besteht also die Entwicklung islamischer Architektur weniger aus einer Abfolge von jeweils weiterentwickelten Epochen und deren Übergängen. So unterscheidet man, vereinfacht dargestellt, baugeschichtlich folgende Typen: Die **arabische Stützenmoschee** ist hauptsächlich in den islamischen Stammländern, Nordafrika und Andalusien verbreitet. Der Gebetsraum wird durch ein Achsengitter von Pfeilern gebildet, wodurch ein Raumeindruck von unendlicher Weite und Richtungslosigkeit entsteht – bis hin zur vermeintlichen Auflösung von Raumgrenzen. Die **persische Vier-Iwan-Hofmoschee** kommt vor allem im Iran, in Afghanistan und Südrussland vor. Charakteristisch für diesen Typus ist die Torhalle beziehungsweise das Portal (Iwan). Vier Iwane öffnen sich in axialer Anordnung zu einem Innenhof hin, in dessen Mitte sich meist ein flaches Wasserbecken befindet. Die **osmanische Kuppelmoschee** ist schließlich in Kleinasien vertreten, wo die überragende Kuppelkonstruktion der Hagia Sophia (eine einstmals christliche Kirche) nach der Eroberung Konstantinopels die spätere osmanische Baukunst stark beeinflusste. Die Kuppel, mit der die geometrische Raumform überwölbt wird, erhielt einen zentralen Stellenwert.

Die Bautradition hat also mehr zu bieten als allein den osmanischen Typus, der die Neubauten der »zweiten Generation« (ab den 90er Jahren) in Deutschland dominiert – häufig als Architekturimitation inklusive ornamentaler »Sündenfälle« (wie die putzige Bemalung von Stahlbetonkonstruktionen) und baulich-räumlich hierarchisierender Geschlechtertrennung. Das Festhalten an der Tradition mag aus sozialpsychologischer Sicht verständlich sein, verspricht es doch Stabilität, Sicherheit und Identität – zumindest den türkischstämmigen Muslimen. Doch für eine Migrantengeneration, die sich hier dauerhaft eingerichtet hat und sich als Teil unserer Gesellschaft betrachtet, sind solche »prämodernen« Bauten nicht mehr angemessen.

Einen wirklich innovativen Moscheebau sucht man in Deutschland bislang jedoch vergebens – ein Zustand, an dem sich auch mit der preisgekrönten Idee aus dem Architekturbüro Böhm nichts geändert hat. Diese verkörpert immerhin eine adaptierte Moscheearchitektur, indem die osmanische Kuppelmoschee neu aufgelegt wurde. Doch mit unübersehbaren Verweisen auf traditionelle Symbole und einer optisch monumentalen Wirkung von Kuppel und Doppelminarett bleibt der Vorschlag weit hinter dem zurück, was ein experimentierfreudiger Moscheebaumeister hätte wagen können. Die Freitagsmoschee (ein multifunktionaler Komplex statt dezentraler Zweckbauten) wird zum Repräsentationsbau, der architektonisch die Präsenz und Stärke des Islam in Deutschland verkündet. Diese Wirkung geht nicht allein von dem »sakralen« Herzstück (dem Gebetsraum) aus, sondern auch von einer Vielzahl profaner Einrichtungen, die historisch gesehen schon immer soziale und politische Aufgaben übernahmen.

Bei einer Symbolsprache wie der stilisierten Weltkugel, die bereits im Entwurfsstadium von einigen als imperiale Geste gedeutet wird, muss man sich schließlich über die Bedenken einer Mehrheitsgesellschaft hinsichtlich islamischer Herrschaftsarchitektur nicht wundern.

Unabhängig von aller Kritik möchte man dem Architekten Paul Böhm zum Wettbewerbssieg gratulieren – nicht jedoch zu seiner Rolle, in die er geraten ist. Es wäre nicht das erste Mal, dass ein Moscheeplaner von konservativen Auftraggebern vereinnahmt wurde und sich in der Funktion des Dienstleisters wiedergefunden hätte. Die Böhms haben sich unter anderem als Kirchenbaumeister herausragende Verdienste erworben: Dominikus Böhm, Schüler von Theodor Fischer, gilt als einer der bedeutendsten deutschen Kirchenbauer des 20. Jahrhunderts, Gottfried Böhm als einer der wichtigsten Architekten der Nachkriegszeit. Ihr Ruhm liegt in der Originalität ihrer Entwürfe, in der kompromisslos modernen Sakralarchitektur, die auf althergebrachte Formen nicht angewiesen ist. Warum der Kölner Moscheebau nicht in *dieser* Tradition stehen sollte, ist mir ein Rätsel.

Joachim Kardinal Meisner

Keine Angst – aber ein ungutes Gefühl

Viele Bürger in Köln haben Angst. Sie wollen die Moschee nicht. Kann man solch einen Bau prinzipiell verbieten?

Bei uns in der Bundesrepublik Deutschland garantiert die Verfassung Religionsfreiheit. Deshalb kann jeder seine Religion ausüben, falls die jeweilige Religion selbst und natürlich auch deren Vertreter die Verfassungswirklichkeit respektieren. Das ist geradezu die Grundvoraussetzung. Die Frage, die mich bewegt, ist: Warum lehnen Kölner Mitbürgerinnen und Mitbürger in einer solchen Weise den Bau einer Moschee ab?

Sie sprechen von der Religionsfreiheit. Nun kennen die meisten Muslime dieser Welt die Trennung von Staat und Religion nicht. Der Islam ist eine genuin politische Religion. Staat und Religion gehören seit den Anfängen zusammen. Daraus erwachsen ja auch viele Ängste der Kölner Bürger. Wie kann man diesen Befürchtungen Rechnung tragen? Oder anders gefragt: Wie beantworten Sie die Frage, die Sie sich selbst stellen?

Ich muss ganz schlicht sagen: Aus traditioneller islamischer Sicht sind Versuche, der Scharia graduell immer mehr Raum in unseren Breiten zu verschaffen, zwar ganz legitim und verständlich. Wir müssen unsere muslimischen Mitbürger jedoch als Bürger darauf hinweisen, dass heute in unseren Gesellschaften die einzelnen religiösen und ideologischen Gruppen sich anders darzustellen und anders zu verhalten haben, wollen wir in Gerechtigkeit und Harmonie in unserem demokratischen Staatsgebilde nach Art der Bundesrepublik Deutschland und ihrer Verfassung leben.

Das ist ein Prozess. Der Bundesinnenminister hat das ja schon mit den beiden Konferenzen getan, und daran wollen auch wir christlichen Kirchen in Deutschland uns beteiligen. Die evangelische Seite hat ja mit ihrem Papier mit dem Titel »Klarheit und gute Nachbarschaft« das jüngst schon in Angriff genommen.

Wir werden als katholische Kirche unsere Position auch noch erneuern. Aber die Frage bleibt für mich konkret: Wie kommt es, dass der Moscheebau, man könnte fast sagen aus dem Bauch heraus, so stark abgelehnt wird?

Was sagen Sie denn den Kölnern, wenn sie sozusagen mit dieser Ablehnung zu Ihnen kommen?

Ich sage es einmal mehr im Hinblick auf die Muslime: Könnte die Ablehnung nicht daran liegen, dass zum Beispiel Muslime, die bei uns hier in Köln, wo Religionsfreiheit herrscht, Christen werden, sich durch Glaubensgenossen in ihrem Leben bedroht fühlen? Oder könnte es weiter daran liegen, dass es von muslimischer Seite in Köln, in Deutschland keine oder kaum Proteste gibt, wenn etwa Christen in vorwiegend muslimischen Ländern, auch in der Türkei, verfolgt oder getötet werden? Das fragen wir natürlich auch. Oder warum tritt die Ditib, die Türkisch-Islamische Union der Anstalt für Religion, die eine große Moschee in Köln bauen will, nicht hilfreich zugunsten der Christen bei ihren Glaubensbrüdern in der Türkei ein, denen der Bau von kleinen Kirchen in der Türkei verboten wird? Wie soll denn dieses Schweigen gedeutet werden? Das nährt gleichsam die Ängste vieler Mitbürger.

Sie sprechen hier das Prinzip der Gegenseitigkeit an. Viele Christen verlangen in der Tat auf jede Moschee hierzulande eine Kirche in islamischen Ländern, pochen also auf dieses Prinzip der Gegenseitigkeit. Ist das denn mit dem Selbstverständnis der christlich verstandenen Religionsfreiheit vereinbar?

Ich würde nicht sagen: eins zu eins. Ich möchte viel bescheidener sein. Wir brauchen nicht so viele christliche Kirchen in der Türkei, wie die türkischen Muslime bei uns Moscheen brauchen. Aber wir möchten, dass Kirchenbauten dort, wo sie nötig sind, wirklich in Toleranz genehmigt werden, dass christliche Kirchen gebaut werden können und dass christliches Leben sich entfalten kann, ohne dass Christen um ihr Leben fürchten müssen.

Für Muslime ist ein christliches Gotteshaus islamisiert, wenn man darin in Richtung Mekka Allah angerufen hat. Können Sie sich gemeinsame Veranstaltungen mit der muslimischen Gemeinde im Dom vorstellen?

Nein! Ganz schlicht gesagt: Das halte ich für unmöglich.

Bekommen Sie selbst viele Briefe und Anrufe von Kölnern in dieser Sache?

Natürlich, ich habe mich ja auch dazu schon öfter geäußert in dem Sinn, wie ich es gerade wieder getan habe. Wir müssen auch wachsam bleiben, dass die Terrains, die man hier muslimischen Mitbürgerinnen und Mitbürgern zur Verfügung stellt – da geht es ja nicht nur um Moscheen, sondern auch um andere Räume –, nicht Territorien werden, auf denen sich die Scharia immer mehr entfaltet.

Das heißt, Sie verlangen auch Transparenz, was die Veranstaltungen in den Räumen, in der Moschee, um die Moschee herum anbetrifft?

Natürlich, wie wir das auch halten. Unsere Gottesdienste sind öffentlich, und bei uns hat jeder Zutritt und Einblick. Das muss auch so sein in einer solchen Gesellschaft wie der unsrigen, wo eine hohe Zahl von Einwohnern Tür an Tür lebt. Es geht mir um eine wirklich gute Nachbarschaft. Daher müssen wir darum bitten und darauf bestehen, dass die Muslime, ich sage es noch einmal, unserer Verfassungswirklichkeit entsprechend ihr Leben gestalten.

Viele Kölner haben Angst. Haben Sie auch ein bisschen Angst?

Ich will nicht von Angst sprechen, aber ich habe ein ungutes Gefühl. Letztens sagten mir noch traditionsbewusste Kölner, dass das Stadtpanorama in Köln wie in keiner anderen deutschen Stadt durch die Jahrhunderte dokumentiert sei. Ein neues Stadtpanorama würde künftig auch noch eine Moschee zeigen. Daraus spricht vor dem Hintergrund der Historie ein gewisses Erschrecken über einen Kulturbruch, der in unserer Kultur durch die Einwanderung der Muslime vorgefallen ist. Das muss man zur Kenntnis nehmen, und darauf muss man entsprechend reagieren, nicht in Form einer schlichten Kontra-Haltung, sondern wir müssen in Fairness miteinander arbeiten. Ich sage es noch einmal: Der Test für die Glaubwürdigkeit der Ditib ist die Reaktion in der Türkei, ob wir nun endlich auch mit unseren kleinen Kirchenbauten dort vorankommen.

Interview mit dem Deutschlandradio am 04.07.07.

Präses Nikolaus Schneider

Religionsfreiheit – was denn sonst?

Wenn über den Bau einer Moschee in unserem Land debattiert wird, dann handelt es sich um die Verständigung über eine konkrete Ausübung des grundlegenden Menschenrechts der Religionsfreiheit.

Die christlichen Kirchen, die Völker und Staaten Europas haben den Wert dieses Rechts nach langen und blutigen Auseinandersetzungen und Kriegen lernen müssen. Eine Friedensvereinbarung der frühen Neuzeit trägt explizit den Namen »Augsburger Religionsfrieden«. Unter einer den Religionsfrieden ermöglichenden Religionsfreiheit wurde damals allerdings etwas anderes verstanden als heute: Damals legte die Religion des Landesherrn die Religion der Landeskinder fest. Von Religionsfreiheit des Einzelnen oder unbeschränkter Religionsausübung einer bestimmten Religionsvereinigung oder einer bestimmten Kirche war also (noch) nicht die Rede.

Aber immerhin: Wer eine andere als die Religion des Landesherrn leben wollte, der wurde nicht bedroht, verfolgt, verurteilt, gefoltert, verbrannt oder auf andere, grausame Weise umgebracht, sondern konnte das Territorium verlassen und in eines übersiedeln, in dem er seinem Glauben gemäß leben konnte. Sein Eigentum wurde nicht konfisziert, von seiner Familie musste er sich nicht trennen und eine sichere Reise – unter den Bedingungen der damaligen Zeit – war garantiert. Und auch der Religionswechsel war möglich.

Heute ist das Verständnis der Religionsfreiheit umfassender: Der einzelne Mensch kann seinen Glauben frei leben und muss allein die Einschränkungen akzeptieren, die das Grundgesetz selbst oder andere Rechte zum Schutz der Grund- und Lebensrechte anderer Menschen mit sich bringen. Das gilt für alle Gläubigen aller Religionen in gleicher Weise – also auch für das unsere Gesellschaft prägende Christentum.

Auch die Religionsvereinigungen und Kirchen genießen die Freiheit ihres religiösen Lebens und erfreuen sich in bestimmten Bereichen sogar staatlicher Förderungen. Auch das gilt grundsätzlich für alle Religionsgemeinschaften und Kirchen unter gleichen Bedingungen in gleicher Weise – auch wenn es bei konkreten Fragen immer wieder zu Konflikten und kontroversen Diskussionen kommen kann.

Das gilt auch für den Streit um den Kölner Moscheebau. Natürlich soll der den Bau planende Moscheeverein seine Moschee bauen. Der Antrag zum Bau einer Moschee kann nur begrüßt werden, denn er bringt zum Ausdruck, dass die Muslime sich auf ein dauerhaftes Leben in unserem Land einrichten und durch ihr Betreten des öffentlichen Raumes auch zum Ausdruck bringen, dass sie Teil der Öffentlichkeit unseres Landes werden wollen – wie christliche Kirchen, jüdische Gemeinden oder andere Glaubengemeinschaften auch. Ein solcher Antrag kann als ein Zeichen für die Bereitschaft zur Integration in unserem Land verstanden werden.

Eine kontroverse Debatte über den Kölner Moscheebau kann deshalb auf dem Boden unseres Grundgesetzes und auf der Basis der Religionsfreiheit nicht auf das Ob, sondern nur auf das Wie zielen.

Um eines friedlichen und gerechten Zusammenlebens verschiedener Kulturen und Religionen in unserer Gesellschaft willen ist es also sinnvoll und wichtig, dass Muslime die Hinterhof-Moscheen verlassen und ihr Leben öffentlicher und transparenter wird. Unbestritten sei für alle Religionen, dass ein Gotteshaus eine der Verehrung Gottes angemessene, repräsentative Architektur haben soll und kann.

Rechte anderer allerdings dürfen durch den Bau eines Kultgebäudes und durch das in ihm geplante Leben nicht verletzt oder nur in zumutbarem Maß eingeschränkt werden. Hier muss der beantragende Moscheeverein genauso behandelt werden wie alle anderen vergleichbaren Antragssteller und -stellerinnen auch, zum Beispiel auch die Kirchen, wenn sie die Planungen eines Kirchenbaus vorlegen.

Auf dieser Ebene liegt letztlich auch die Frage nach Fremdheit oder Vertrautheit des geplanten Gebäudes für die in der Nachbarschaft, dem Stadtteil oder der Stadt wohnenden Menschen. Hier muss Menschen zugestanden werden, dass Fremdes zunächst irritiert oder sogar Ängste auslöst. Solche Eindrücke und Gefühle können nicht verboten werden, sie dürfen auch nicht verdrängt, unterdrückt oder diskriminiert werden. Ganz im Gegenteil: Da sie sowieso vorhanden sind, ist es wünschenswert, sie zu äußern, damit sie besprochen und gegebenenfalls auch überwunden werden können.

Eine frühzeitige und offene Information ist daher nötig. Sinn und Funktion der Architektur müssen erläutert, das dort zu erwartende Leben erklärt werden. Die Menschen müssen mit ihren Gefühlen und Ängsten akzeptiert und ernst genommen werden, Moscheen können nur im Einvernehmen mit den Menschen und nicht gegen sie gebaut werden. Das gilt natürlich nicht für jede und jeden Einzelnen, aber doch für die deutliche Mehrheit.

Bei diesen Überlegungen ist auch die Architektur des geplanten Gebäudes in den Blick zu nehmen. Die gewählten Formen des Bauwerks sollten verständlich, in ihrem Kontext erklärbar sein oder mit ihren grundlegenden Vorstellungen vermittelt werden. Fremdes, Neues muss möglich sein – bedarf aber gerade dann intensiver Erklärung und Erläuterung.

Grundsätzlich halte ich es für nötig und sinnvoll, dass Gotteshäuser aller Religionsgemeinschaften durch ihre Architektur nicht den Eindruck vermitteln, Menschen anderer Religionen abzuwerten oder sie zu besiegen. Sie dürfen auch nicht den Eindruck erwecken, sich wie eine Wagenburg gegenüber der Öffentlichkeit abzuschließen. Der grundsätzliche Respekt vor den religiösen Überzeugungen und Gefühlen anderer sowie die Offenheit gegenüber der Nachbarschaft und der allgemeinen Öffentlichkeit sollte sowohl in der Planung von Gebäuden wie auch in kontroversen Diskussionen über ein konkretes Gebäude gewahrt bleiben.

Auch die Frage nach dem Bauherrn eines Gotteshauses ist zu stellen. Ditib, der Verein, der den Bau der Moschee in Köln-Ehrenfeld beantragt hat, ist nicht einfach ein Zusammenschluss der in Deutschland lebenden Muslime türkischer Herkunft. Wäre das der Fall, könnte die Diskussion entspannter geführt werden. Denn dann gingen die Aktivitäten von Ditib aus dem Leben der muslimischen Mitbürgerinnen und Mitbürger der Bundesrepublik hervor, also auch der Antrag zum Bau der Moschee in Köln-Ehrenfeld. So ist es aber bekanntlich nicht!

Ditib ist ein besonderer Verein, weil er eine Einrichtung des türkischen Staates auf deutschem Boden ist. Er ist der Religionsbehörde der türkischen Regierung unterstellt, daher ist grundsätzlich ein Konsularbeamter Vorsitzender des Vereins.

Die Bundesländer haben staatliche Vereinbarungen über die Entsendung türkischer Geistlicher mit der Religionsbehörde der türkischen Regierung geschlossen, der Ditib unterstellt ist.

Die Geistlichen wurden in der Türkei ausgebildet, sie kamen bisher ohne nennenswerte Deutschkenntnisse nach Deutschland, blieben ungefähr vier Jahre und wurden dann ausgetauscht. Sie sind der Religionsbehörde verantwortlich und werden – zumindest zum großen Teil – von dieser bezahlt. Dieses System wird bis heute so gehandhabt, Verbesserungen wird es bei den Deutschkenntnissen geben.

Allein diese Rahmenbedingungen geben zu der Frage Anlass, ob Ditib türkische Religionspolitik auf deutschem Boden ausübt oder ein Instrument der hier lebenden Menschen ist, um ihre Interessen zu formulieren, zu bündeln und für sie einzutreten. Und es muss auch gefragt werden, ob und wie Ditib an der Integration der hier lebenden türkischen Muslime – letztlich also an einem deutschen Islam – interessiert ist oder daran, ein Stück Türkei zu etablieren. Es ist gut zu hören, dass die türkischen Autoritäten der Integration dienen wollen.

Als Leiter einer christlichen Kirche möchte ich schließlich in diesem Zusammenhang die Frage stellen: Wie hält es der Ditib tragende Staat mit der Religionsfreiheit in der Türkei?

Damit von vornherein kein Missverständnis aufkommt: Das ist für mich keine Bedingung für den Moscheebau. Unsere Gesetze gelten hier für Ditib, auch wenn die Türkei ein anderes Verständnis von Religionsfreiheit hat als das Grundgesetz der Bundesrepublik Deutschland.

Dennoch halte ich die Frage im Kontext der Diskussion um den Moscheebau in Köln für legitim. Und ich halte es für eine berechtigte Erwartung, dass eine türkische Organisation die Rechte im eigenen Land verwirklicht, die sie in anderen Ländern auszuüben wünscht. Ja, man muss noch deutlicher fragen: Wieso verweigert der türkische Staat die Inanspruchnahme von Rechten in der Türkei, die er in der Bundesrepublik beansprucht? Denn grundlegende Menschenrechte wie die Religionsfreiheit beanspruchen eine grenzüberschreitende Gültigkeit – also auch in der Türkei.

Ein erschreckendes Beispiel für die Beschränkung der Religionsfreiheit ist aus der jüngsten Vergangenheit zu berichten: Das oberste türkische Gericht hat mit Entscheidung vom 13. Juni 2007 dem Ökumenischen Patriarchat in Istanbul seine Eigenschaft als juristische Person aberkannt. Das Patriarchat wird also im Rechts- und Geschäftsverkehr erheblich behindert – sogar die Kontoführung bei einer Bank ist damit erschwert – und dem Patriarchen untersagt, den Titel »Ökumenisch« zu führen. Die Diskriminierung hält also an.

Juristisch gesehen ist diese Entscheidung in der Türkei natürlich unerheblich für die anstehenden Entscheidungen in Köln. Aber für die Frage nach dem Antragsteller Ditib sind solche Informationen notwendig – die ökumenische Solidarität verpflichtet dazu, Religionsfreiheit überall zu fordern.

Es bleibt dabei: Religionsfreiheit überall – was denn sonst?

Franz Meurer/Michael Paetzold

Kleine Geschenke entfalten die Freundschaft

Eigentlich begann alles ganz einfach: Der fünfte Jahrestag der Weihe unserer Kirche stand an. Der Bau dieser Kirche war damals ein Geschenk des Erzbistums und damit aller Katholiken unserer Diözese an eine arme Kirchengemeinde. Ein zweites Geschenk gab es anlässlich der Kirchweihe: Unsere evangelischen Nachbarn trugen zur Feier eine Bibel in unsere Kirche. Hier hat sie seitdem ihren festen Platz – Zeichen geschwisterlicher Verbundenheit.

Anlässlich unseres kleinen Jubiläums wollten auch wir endlich einmal ein Geschenk machen: Was lag da näher, als einer Gemeinde, die gerade ihr Gotteshaus baut, etwas zur Ausstattung ihrer Kirche zu überreichen?

Da wir nicht gleich eine solche Gemeinde fanden (zurzeit werden Kirchen ja eher rück- statt neu gebaut), schauten wir über den berühmten Tellerrand: Nicht weit von uns planen die Menschen den Bau ihres Gotteshauses – keine Kirche zwar, aber eine Moschee.

Die Idee nahm Gestalt an: Würde es uns als Gemeinde in Höhenberg und Vingst mit vielen muslimischen Mitbürgern nicht gut anstehen, den Beinahe-Nachbarn zum neuen Gotteshaus ein Geschenk zu machen, genauso wie man Brot und Salz in das neue Haus von Freunden trägt? Wäre es nicht gut, wenn in der neuen Moschee ein Geschenk von uns Katholiken seinen Platz hätte – als Zeichen des gegenseitigen Respekts und der Verbundenheit über Glaubensgrenzen hinweg? Natürlich gab es in der Gemeinde Diskussionen und natürlich auch Bedenken, aber am Ende stand der einstimmige Beschluss: Wir machen das. Selbstverständlich würde das Geschenk nicht aus der Gemeindekasse bezahlt, wir würden im Festgottesdienst zur Kirchweihe dafür sammeln.

Der nächste Schritt war der Kontakt mit der Ditib, dem Bauherrn der neuen Moschee. Wir trafen uns in St. Theodor. Nach einer Besichtigung der Kirche (schließlich wird »unser« Architekt Paul Böhm auch die Moschee bauen) kamen wir ins Gespräch. Es galt zu erklären, was wir eigentlich vorhatten: Wir wollten für den Moscheebau nicht spenden (das wäre sicher nur ein Tropfen auf dem heißen Stein gewesen), sondern ein symbolisches Geschenk überreichen, etwas, das seinen Platz im Gebetsraum finden sollte.

Der Hinweis auf das Geschenk unserer evangelischen Geschwister war uns bei der Erklärung sehr hilfreich, und die Vertreter der Ditib waren begeistert. In unseren Gesprächen wurde eines aber klar: Wir wissen zu wenig voneinander, davon, wie wir unseren Glauben leben, davon, was in unseren Kirchen und Moscheen geschieht. Das wollen wir in Zukunft gemeinsam ändern.

Am Sonntag vor dem Kirchweihfest kündigten wir dann im Gottesdienst die Sammlung für das »Moscheegeschenk« an; schließlich sollte keiner überrascht werden.

Wie immer, wenn es bei uns etwas zu feiern gibt, luden wir in der Woche vor dem Fest unsere Freunde, aber auch die örtliche Presse ein. Ein kurzer Artikel in der Lokalzeitung, der auf unser Fest und die Sammlung für das »Moscheegeschenk« hinwies, löste einen für uns völlig unerwarteten Presserummel aus: Von überall her meldeten sich Journalisten und Redaktionen und baten um Interviews und Dreherlaubnis während des Festes. Es war nicht ganz leicht, alle davon zu überzeugen, dass unser Kirchweihjubiläum ein Gemeindefest und kein Medienereignis ist, aber wir blieben hart: keine Filmaufnahmen während des Gottesdienstes und Fotos nur unter strengen Auflagen.

Als unser Pfarrgemeinderatsvorsitzender dann vor der Gabenbereitung die Sammlung erklärte, begannen die Gottesdienstbesucher spontan zu klatschen – Applaus fürs Geldsammeln, das gab es noch nie.

Auch das Ergebnis der Kollekte war für unsere Gemeinde mehr als bemerkenswert: 862 Euro, mehr als fünfmal so viel wie an normalen Sonntagen fanden sich nach dem Gottesdienst im »Klingelbeutel«, und Spenden von außerhalb sorgten dafür, dass jetzt rund 2.200 Euro für das Geschenk bereitliegen. Beim anschließenden Empfang erwartete uns eine weitere nette Überraschung: Frauen eines muslimischen Müttervereins, die in der Zeitung von unserem Vorhaben gehört hatten, brachten Gebäck und Salate für unser Festbüfett. Gute Nachbarschaft kann so lecker sein.

Die Tage nach dem Fest waren allerdings anstrengend für uns: Interviews waren zu geben, Fototermine und »O-Töne« wurden gewünscht. Wirklich zu leiden hatten aber unsere Pfarrsekretärinnen: Per Telefon und Post wurden die Gemeinde und ihr Pfarrer von Rechtsextremen beschimpft und beleidigt. Gott sei Dank überwogen aber auch hier eindeutig die positiven Stimmen.

Mittlerweile ist wieder Ruhe eingekehrt in St. Theodor & St. Elisabeth, aber diese Tage haben einiges verändert. Wir hatten uns gründlich verschätzt: Das, was wir für ein kleines Zeichen guter Nachbarschaft gehalten haben, ist offensichtlich doch nicht so selbstverständlich in unserem Land. Dabei ist es so einfach. Menschen, die an einen Gott glauben und unsere Demokratie bejahen, müssen das Recht haben, sich ein schönes Gotteshaus zu bauen. Christen und Muslime gehören mit allen anderen Menschen zu unserem Viertel und zu unserer Stadt, wir wollen miteinander und nicht nur nebeneinander leben.

Unser Geschenk hat die Muslime und uns näher zusammengebracht – seit seiner Gründung vertritt der Vorsitzende unseres Pfarrgemeinderats unsere Gemeinde im Ditib-Beirat zum Moscheebau.

Dass wir mit den Imamen der Kölner Ditib-Moschee zusammenarbeiten, hat zunächst keine religiösen, sondern soziale und pädagogische Gründe. Die Imame stehen in gutem Kontakt zu unserer Ganztagshauptschule im Viertel. Anliegen sowohl der Schule, speziell der türkischen Lehrkräfte, der Imame wie auch der evangelischen und katholischen Kirchengemeinden ist es, die Schülerinnen und Schüler zu fördern und zu stützen. Dies geschieht zum Beispiel durch einen Kooperationsvertrag zwischen Hauptschule, GAG-Wohnungsbaugesellschaft und Kirchengemeinde. Im Rahmen des Vertrags haben Menschen aus der Kirchengemeinde mit Hilfe der GAG zum Beispiel den Bolzplatz der Schule saniert; die Schülerinnen und Schüler pflegen im Gegenzug jeden Montag einen Park in Schulnähe, die GAG finanziert das Mittagessen in der Schule. Außerdem gibt es eine Kunstaktion und das gemeinsame Bemühen um Lehrstellen. Ein Bewerbungstraining mit jungen Unternehmern ist in Planung.

Bei religiösen Veranstaltungen ist nicht zuletzt der soziale, solidarische Aspekt bedeutsam. Bei multireligiösen Feiern für die verschiedenen Klassenstufen steht am Beginn eine Besichtigung der sozialen Einrichtungen im Basement der Kirche St. Theodor. Neben den Werkstätten, der Lebensmittelausgabe usw. sehen die Jugendlichen auch das Fahrradlager und die Kleiderkammer mit der Botschaft: Wenn du ein Fahrrad brauchst, hier ist eines für dich. Wenn du Kleidung brauchst, hier sind auch Sachen für dich.

Nach der Besichtigungstour findet dann die Feier in der

Kirche statt. Die Jugendlichen gestalten Elemente, der Gesang verbindet, evangelische Pfarrerin oder Pfarrer, der katholische Priester und der Imam tragen Wortbeiträge vor; dies kann auch ein Lied oder eine Koranrezitation sein. Danach gibt es einen gemeinsamen Imbiss, christlich Agape genannt – eine Tradition, die den Jugendlichen besonders gut gefällt.

Unsere Kirchengemeinde hat Kontakt zu drei Moscheen. Eine vom Verband der islamischen Kulturzentren, eine in Richtung konservativer Art und zur Ditib-Moschee in Köln-Ehrenfeld. Obwohl es keine Ditib-Moschee im Viertel gibt, kümmern sich die Imame um die jungen Menschen hier. Die Zusammenarbeit mit ihnen ist für den sozialen Frieden im Viertel bedeutsam. Sie sind sehr gebildet und finden die richtigen Worte, um die jungen Menschen zu Gemeinsinn aus den religiösen Wurzeln heraus zu motivieren.

Amartya Sen, der in Amerika lehrende indische Nobelpreisträger und Wirtschaftsprofessor, hat kürzlich das Buch »Die Identitätsfalle« geschrieben. Seine These lautet, dass es keinen Krieg der Kulturen gibt, wenn die Menschen nicht in die Falle laufen, ihre Identität eindimensional, zum Beispiel nur religiös, zu verstehen. Er schreibt: »Je mehr Kontakt wir haben, desto mehr wächst das Interesse aneinander.«

Die Kontakte sind dann intensiver, wenn wir uns nicht nur gegenseitig als religiöse Menschen erleben, sondern auch in anderen Bereichen unseres Lebens. Für die Imame wie auch für die engagierten Christen im Viertel heißt das, dass die jungen Menschen sie nicht nur als Gläubige wahrnehmen, sondern auch in anderen Identitätsrollen sehen: als Lehrstellenvermittler, Nachhilfelehrer, Sänger, Sportbegeisterte, Karnevalsjecken, Köche … und in anderen Rollen mehr.

Unsere Erfahrung ist, dass die Imame der Ditib dieses Anliegen mit uns teilen. Das stimmt froh.

Joachim Frank

Klimawandel zwischen den christlichen Kirchen und den islamischen Verbänden

Bedeutsame Veränderungen kommen manchmal betont unauffällig daher. So im Oktober 2007. Nach gutem Brauch sandte Kardinal Karl Lehmann den »sehr geehrten muslimischen Schwestern und Brüdern« in Deutschland zum Ende des Fastenmonats Ramadan eine Grußbotschaft.[1] Darin kommt der Vorsitzende der katholischen Deutschen Bischofskonferenz (DBK) zügig auf die »lebhafte Diskussion über den Bau von Moscheen in mehreren deutschen Großstädten« zu sprechen. Sie sei »nicht immer im Geiste eines gedeihlichen Zusammenlebens geführt« worden, bedauert Lehmann und bekräftigt den universalen Geltungsanspruch des Menschenrechts auf Religionsfreiheit. Das Grundgesetz schütze »auch das Recht der Muslime, würdige Moscheen in jenen Gegenden zu bauen, in denen sie leben«.

So weit die stehende Rede der Kirchen, katholischer wie evangelischer: Die Religionsfreiheit gilt. Punktum. Sie gilt als Freiheit *zur* Religion für Christen, Muslime und Andersgläubige; sie gilt für Ungläubige als Freiheit *von* der Religion. Diesem Bekenntnis angeschlossen ist geradezu notorisch ein siamesischer Zwilling: Überall in der Welt müsse Religionsfreiheit eingefordert werden. Genauso steht es auch in Leh-

---

1 Lehmanns kurzer Text fand über den unmittelbaren Adressatenkreis hinaus Beachtung. Der *Kölner Stadt-Anzeiger* etwa berichtete in seiner Ausgabe vom 13./14.10.2007.

manns Grußwort. Gemeint sind die Länder des islamischen Kulturkreises, wo es um die ungehinderte Religionsausübung von Nichtmuslimen bekanntermaßen schlecht bestellt ist. Wenn Lehmann dann fortfährt, »dass die Planungen zum Bau einer Moschee langfristig angegangen und durch intensive Diskussionen mit der Wohnbevölkerung und den Behörden vorbereitet werden sollten«, dann ist auch das ein schon vielfach geäußerter und variierter Hinweis an die Adresse der Muslime.

Aber dann: Als Beitrag zu Ausgleich und Verständigung hält Lehmann einen konstruktiven Meinungsaustausch über Probleme des Standorts und der architektonischen Gestaltung von Moscheen für erforderlich. Das ist ebenso neu wie die Rede von »legitimen unterschiedlichen Auffassungen« in diesem Zusammenhang. Der wichtigste Repräsentant von mehr als 25 Millionen Katholiken in Deutschland vollzieht hier nichts weniger als die Segnung einer Debatte, die ein Moscheebauvorhaben als das hinterfragt, was es ist: als ein symbolträchtiges Projekt. »Gegenseitige Wertschätzung« und der »Geist des Ausgleichs« sollen nach Lehmanns Willen die Gespräche bestimmen. Gewiss. Aber der Kardinal traut neuerdings auch der »strittigen Diskussion« einen Beitrag zu friedlichem und gedeihlichem Miteinander zu.

Klimawandel im Verhältnis zu den Muslimen

Was für Lehmann eine vorsichtige Premiere war, wird von der Evangelischen Kirche in Deutschland (EKD) schon seit geraumer Zeit auf offener Bühne dargeboten: ein distanzierter, ja bisweilen konfrontativer Umgang mit dem real existierenden Islam. Regisseur des Stücks ist der EKD-Ratsvorsitzende, Bischof Wolfgang Huber. Seine Textbasis ist die 2006 veröffentlichte Handreichung »Klarheit und gute Nachbarschaft«.

Hubers Amtsantritt 2003 markiert eine Zäsur im christlich-islamischen Dialog. Hauptanliegen seines Vorgängers Manfred Kock war es, nach den Anschlägen vom 11. September 2001 das Verbindende zwischen den Religionen zu betonen – darin eingeschlossen die gemeinsame Abgrenzung von religiös motiviertem Terror. Dieses Ziel verfolgte Kock in vielen gemeinsamen Veranstaltungen mit dem damaligen Vorsitzenden des Zentralrats der Muslime (ZMD), Nadeem Elyas. Gerade an dessen Lauterkeit und Vertrauenswürdigkeit kamen aber zunehmend Zweifel auf. Während Kock ihn einmal sogar als »unseren Freund« bezeichnete und noch heute »bis zum Erweis des Gegenteils« an seiner positiven Grundhaltung festhält[2], traute Huber Elyas nicht recht über den Weg. Der freundliche ältere Herr aus Eschweiler bei Aachen rede auf Arabisch ganz anders als auf Deutsch – dieses Unbehagen ist immer wieder zu vernehmen, wenn man christliche Dialogpartner nach Elyas fragt, dem heutigen ZMD-Ehrenmitglied und Beiratsvorsitzenden.

Hubers Intention, im interreligiösen Dialog strittige Themen nicht auszuklammern; ein Erstarken jener Kräfte im Rat der EKD, die sich »Klarheit« gerade auch in der Artikulation von Kritik wünschen; und die Reserve gegenüber muslimischen Spitzenfunktionären – das sind die entscheidenden Faktoren für den protestantischen Klimawandel in den vergangenen Jahren.

Auf katholischer Seite sieht das nicht wesentlich anders aus. Man darf aber getrost annehmen, dass die wenigsten Oberhirten schlaflose Nächte haben, nur weil in einer gesellschaftspolitischen Streitfrage heute ausnahmsweise einmal die Protestanten schärfere Töne anschlagen. Speziell nachdem Papst Benedikt XVI. mit seiner umstrittenen »Regensburger

---

[2] Soweit nicht anders angegeben, stammen Zitate aus persönlichen Gesprächen mit dem Verfasser.

Rede« aus dem Jahr 2006 mehr oder weniger unfreiwillig die Fallhöhe einer streitigen Auseinandersetzung mit dem Islam ausgelotet hatte.[3]

Doch auch unter den katholischen Bischöfen und in ihren Gremien wächst die Vorsicht im Umgang mit islamischen Funktionären. Den Dialog führen, aber die Verbände nicht aufwerten – so lautet die Devise. Dazu trägt der sich verfestigende Eindruck bei, dass auf islamischen Buchmessen und in Moscheen aller Verbände immer häufiger Bücher und Broschüren islamistischer Autoren ausliegen, von denen sich die Funktionäre auf der Linie ihrer wiederholten Bekenntnisse zur deutschen Rechtsordnung eigentlich nachdrücklich distanzieren müssten. Bei Kardinal Lehmann wird eine Begegnung mit der »Islamischen Weltliga« aus dem Jahr 2002 Spuren hinterlassen haben. Als das Gespräch auf die im selben Jahr vom ZMD proklamierte »Islamische Charta« und deren Anerkennung des Rechts auf Religionsfreiheit inklusive Religionswechsel kam, soll der Generalsekretär der Liga bemerkt haben, diese Position des ZMD sei den deutschen Bedingungen geschuldet. Will sagen: Es handelt sich um das bloße Zugeständnis einer muslimischen Minderheit im nichtislamischen Umfeld.

Eine solche Hermeneutik der bedingten Grundsatztreue verstärkt in den Kirchen die Sorge vor Doppelzüngigkeiten im christlich-islamischen Dialog. Manchen dieser Leute gegen-

---

3 Dass Joseph Ratzinger mit seinen Mohammed-Zitaten gewissermaßen als »reine Seele« in den Empörungsstrudel geraten sein sollte, fällt allerdings schwer zu glauben. Den Islam schärfer auf seine fundamentalistischen Verirrungen und Abgründe hin zu betrachten und zu befragen – dieses leitende Interesse lässt sich bei Benedikt XVI. nämlich sehr wohl ausmachen. So ist der einzige unmittelbar gesellschaftskritische Bezug seiner Antrittsenzyklika »Deus caritas est« (2005) gegen den militanten Islamismus gerichtet: »In einer Welt, in der mit dem Namen Gottes bisweilen die Rache oder gar die Pflicht zu Hass und Gewalt verbunden wird«, sei die Botschaft der Liebe Gottes zum Menschen »von hoher Aktualität und ganz praktischer Bedeutung«.

über sei naives Vertrauen fehl am Platz, sagen Kenner der Szene. Stattdessen müssten ihre Aussagen sorgfältig gedeutet und kritisch beleuchtet werden.

Dafür braucht es Stringenz und zunehmend Mut. Den Mut auch der liberalen Muslime. Sie geraten nach Wahrnehmung der kirchlichen Fachleute immer stärker unter Druck. Schon vom »aufgeklärten Islam« wollen viele ungern reden, um Gegnern in der eigenen Gemeinschaft keine Angriffsfläche zu bieten. So droht eine Schweigespirale zu entstehen. Ein katholischer Lehrer, der viele Jahre in einem islamischen Land gelebt hat, sagt irritiert: »Es ist doch merkwürdig: Wenn fünf Muslime miteinander diskutieren, setzt sich am Ende immer der Radikalste durch.«

Integration und Dialog – ein Prozess in zwei Phasen

Auf Deutschland bezogen, sieht Nikolaus Schneider, Präses der Evangelischen Kirche im Rheinland und Mitglied im Rat der EKD, die Beziehungen zwischen Christen und Muslimen als einen »Prozess in zwei Phasen«. Aus christlicher Perspektive sei es in Phase eins darum gegangen, Christen und Muslime miteinander bekannt zu machen und Vertrauen zu schaffen. »Als Kirche haben wir die Frage nach der Integration lange ›diakonisch‹ gestellt: Wie können wir Zuwanderern das Leben erleichtern, sodass sie auch wirklich hier ankommen können?«[4] Das sei mitunter »von oben herab« geschehen, so Schneider.

Man wird hinzufügen dürfen: Der amtliche, theologische Dialog war einigen wenigen Fachleuten überlassen, den allfälligen Islam-Referenten und -Beauftragten. Inzwischen ist er von der Peripherie ins Zentrum gerückt, von den Vorhöfen in

[4] *Kölner Stadt-Anzeiger* vom 31.08.2007.

die Herzkammer der Kirchenleitung. Und erst jetzt – in einer zweiten Phase – steht für Schneider der »Ernstfall der Integration« auf der Tagesordnung, nämlich die Frage, wie Muslime in Deutschland auf Dauer und in »guter Nachbarschaft« zu Christen und Nichtgläubigen Heimat finden. »Inzwischen reden wir viel stärker darüber, was Integration für die aufnehmende Gesellschaft bedeutet, aber auch für diejenigen, die zu uns kommen.« An der Spitze des Katalogs sieht der rheinische Präses in schöner Übereinstimmung mit Huber die Forderung, den auf dem Grundgesetz beruhenden säkularen Staat und seine Grundnormen zu bejahen.

Fraglos sind seit dem 11. September 2001 die Fragen nach dem Verhältnis des Islam zum Rechtsstaat einerseits, zu Terror und Gewalt andererseits drängender geworden. Die Sorge vor Defiziten auf muslimischer Seite oder vor einem rein taktischen Verhältnis zum Grundgesetz bringt die EKD heute offensiver zur Sprache als früher. Hubers und Schneiders Vorgänger Manfred Kock sagt, dies sei in der Tat die Folge neuer oder neu wahrgenommener Probleme. In seiner Amtszeit als rheinischer Präses und EKD-Ratsvorsitzender (1997 bis 2003) habe auch er die Probleme gesehen, beteuert Kock. Den Druck auf muslimische Konvertiten etwa, den es auch in Deutschland gebe, oder die Benachteiligungen von Frauen und Mädchen. Für ihn sei selbstverständlich gewesen, dass die Muslime sich notwendigen Veränderungen stellen müssten. »Aber ich habe immer die Position vertreten, das wird sich entwickeln, das wird selbstverständlicher werden.«

Die Autoren der EKD-Handreichung »Klarheit und gute Nachbarschaft«, an ihrer Spitze der frühere Bundesjustizminister und langjährige Präses der EKD-Synode, Jürgen Schmude (SPD), waren offenbar nicht von solchem Optimismus beseelt. Das ist schon an der Struktur des Papiers ablesbar. Mit einer Mischung aus Akkuratesse und Streitlust steuert es zielstrebig auf wunde Punkte zu – immer im Dienste der notwendigen Klarheit, wie die Autoren betonen. Beispiel: Kopftuch. Dem Papier erscheint es »fragwürdig, das Kopftuch als religiöses Symbol gelten zu lassen«. Die Verpflichtung, es zu tragen, stehe »in einem deutlichen Spannungsverhältnis zum Gleichberechtigungsgebot des Grundgesetzes«. Steiler als mit dem Hinweis auf etwaigen Verfassungsbruch kann man an dieser Stelle kaum argumentieren.

Die muslimischen Verbände reagierten verärgert und verunsichert auf die Veröffentlichung der EKD. Im Januar 2007 ließen sie ein lang zuvor anberaumtes Spitzengespräch platzen. Es gebe noch »Klärungsbedarf«. Huber kommentierte die Absage unverhohlen aggressiv als taktische Volte: Es sei kein guter Stil, eine feste Verabredung nicht einzuhalten. »Besonders überrascht hat mich, dass Sie diese Gesprächsmöglichkeit mit der Begründung absagen, dass Gesprächsbedarf besteht.« Spielchen dieser Art beleidigen nicht zuletzt den scharfen Intellekt des Ratsvorsitzenden. Als ihm fünf Monate später ZMD-Chef Ayyub Axel Köhler und der Dialogbeauftragte der Türkisch-Islamischen Union Ditib, Bekir Alboga, auf dem 31. Deutschen Evangelischen Kirchentag in Köln vorwarfen, der Text »Klarheit und gute Nachbarschaft« stelle Muslime unter Generalverdacht und sei Ausdruck einer grassierenden Islamphobie, sprang der Theologe förmlich aus dem Hemd: »Mir soll mal einer nachweisen, Jürgen Schmude wisse nicht zu differenzieren.«

Die Mission des Wolfgang Huber

Es dürfte Huber mit seiner auffallend harten Gangart nicht allein an Jürgen Schmude gelegen sein, sondern auch an Wolfgang Huber. Kurz vor dem Kirchentag war das im Januar 2007 ausgefallene Gespräch mit muslimischen Verbandsvertretern doch noch zustande gekommen. Auf Einladung der Muslime fand es in der Mannheimer Moschee statt. Eine ernsthafte Diskussion über die Handreichung gab es dem Vernehmen nach aber nicht. Dazu dürfte das Klima zu aufgeheizt gewesen sein, nachdem die Verbände, die wenige Wochen vorher den »Koordinierungsrat der Muslime« gegründet hatten, eine geharnischte Stellungnahme veröffentlicht hatten.

Im Kirchentagszentrum »Begegnung mit Muslimen« nach der Religionsfreiheit gefragt, wandte sich Huber schnurstracks deren Gefährdung und Unterdrückung im Einflussbereich des Islam zu. Als »Symbol« dafür führte er hochemotional die Ermordung dreier Christen in der Türkei im April 2007 an. Vor diesem Hintergrund zitierte Huber die »Islamische Charta« des ZMD von 2002, in der das Recht auf Konversion »akzeptiert« wird, und ging sofort erneut zum Angriff über: »Es ist zu wünschen, dass diese Auffassung sich möglichst weit ausbreitet und dass aus dem ›Akzeptieren‹ allmählich ein ›Bejahen‹ wird.« Im Dialog der Religionen sei das ein unbequemes Thema. »Aber Appeasement an dieser Stelle wäre Verrat an der Religionsfreiheit selbst.«

Die Verwendung des Begriffs »Appeasement« – Chiffre für die fatale Nachgiebigkeit der Westmächte gegenüber Hitler vor dem Beginn des Zweiten Weltkriegs – lässt kaum Interpretationsspielraum zu: Huber glaubt, einer totalitären Gefahr nur durch eine Position der Stärke und des unnachgiebigen Insistierens begegnen zu können.[5] Die »unfriedlichen Folgen« von Religion seien nur durch die Bereitschaft und Fähigkeit

---

[5] Vgl. Interview mit Wolfgang Huber im *Kölner Stadt-Anzeiger* vom 09.06.07: »Wenn wir hinsichtlich der Unteilbarkeit der Religionsfreiheit unklar redeten, wäre das ein ›Appeasement‹, das mit der Verpflichtung auf die Religionsfreiheit unvereinbar wäre … Deshalb erwarte ich von den hiesigen Muslimen mehr, als nur zu sagen, ›wir leben in Deutschland und haben mit der Türkei nichts zu tun‹. Sie müssen etwas damit zu tun haben, dass im Namen ihres Glaubens der Religionswechsel verboten oder sogar unter Todesstrafe gestellt wird.«

»zu selbstkritischen Korrekturen« zu überwinden: »Das aber kann nur gelingen, wenn die strittigen Themen angesprochen werden.«

Aber wie? Auf dem Kirchentag unternahm Huber jedenfalls nichts, als seine muslimischen Gesprächspartner in der Halle ausgebuht wurden. Diese Form passiver Eskalation stimmte selbst leitende Theologen nachdenklich, die Hubers Anliegen teilen. Die Frage ist, ob nicht gerade Huber in der Gefahr steht zu überziehen – mit einer Rhetorik, bei deren klirrender Brillanz die Übergänge zwischen »klar« und »brüsk«, zwischen »scharf« und »schneidend« nicht immer so genau auszumachen sind, speziell für muslimische Ohren. »Der Dialog darf nicht auf Dauerkonfrontation angelegt sein«, warnt ein hochrangiger EKD-Vertreter.

Genau dieser Vorwurf wurde aus dem Raum der Kirche gegen den Text »Klarheit und gute Nachbarschaft« in massiver Form erhoben.[6] Die Kritik gipfelte in dem Vorwurf, die EKD fördere durch unsachgemäße, einseitige, undifferenzierte Kritik den Fundamentalismus – auf christlicher wie muslimischer Seite. Die EKD führe sich auf wie ein parastaatliches Kontrollorgan. Bischof Huber wies die Angriffe als polemische Denunziation zurück. In ihm wohl gesonnenen kirchlichen Kreisen wurde gar von Versuchen gesprochen, »mit der eigenen Kirche abzurechnen oder die evangelische Kirche von außen niederzumachen«.

Huber ließ in seiner scharfen Replik allerdings zentrale Vorwürfe unbeachtet: In der Tat setzt das EKD-Papier wiederholt (schlechte) muslimische Praxis mit (besserer) christlicher Norm in Beziehung, etwa beim Eheverständnis. Dadurch ge-

[6] Vgl. stellvertretend den vom Vorsitzenden des »Interkulturellen Rates« und früheren EKD-Funktionärs Jürgen Micksch herausgegebenen Sammelband »Evangelisch aus fundamentalem Grund. Wie sich die EKD gegen den Islam profiliert«, Frankfurt am Main 2007.

rät es ebenso in eine argumentative Schieflage wie mit dem ständigen Blick auf Missstände in der islamischen Gemeinschaft weltweit, obwohl es doch eigentlich um die Nachbarschaft gehen soll, also die Muslime in Deutschland. Wo das Papier am Islam Lobenswertes findet, folgt durchgängig sogleich der Ja-aber-Reflex, der nichts stehen lassen kann.

Im prononcierten und als positive Provokation gedachten Umgang mit dem Begriff der Mission schließlich – »werbendes Zeugnis von der eigenen Erkenntnis der Wahrheit« (Huber) – erkennt selbst ein so unpolemischer Geist wie Manfred Kock einen »unklaren Tenor«: »Wir müssen zwar um Jesu Botschaft willen beim Wahrheitsanspruch bleiben und in diesem Sinne auch ›missionieren‹, aber doch so, dass es nicht besserwisserisch oder anti-islamisch wirkt.« Diesen Anspruch erfülle die EKD-Handreichung noch nicht, so Kock. Den Muslimen, die sich gegen angeblichen missionarischen Übereifer verwahren, hält Kock allerdings auch entgegen: »Wie ist es denn mit euch? Seht ihr denn nicht in der Lehre des Propheten Mohammed die Erfüllung aller Offenbarung?« Es irritiert die christlichen Gesprächspartner, wenn muslimische Verbandsvertreter beim Begriff »Mission« hochgehen wie von der Tarantel gestochen, umgekehrt aber schon die bloße Frage nach dem islamischen Pendant zur Mission, der »Da'wa« (Einladung, Aufforderung zum Islam als der wahren Religion), rundheraus ablehnen. Die »diplomatische Aufgabe« besteht nach Kocks Auffassung darin, bei »sich ausschließendem Wahrheitsverständnis trotzdem gut miteinander zu leben«.

Um die Bedeutung der EKD-Handreichung als Wendemarke in Stimmungs- und Tonlage zu verdeutlichen, muss auf die drei Jahre ältere, bis heute gültige katholische Arbeitshilfe »Christen und Muslime in Deutschland« verwiesen werden. Diese ist über weite Strecken viel zurückhaltender als ihr evangelisches Pendant, etwa in der schon erwähnten Kopftuch-Frage: Es müsse im freiheitlichen Rechtsstaat »die Gewissensentscheidung von Musliminnen respektiert werden, die der Überzeugung sind, dass ihnen ihre Religion eine solche Pflicht auferlege«. Die Frage, ob diese Überzeugung dem Textbefund des Korans und den Auffassungen islamischer Rechtsgelehrter entspreche, wird zwar gestellt, aber ausdrücklich offen gelassen.

Beim Thema »Moscheebau« gehen beide Papiere inhaltlich weitgehend konform. Sie heben jeweils die besondere Bedeutung der Moschee für die Muslime hervor.[7] Sie erklären, dass die vom Grundgesetz in Artikel 4 garantierte Religionsfreiheit das Recht zur Errichtung von Moscheen einschließe, »das zur freien und ungestörten Religionsausübung gehört«. Ein würdiger Rahmen für den Gottesdienst müsse ein gemeinsames Anliegen von Christen und Muslimen sein, betont der katholische Text und folgert: »Dazu gehört, dass ebenso wie

[7] Vgl. Christen und Muslime in Deutschland, S. 125: »Die Moschee stellt wohl das markanteste Element islamischen Lebens dar.« Vgl. ebd., S. 236: »In nichtislamischer Umgebung kommt der Moschee, der häufig eine Koranschule angegliedert ist, als wichtigstem Faktor islamischer Sozialisation neben der Familie noch größere Bedeutung zu als in der jeweiligen Heimat.« Vgl. »Klarheit und gute Nachbarschaft«, S. 65: »Die Moschee ist der zentrale Versammlungsort der muslimischen Gemeinde. Sie ist der Ort, an dem die erwachsenen männlichen Muslime sich am Freitagmittag zu ihrem rituellen Pflichtgebet treffen. Darüber hinaus hat die Moschee eine wichtige Funktion für das religiöse, soziale und politische Leben der muslimischen Gemeinschaft.«

Kirchen auch Moscheen durch ihre architektonische Beschaffenheit als solche erkennbar sind.« Die EKD rät der Mehrheitsgesellschaft angesichts des Wunsches nach Kuppeln und Minaretten als vielen Muslimen »wichtigen Gestaltungselementen einer Moschee« zu »mehr Gelassenheit« – den Muslimen aber zur Vermeidung »unnötiger Konfliktfelder«. Schließlich kommen beide Texte auch offen auf massive Widerstände gegen Moscheebauprojekte zu sprechen, die ihre Ursache in ungelösten Integrationsproblemen hätten, der »Angst vor Überfremdung und Agitation« oder der »Überzeugung, dass das ›christliche Abendland‹ sein bisheriges christlich geprägtes äußeres Gesicht bewahren sollte«[8]. Gemeinsam melden die Papiere in diesem Zusammenhang Bedenken gegen die verbreitete Namensgebung »Fatih-Moschee« (Eroberer-Moschee) an, die an die Erstürmung Konstantinopels 1453 erinnert.

Angesichts der breiten Übereinstimmung fällt umgekehrt auf, wie unterschiedlich die kritische Bestandsaufnahme mit Blick auf repräsentative Moscheebauten intoniert wird. Das katholische Papier stellt ihr einen lapidaren Satz voran, der sich im EKD-Papier nicht findet: »Wegen ihrer Größe und Architektur werden solche Moscheen das Erscheinungsbild unserer Städte allmählich verändern.« Diese Feststellung wird auch nicht ansatzweise bewertet. Das EKD-Papier wählt einen anderen Weg: »Der Bau einer Moschee signalisiert einerseits die öffentliche Präsenz einer anderen Religion.« Dies wird einerseits positiv als Demonstration der Bauherren gewürdigt, »auf Dauer hier leben und als gleichberechtigte Bürger akzeptiert werden« zu wollen – also als ein mögliches »Zeichen gelungener Integration«. Andererseits, so heißt es sofort im Anschluss, »können Moscheen auch zu kulturellen Rückzugsräumen und damit zu einem Ort der Distanz der Minderheit von der Mehrheitsgesellschaft wer-

[8] »Klarheit und gute Nachbarschaft«, S. 66. Fast wortgleich »Christen und Muslime in Deutschland«, S. 235.

den«. Auf solche Überlegungen oder gar die Frage nach den Inhalten von Predigt und Lehre in den Moscheen kommt das katholische Papier überhaupt (noch) nicht.

Architektur als Machtanspruch

Im Oktober 2007 ergänzte Wolfgang Huber den Integrationsvorbehalt des EKD-Papiers mit Blick auf Moscheebauten noch um einen Ideologievorbehalt: Anlässlich der Vorstellung seines Buches »Position beziehen – das Ende der Beliebigkeit« machte Huber eine »offenbar groß angelegte Initiative« islamischer Vereine zum Bau repräsentativer Moscheen aus. Daraus ergebe sich die Frage, ob es sich ausschließlich um die legitime Befriedigung religiöser Bedürfnisse handele oder ob es weitergehende Machtansprüche gebe.[9]

Selbst der katholische Bischof von Augsburg, Walter Mixa, der seit einiger Zeit erkennbar Gefallen an publicityträchtigen Zuspitzungen findet, formulierte – zufällig am selben Tag wie Huber – vergleichsweise zurückhaltend: »Ich hielte es auch für verkehrt, wenn wir in einem islamisch geprägten Land eine riesige katholische Kathedrale mit hohen Türmen bauen würden. Da wäre ich auch für ein bescheidenes Auftreten, ohne aufzutrumpfen. Ich bin gegen eine demonstrative Selbstdarstellung des Islam hierzulande, um zu sagen: Wir sind nicht nur da, sondern gegebenenfalls mindestens so stark und mächtig wie ihr.«[10]

Mit der Formensprache speziell der geplanten Kölner Moschee hatte sich geraume Zeit vorher auch der rheinische Präses Schneider beschäftigt: »Diese Architektur ist schon sehr triumphierend angelegt«, monierte er und sprach von einem »impe-

---

[9] Vgl. *Berliner Zeitung* vom 16.10.2007.

[10] *Kölner Stadt-Anzeiger* vom 16.10.2007.

rialen« und »anmaßenden« Erscheinungsbild.[11] Das Dringen auf ein stärker zurückgenommenes Äußeres, das »mehr den dienenden, integrierenden Charakter von Religion zum Ausdruck bringt«, habe nichts mit einer Beschneidung von Religionsfreiheit zu tun: »Wie ein Gotteshaus konkret gestaltet wird, hängt auch davon ab, was die Menschen in ihrer Mehrheit hinzunehmen bereit sind.« Und an die Ditib als Bauherrin gerichtet, setzte Schneider noch eins drauf: Gerade von der Ditib als einem »Vorposten der Religionsbehörde in Ankara« erwarte er, »dass sie nicht in Deutschland Freiheiten und Rechte fordert, die der türkische Staat nicht zu geben bereit ist«.

Eine solch massive Anfrage Schneiders, der zuvor wiederholt als Befürworter repräsentativer Moscheebauten aufgetreten war, versetzte die Ditib in helle Aufregung: »Mit seiner martialischen Begriffswahl trägt Präses Schneider leider nicht konstruktiv zur Diskussion um den Kölner Moscheebau bei, sondern reiht sich in die Reihe der Kritiker ein, die polemisieren und desinformieren«, keilte der Verein zurück. Auch innerkirchlich stieß Schneiders Einlassung auf Befremden. Sein Vorgänger Manfred Kock widersprach ausdrücklich und erinnerte daran, dass »wir der imperialen Geste ja auch erlegen sind«. Als Beispiel nannte er den Berliner Dom in seiner neobarocken Wucht. »So lange auch wir solche Bauwerke haben, wird es immer darauf ankommen, wie wir sie füllen.«[12]

---

[11] *Kölner Stadt-Anzeiger* vom 31.08.2007.

[12] Mehrere Wochen nach der Kontroverse zwischen Schneider und der Ditib fand ein klärendes Gespräch zwischen dem Präses und dem Ditib-Dialogbeauftragten Bekir Alboga statt. Schneider konnte darin nach eigenen Angaben vermitteln, »dass kritische Nachfragen Ausdruck von Interesse sind«. Gerade er wolle schließlich »nicht verhindern, dass es die Moschee in Köln gibt, sondern im Gegenteil dazu beitragen, dass sie gebaut wird«. Ob er seine Kritik heute »noch einmal in dieser Schärfe formulieren würde«, wisse er nicht, räumt Schneider inzwischen ein. Ihn habe damals die rechtliche Einschränkung des griechisch-orthodoxen Ökumenischen Patriarchats in Istanbul durch das oberste türkische Gericht geärgert. »Da war ich ziemlich geladen.«

Wo so viele Vermutungen über Machtgelüste der Muslime angestellt werden, stellt sich schnell die Frage, wie es denn die Kirchen selbst mit der Macht halten – oder besser, mit dem Gefühl schwindender Macht. Zu den schmerzlichen Erfahrungen christlicher Seelsorger gehören die »Verdunstung« des Glaubens, das Bröckeln volkskirchlicher Strukturen, der Verlust an gesellschaftspolitischem Einfluss. Das Christentum wird in unseren Breiten – selbst von aktiven Gemeindemitgliedern – als Religion auf dem Rückzug erlebt. Wenn nicht gerade der Papst zu Besuch kommt und die Massen begeistert oder zu Weihnachten die Menschen zuhauf einer fromm-sentimentalen Regung nachgeben und in die Kirchen strömen, prägen vielerorts spärlich gefüllte Gotteshäuser, überalternde Pfarreien und ein ausgedünntes Gemeindeleben das Erscheinungsbild. Die Reform-Denkschrift der EKD »Kirche der Freiheit« nimmt ihren Ausgang bei den dramatischen Prognosen des Verlusts von einem Drittel der Gläubigen und einer Halbierung der Einnahmen bis zum Jahr 2030.

Dagegen drängt die muslimische Community mit schier unbändiger Verve in die Öffentlichkeit, sie beansprucht – und findet – Gehör. »Da hat sich viel verändert«, sagt ein ausgewiesener Kenner aus dem katholischen Raum. Sei es den Muslimen früher emotional um die Anerkennung ihrer Existenz in Deutschland gegangen, betonten sie inzwischen immer stärker ihre institutionellen Ansprüche.

Es gibt eine Zahl, die für das damit verbundene negative Grundrauschen mancher christlicher Gemüter steht: Zwischen 1983 und 2003 hat der Mitgliederstand der evangelischen Kirchen in Westdeutschland um 3,4 Millionen abgenommen.[13]

[13] Die Deutsche Bischofskonferenz beziffert den Mitgliederschwund im wiedervereinigten Deutschland zwischen 1990 und 2005 auf 2,35 Millio-

Das entspricht ziemlich genau der Zahl, die meistens auf die Frage genannt wird, wie viele Muslime eigentlich in unserem Land leben …

Wen schon an dieser Stelle Verlustängste plagen, den wird eine fanfarengleich verlautbarte Zahl von Konversionen zum Islam erst recht alarmieren: Das »Zentralinstitut Islam-Archiv« in Soest wusste für das Jahr 2006 von 4.000 Übertritten deutscher Staatsbürger zu berichten, was nach Angaben des »Senior-Direktors« des Instituts, Muhammad Salim Abdullah, eine Vervierfachung gegenüber dem Vorjahr ist. Zur Begründung führte Abdullah eine Art Trotzreaktion an: »Je unfreundlicher das Klima gegenüber dem Islam, desto mehr werden zu Muslimen.«[14] Allein: Nach Recherchen der *Zeit* muss die Erhebung des zeitweise vom Bundesinnenministerium geförderten »Ein-Mann-Betriebs« in Soest als völlig untauglich betrachtet werden, die Angaben seien reine »Fantasiezahlen«.[15] Wenige Monate später sprach Abdullah im Übrigen nur von höchstens 250 bis 350 Übertritten pro Jahr.[16] Man sei ja »an Übertreibungen gewöhnt«, sagt ein Experte genervt. Als sicher gilt nur, dass die meisten Konversionen im Zuge einer Eheschließung erfolgen. Den Konversionen zum Islam stehen Schätzungen zufolge 200 bis 300 Übertritte von Muslimen zum Katholizismus gegenüber. Das wiederum unterstützt den Befund einer – allerdings schon etwas älteren – französischen Studie, wonach sich das Hin und Her zwischen den Religionen in offenen

---

nen. Die absolute Zahl von 25,9 Millionen Katholiken (2005) liege »ganz nahe beim Stand des Jahres 1960«.

[14] *Kölner Stadt-Anzeiger* vom 10.05.2007.

[15] *Die Zeit* vom 19.04.2007.

[16] Meldung der Nachrichtenagentur »idea« vom 11.09.07. Abdullah spricht in dem Bericht von insgesamt 18.000 muslimischen Konvertiten in Deutschland. In Medien verbreitete Zahlen von etwa 100.000 hält er für weit überzogen.

Gesellschaften die Waage hält.[17] Trotzdem verstärken Zahlen wie die aus Soest einen Hang zur ängstlichen Selbstbespiegelung und das Hadern von Christen mit sich selbst und den Zeitläuften.

Auf ein Kräftemessen angelegte Zahlenspiele lassen sich im Übrigen auch mit den Moscheebauten anstellen: Bischof Huber verwies 2007 darauf, dass zum damaligen Zeitpunkt 184 als Moscheen erkennbare Gebetshäuser im Bau oder in der Planung waren – und damit eine größere Zahl als die existierenden 159 Gebäude mit Kuppel und/oder Minarett.[18] Demgegenüber trennt sich allein das katholische Ruhrbistum Essen im Zuge einer drastischen Schlankheitskur von fast hundert seiner insgesamt 350 Kirchengebäude. Zugegeben, das ist schon im benachbarten Erzbistum Köln, wo sich die Zahl der profanierten Kirchen nach Angaben von Generalvikar Dominik Schwaderlapp unterhalb der Promillegrenze bewegt, alles ganz anders – und unbestritten hat die Herstellung einer unmittelbaren Beziehung zwischen überflüssigen alten Kirchen und neuen Moscheen etwas Polemisch-Irrationales. Aber genau diese Melange lässt Ängste entstehen und weckt Ressentiments.

»Grundsätzlich dürfen religiöse Bauten nicht zum Ausdruck von Rivalität oder eines aggressiven Gegeneinanders der Religionen missbraucht werden«, mahnt die Bischofskonferenz die Muslime – wohl wissend, dass christliche Architektur im Laufe ihrer Geschichte wiederholt ebensolche Zwecke erfüllt hat. Unausgesprochen verrät die Warnung auch die Sorge, dass die als aggressiv empfundene Symbolik auf Gegen-

---

[17] Vgl. Jean-Marie Gaudeul, »Appelé par le Christ. Ils viennent de l'Islam«, Editions du Cerf, Paris 1991. Der Autor war viele Jahre bei der Französischen Bischofskonferenz für den Dialog mit dem Islam zuständig.

[18] Am 09.06.2007 sagte Huber dem *Kölner Stadt-Anzeiger*: »Wir haben noch nie so viele Moscheebauten und -projekte gehabt wie gegenwärtig.«

wehr stößt. Die Verantwortlichen in den Kirchen wissen: Auch in ihrer »Stammkundschaft« gibt es ernsthafte Sorgen. Freilich ist diese Klientel mit Werten wie Nächstenliebe und Friedfertigkeit gewissermaßen imprägniert. Das mag helfen, einen – unter treuen Kirchgängern ohnehin wenig verbreiteten – Hang zum lautstarken Populismus zu bändigen oder zu mäßigen. Und: Die Pfarrer treten nicht als Scharfmacher auf, sondern wirken, wie etwa im Fall der Moschee in Duisburg-Marxloh, im Gegenteil besonders konstruktiv. Zudem wehren sich die Kirchen bislang erfolgreich gegen Versuche von Einzelnen oder Gruppen, die sich dem Glauben und Gemeindeleben längst entfremdet haben, sie als vermeintlich natürliche Bündnispartner im Widerstand gegen Moscheebauten zu vereinnahmen. Gerade deshalb hält ein Kirchenmann es für wichtig, »dass unsere Position zwar die Ängste der Menschen einbezieht, ohne dass aber Zweifel am Recht auf Religionsfreiheit entstehen«.

Jenseits der roten Linie

Die Warnung hat ihre Berechtigung, wie eine Interview-Äußerung von Bischof Walter Mixa zeigt. Wenn sich die Lage der Christen in islamischen Ländern nicht endlich zum Besseren wende, sollte man in Deutschland den Muslimen in aller Freundschaft antworten: »Dann muss es eben keine große Moschee sein mit hoch emporragenden, demonstrativ in Erscheinung tretenden Minaretten, dann reicht in einer christlich geprägten Kultur auch ein schlichter muslimischer Andachtsraum.«[19] Damit überschreitet der Augsburger Oberhirte eine rote Linie: Er reglementiert die Ausübung der Religionsfreiheit und knüpft sie an Bedingungen. Bedingungen überdies,

---

[19] *Rheinische Post* vom 27.07.2007.

die Muslime in Deutschland schlechterdings nicht erfüllen können: Soll etwa auf deren Geheiß der Sudan seine Christenverfolgungen einstellen?

Gegen eine Auslegung der »Reziprozität« von Religionsfreiheit als Recht auf Gegenseitigkeit verwahren sich die führenden Repräsentanten beider großen christlichen Konfessionen beständig und nachdrücklich – wegen der Unteilbarkeit der Menschenrechte. Umgekehrt wird für die Bischofskonferenz ein Schuh daraus: »Gerade weil wir Christen Einschränkungen der Religionsfreiheit in islamischen Ländern ablehnen, setzen wir uns nicht nur für die Rechte der dortigen Christen ein, sondern auch für die Rechte der Muslime bei uns.« Ganz ähnlich spricht der evangelische Präses Nikolaus Schneider, an die Ditib gerichtet, von einem »Gebot der Fairness und des Respekts«. Was die Ditib für die Muslime in Deutschland betreibe, dafür müsse sie sich auch mit Blick auf die Christen in der Türkei einsetzen. »Die bei uns praktizierte Freundlichkeit kann doch nicht an der deutschen Grenze aufhören.«

Bischof Mixa ist übrigens in späteren öffentlichen Stellungnahmen auf diese Linie eingeschwenkt: »Ich würde mir schon wünschen, dass Christen in mehrheitlich muslimischen Ländern so behandelt werden, wie das bei uns von den Muslimen zu Recht eingefordert wird.«[20] In Kardinal Lehmanns Umgebung gelten freilich nicht nur die allzu hemdsärmeligen früheren Beiträge seines Augsburger Mitbruders zum Moscheebau als kontraproduktiv, sondern auch die wiederholten Einlassungen Edmund Stoibers, bis Oktober 2007 CSU-Vorsitzender und bayerischer Ministerpräsident. Stoibers Merksatz, Kathedralen müssten in Deutschland – wegen einer »in Jahrhunderten gewachsenen Leitkultur« – »größer sein als Moscheen«[21], wird als unsachgemäß, ja albern empfunden.

---

[20] *Kölner Stadt-Anzeiger* vom 16.10.2007.

[21] Vgl. *Bild*-Zeitung vom 21.09.2007.

Es ist kein Zufall, dass Lehmanns Grußwort zum Ende des Ramadans 2007 das Schlüsselwort vom Recht auf »würdige Moscheebauten« enthielt. Mag Lehmann auch die Frage nach der angemessenen Größe für berechtigt halten – auf das abschüssige Gelände eines Maßstabvergleichs oder einer normativ begründeten Größenbeschränkung begibt er sich nicht.

In den Kategorien von Macht und Einfluss ist schließlich auch der Rechtsstatus islamischer Organisationen in Deutschland ein heikles Thema. Würde der Staat die muslimische Gemeinschaft als »Körperschaft öffentlichen Rechts« anerkennen und ihr damit weitreichende Befugnisse und organisatorische Vorteile einräumen, wäre das in jedem Fall der Sprung auf eine Plattform im Verhältnis Staat – Religion, auf der die Kirchen heute – von den jüdischen Gemeinden abgesehen – praktisch allein wandeln. Geht also in der Bischofskonferenz und der EKD die Angst um, das komfortable Terrain mit anderen teilen zu müssen? So einfach ist die Sache nicht. In den offiziellen Texten betonen die Kirchen, sie hätten nichts dagegen, dass der muslimischen Gemeinschaft der Status der Körperschaft gewährt werde. Aber nur, wenn alle Voraussetzungen ohne Wenn und Aber erfüllt seien. Neben bestimmten Formen von Organisation und (zahlenmäßiger) Repräsentanz zählen dazu vor allem auch die Achtung der Religionsfreiheit und das Bekenntnis zur weltanschaulichen Neutralität des Staates. Hier aber sehen die Kirchen auf Dauer »beträchtliche Schwierigkeiten«. Dass das Bedauern darüber außerordentlich ausgeprägt wäre, lässt sich bei der Lektüre ihrer Texte indes nicht behaupten.

Im Hintergrund des Streits um den Körperschaftsstatus stehen historisch die mühevoll erkämpfte Trennung von Kirche und Staat und das gewachsene kooperative Verhältnis, das für Deutschland charakteristisch geworden ist und durch Übernahme entsprechender Artikel der Weimarer Verfassung in Artikel 104 des Grundgesetzes Verfassungsrang erhalten hat. Selbstbewusst verweisen die Kirchen zudem auf ihren Beitrag für das Funktionieren des (sozial-)staatlichen Gefüges. Die EKD formuliert auch hier unüberhörbar krawallartiger als die Bischofskonferenz: »Wer ein solches Engagement für das Gemeinwohl nicht zu bieten hat, sondern Anlass zu der Vermutung gibt, stattdessen integrations- und demokratieabträgliche Aktivitäten zu entfalten, sollte den Status nicht erhalten.« Die Kirchen genössen mit dem Körperschaftsstatus »nicht Privilegien, sondern Wirkungsmöglichkeiten, deren Gebrauch ebenso der ganzen Gesellschaft wie ihnen selbst zugutekommt. Privilegiert wären hingegen Gemeinschaften, die solche Wirksamkeit verweigern und gleiche Voraussetzungen eben nicht erfüllen, gleichwohl aber den Status erhalten«.

Mit »klarer Kante« versuchen sich die Kirchen nicht nur nach außen gegen den Islam abzugrenzen, sondern auch nach innen für Ordnung zu sorgen. In Zeiten, in denen selbst praktizierende Christen ihren Glaubensfundus weniger aus dem Katechismus als aus dem religiösen Setzkasten beziehen, gelten multireligiöse Gebete oder Gottesdienste den Menschen als längst nicht so anstößig wie den Kirchenleitungen und ihren Theologen. Der Kölner Kardinal Joachim Meisner sieht die Gefahr der Religionsvermischung besonders unter Kindern und Jugendlichen, die im Glauben noch nicht gefestigt seien. Ende 2006 verbot er deshalb katholischen Schülern im Erzbistum Köln die Teilnahme an multireligiösen Gottesdiensten. Leitlinien der Bischofskonferenz für multireligiöse Feiern, die solche Gottesdienste nicht grundsätzlich ausschließen, befinden sich schon seit geraumer Zeit in der Revision. Maßgeblich dürfte das Bemühen sein, für Gottesdienste keinen – landläufig gesprochen – »dritten Weg« zu bahnen, also keine multireligiöse Agenda neben konfessionsspezifischen Liturgien wie der Messfeier und ökumenischen Gottesdiensten zu etablieren. Zugleich aber werden die Bischöfe um Wertschätzung und kreativen Ansporn für die vielfältigen Formen bemüht sein müssen, in denen Christen und Muslime einander begegnen, miteinander feiern und in respektvoller Präsenz des jeweils anderen auch beten können.

Denn zum Dialog, der seine Kraft für gläubige Menschen aus dem lebendigen Gespräch mit Gott bezieht, gibt es am Ende für Christen wie für Muslime tatsächlich keine Alternative.

Günter Wallraff

Salman Rushdie in die Moschee – eine »satanische« Idee?

Als ich im Sommer 2007 – der Streit um die Kölner Zentralmoschee war in vollem Gange – vorschlug, dort aus den »Satanischen Versen« von Salman Rushdie zu lesen und über das Buch zu diskutieren, hat dies einigen Widerspruch und Unverständnis ausgelöst. Im besten Fall sei das blauäugig gewesen, ohne jede Chance auf Verwirklichung, äußerten die einen, die von der Dialogunfähigkeit des Islam im Allgemeinen und der Ditib im Besonderen schon immer überzeugt waren. Die anderen hielten meinen Vorschlag schlicht für eine Provokation. Man könne genauso gut und unverschämt vorschlagen, einen ökumenischen Schwulengottesdienst im Kölner Dom (oder gleich im Vatikan) abzuhalten.

Mein Gott ja, das wäre ganz bestimmt angebracht. Wie gut wäre es, wenn sich homosexuelle Priester in der katholischen Kirche endlich outen dürften und es ein Ende hätte mit ihrem grausig-verlogenen Versteckspiel. Allerdings würde ich zu solch einer Messe auch die heimlichen Geliebten der heterosexuellen Priester und deren Kinder einladen, die unter ebenso verlogenen Verhältnissen ohne ihren Vater leben müssen. Umfragen besagen, dass jeder zweite Priester in solch heimlichen Verhältnissen lebt. Kein Wunder: Auch die katholische Kirche besteht aus Menschen, die ihren Naturtrieb nicht einfach abknipsen können. Insofern wäre ein solcher Gottesdienst wirklich angebracht.

Erfreulich ist aber, dass ich wegen eines solchen Vorschlags von katholischer Seite nicht mit dem Tode bedroht würde. Keine klandestine katholische Freischärlerorganisation, nicht einmal Opus Dei, würde dazu aufrufen, mich zu massakrieren, nur weil ich eine ökumenische Schwulenhochzeit im Kölner Dom – Kardinal Meisner müsste sie ja nicht selbst zelebrieren – für überfällig halte. (In den USA wäre ich mir da nicht so sicher, da haben christliche Fundamentalisten ja auch Ärzte umgebracht, die Abtreibungen vornehmen.) Irgendwelche durchgeknallten islamischen Gotteskrieger haben sich allerdings bemüßigt gefühlt, mich auf ihrer Website zum Hauptfeind des Islam zu küren und mir mit dem Tode zu drohen, weil ich vor Muslimen öffentlich aus den »Satanischen Versen« lesen wollte.

Die von mir angesprochenen Muslime in Köln reagierten differenzierter. Ohnehin ging ja mein Vorschlag auf die Anfrage der Ditib zurück, ob ich bereit sei, in ihren Beirat einzutreten, der den Dialog mit den Bürgern über den Neubau der Moschee in Köln-Ehrenfeld produktiv beeinflussen soll. Nun bin ich niemand, der sich instrumentalisieren lässt, nur weil er gebauchpinselt wird. Andererseits bin ich von Natur aus ein eher höflicher und auf Harmonie bedachter Mensch und suche im Umgang mit freundlichen Menschen keinen Streit. Mit meinem Vorschlag wollte ich daher klarstellen, wofür ich stehe und unter welchen Bedingungen ich mich engagieren kann.

Darum war ich erfreut, als Bekir Alboga, der Dialogbeauftragte der Ditib, auf meinen spontanen Vorschlag positiv reagierte. »Warum eigentlich nicht«, antwortete er. »Darüber können wir reden.« Es folgten mehrere Treffen in meiner Wohnung und in den Räumlichkeiten der alten Moschee. Sicherlich war dieser Dialog auch deshalb möglich, weil ich schon zum damaligen Zeitpunkt Befürworter einer neuen Moschee war. Nicht nur, weil die alte eine unwürdige, marode Lager- bzw. Bürohalle ist, sondern auch, weil von Gleichberechtigung nur die Rede sein kann, wenn alle Menschen die Möglichkeit haben, ihrem jeweiligen Glauben in herzeigbaren Sakralgebäuden nachzugehen. Außerdem – auch das hatte ich zu bedenken gegeben – kann ein Stadtteil wie Ehrenfeld nur froh über eine architektonische Attraktion sein; viele davon gibt es in diesem Viertel nicht; und auch den Geschäftsleuten käme wahrscheinlich der touristische Zustrom aus der Innenstadt zugute.

Aber zurück zur Reaktion der Ditib. Diese Organisation, die 1984 unter der Aufsicht des türkischen Religionsministeriums gegründet wurde, genauer des »Präsidiums für religiöse Angelegenheiten«, hat bis heute den Ruf, nicht gerade tolerant und offenherzig zu arbeiten. Es war von Indoktrinationen die Rede, denen die Kinder im dortigen Islamunterricht ausgesetzt seien. (Allerdings sollten wir die Nase nicht allzu sehr rümpfen, bekanntlich geschieht auch immer wieder Unschönes im Kommunionsunterricht. Jede Religion beharrt eben auf derselben unlogischen Behauptung, nur ihre »Glaubenswahrheit« – was für ein Widerspruch! – sei allein seligmachend.)

Doch inzwischen regt sich auch in der Ditib das Nachdenken über die eigene Position. Nicht gerade über die eigenen Glaubensgrundsätze – die Dogmen der Jungfrauengeburt, der leibhaftigen Himmelfahrt von Jesus und Maria und der Unfehlbarkeit des Papstes wackeln ja auch in der katholischen Kirche bis heute nicht –, aber über ihre gesellschaftliche Rolle. So haben zum Beispiel vor drei Jahren 20.000 Muslime in Köln gegen Gewalt im Namen des Islam demonstriert. Immerhin. Und als die virtuellen Gotteskrieger mir im Internet mit dem Tode drohten, hat sich die Ditib eindeutig und öffentlich auf meine Seite gestellt. Obwohl ich ihnen zuvor eindeutig und öffentlich bescheinigt hatte, weit sei es mit ihrer Dialogbereitschaft noch nicht her.

Die Ditib hat meinen Vorschlag, auf dem Gelände der Moschee aus Salman Rushdies »Satanischen Versen« zu lesen, letztendlich abgelehnt. Das würde die religiösen Gefühle der Muslime verletzen. Und Bekir Alboga, der anfänglich so angetan von meinem Vorschlag war, verstieg sich, nachdem der oberste Moscheebeauftragte im Rang eines Botschaftsrats sein Veto eingelegt hatte, in einem Interview sogar zu der Behauptung, ich hätte wegen meiner Idee »weltweit bei den Muslimen Bestürzung ausgelöst«.

Mag sein, dass manche Muslime darüber bestürzt sind, weil sie gehört haben, das Buch von Salman Rushdie sei blasphemisch. Die meisten, davon bin ich überzeugt, kennen es gar nicht. Wozu beigetragen haben dürfte, dass es bisher in keinem islamischen Land erscheinen durfte. Was umso bedauerlicher ist, als viele satirische Anspielungen sich erst Korankennern richtig erschließen. Als ich bei mir zu Hause befreundeten und benachbarten Muslimen – auch Moscheebesucher waren dabei – aus dem Buch vorlas, gab es jedenfalls keinerlei entsetzte Reaktionen. Sondern des Öfteren Schmunzeln, befreiendes Lachen und Nachdenklichkeit.

Nur Fundamentalisten, die sich im Besitz der reinen Wahrheit wähnen, verstehen keinen Spaß, sie meinen es todernst mit ihrer Absolutheitslehre. Insofern ist es kein Zufall, dass es einen Schriftsteller wie Salman Rushdie trifft, der nicht zuletzt Satiriker und Spötter ist. Wenn Menschen über sich selbst und ihre Angelegenheiten lachen, ist das ein Durchbruch zu mehr Gelassenheit. Wenn also eine Lesung der »Satanischen Verse« in einer Moschee stattfinden würde, würde sich die Einstellung gläubiger Menschen zu diesem Buch und vielleicht auch zu ihrer Religion entspannen. Ich bin sicher: Solch eine Lesung würde sich herumsprechen und auch in anderen Moscheegemeinschaften zu einer Entkrampfung und Enttabuisierung beitragen.

Das Selbstverständnis aller Weltreligionen ist sowieso viel zu ernst. Korangelehrte behaupten, ihr Prophet Mohammed habe nie gelacht. Das Lachen sei ihm, so wörtlich, »wie ein

Signal an den Satan« erschienen und »als Zeichen von Schwäche und Mangel an Durchsetzung anzusehen«, was bei einem Kriegsherrn und Eroberer ja noch seine Richtigkeit haben mag. Deshalb ist ein lachender Mohammed auch nicht überliefert. Aber auch den lachenden Christus haben uns seine Apostel vorenthalten. Obwohl ich überzeugt bin, dass Jesus fröhlich zu feiern, also auch zu lachen verstand. Nur so jemand schafft es, eine große Menschenmenge am Ende so in Stimmung zu bringen, dass sie meint, Wein statt Wasser getrunken zu haben. Wir müssen unsere Götter befreien aus einem Olymp, in dem Höllenangst und blutiger Ernst herrschen.

Und wir sollten einander eingestehen: Es gibt keine unveränderlichen »Heiligen Bücher«. Wer Bibel oder Koran als sakrosankt erklärt, leugnet nicht nur die historische Wahrheit, dass sie von Menschen niedergeschrieben und im Laufe der Jahrhunderte verändert wurden. Er wird auch, ob er will oder nicht, zum Fundamentalisten, der neue Erkenntnisse und den Wandel der Zeiten nicht wahrhaben will.

Wenn es gelingt, die »Heiligen Bücher« von überkommenen, eben nicht zeitlosen Gewaltmetaphern und lebensfeindlichen Vorschriften zu befreien, werden auch die Gläubigen wahrhaft zur Entwicklung einer gemeinsamen und menschenwürdigen Weltethik beitragen können. Die humanen Seiten der Weltreligionen existieren ja durchaus – aber Rückständiges gehört auf den Schutt der Weltgeschichte.

Ich muss an dieser Stelle etwas zu meinem Verhältnis zu Salman Rushdie sagen. In unserer Freundschaft hat die Todesdrohung vom 14. Februar 1989 gegen ihn eine ganz besondere Bedeutung. Nie würde ich ihn für vordergründige Effekte missbrauchen. Wie sich andere zu ihm verhalten, ist dagegen für mich ein wichtiger Maßstab geworden.

Damals bedrängte ihn die britische Regierung aus Furcht

vor Anschlägen, sich zu distanzieren und zu widerrufen. Daraufhin erklärte er gegenüber der islamischen Glaubensgemeinschaft sein »Bedauern über die Besorgnis, die die Veröffentlichung aufrichtigen Anhängern des Islam bereitet hat«. Heute hält Rushdie das für den »größten Fehler seines Lebens«. Denn nach dieser Entschuldigung stellten die Islamisten ihn auch noch als Feigling an den Pranger. Das Kopfgeld wurde verdoppelt. Seine Ehe scheiterte an den Drohungen. Ein normales Leben war ihm nicht mehr möglich.

In der Zeit, in der er überall ausgeladen wurde, lud ich ihn ein und versteckte ihn mehrfach bei mir zu Hause. Er wurde rund um die Uhr bewacht, weil die Drohungen aus dem Iran nicht nachließen. Sogar iranische Späher wurden vor meiner Haustür ausgemacht. Schließlich wurde die Sicherheitsstufe eins angeordnet, da mit einem Anschlag zu rechnen sei.

Auch das Verhalten von Politikern gegenüber Rushdie wurde für mich zu einer moralischen Messlatte, als ich Begegnungen zwischen ihm und gewählten Volksvertretern organisierte. Solche Begegnungen waren für ihn außerordentlich wichtig, denn sie bedeuteten zusätzlichen Schutz. Johannes Rau, damals Ministerpräsident in Nordrhein-Westfalen, war sofort bereit, auch Norbert Blüm und Kurt Biedenkopf. Rudolf Scharping, damaliger Bundeskanzlerkandidat, sperrte sich lange Zeit. Helmut Kohl sah sich trotz anders lautender Ratschläge aus seinem engsten Beraterstab nach mehrmaligen Anfragen nicht imstande, Rushdie auch nur die Hand zu geben. Mit dem damaligen Außenminister Klaus Kinkel fand erst nach großen Anstrengungen, die fast einer Nötigung glichen, zumindest ein Händeschütteln vor laufenden Kameras statt. Den Bedenkenträgern stand sicherlich das wirtschaftliche Interesse an profitablem Handelsverkehr mit dem Iran auf den Füßen oder lähmte ihnen den Arm.

(Ohnehin, so viel Ehrlichkeit muss sein, haben Glaubensfragen ja häufig genug mehr mit Macht und Geschäft zu tun, als mit edlen inneren Werten. Alle Kriege unter der Fahne der Religion waren Kriege um Bodenschätze, Land und Dominanz. Christliche wie auch muslimische Staaten haben eine Fülle solcher religiös verbrämten Eroberungskriege geführt – und führen sie noch. Und zahlreiche, besonders begüterte Konvertiten lügen, wenn sie banale wirtschaftliche Motive für ihren Religionswechsel leugnen.)

Damals weigerte sich die Lufthansa, Rushdie als Passagier zu befördern. Daraufhin charterte ich für ihn ein Privatflugzeug und rief über Anzeigen in verschiedenen Tageszeitungen zu einem Lufthansa-Boykott auf. Es war für mich eine wichtige Erfahrung zu erleben, wer unterschrieb und wer nicht. Ein Oberstleutnant, mit dem ich hin und wieder Schach spielte, unterschrieb nach kurzem Zögern und bat: »Sag aber nichts meiner Frau, sie ist immer so ängstlich.« Ein bekannter Künstler aus dem »progressiven« Lager rief nach ein paar Tagen an und zog seine Unterschrift wieder zurück: »Meine Frau sagt, wir kommen auf eine Liste und wenn die mal die Oberhand haben, dann müssen wir dran glauben!« Ich habe gerne auf seine Unterschrift verzichtet.

Noch erschreckender war neulich eine Umfrage von *Spiegel-online*, bei der vierzig Personen aus dem öffentlichen Leben gefragt wurden, ob sie zusammen mit mir aus Rushdies Werk in einer Moschee vorlesen würden. Fast drei Viertel der befragten Intellektuellen, Schriftsteller, Künstler und Politiker wollten »diese Frage lieber nicht beantworten«. Wenn sich schon bei dieser harmlosen Frage so viele wegducken, obwohl die Meinungsfreiheit bei uns garantiert ist, wie viele würden wohl schweigen, wenn islamistische oder rechtsradikale Gruppen den Ton angeben würden? Die grassierende Feigheit zeigt, wie unterhöhlt die Fundamente unsere Demokratie sind.

Ich erzähle das so ausführlich, weil mich der öffentliche Protest der Ditib gegen die aktuellen Morddrohungen gegen mich wirklich beeindruckte. Ich bin froh darüber, weil dieser

Protest ein eindeutiges Bekenntnis enthält, mit den gewalttätigen islamistischen Sektierern, auch wenn sie gleichen Glaubens sind, keine gemeinsame Sache machen zu wollen. Der islamistische Oberfundamentalist Khomeini hat damals ein Exempel statuieren wollen und das Todesurteil gegen Rushdie im Namen des Islam ausgesprochen. An der Zeit ist es, dass sich Moscheengemeinschaften heute öffentlich und demonstrativ von dieser in gewissen islamischen Kreisen immer noch gültigen und kürzlich erneuerten Fatwa distanzieren würden. Eigentlich sollte das eine Selbstverständlichkeit sein. Das war und ist der Hintergrund meines Lektürevorschlags.

Die Ditib-Vertreter versuchten schließlich, mich umzustimmen. Völlig problemlos sei es, statt aus Salman Rushdies »Satanischen Versen« aus meinem Buch »Ganz unten« zu lesen und darüber zu diskutieren. »Ganz unten« hatte in der Türkei und in der islamischen Welt eine große Resonanz. Damals unterstellten islamische Zeitschriften sogar, ich beabsichtigte zu konvertieren. Nichts lag mir ferner, war ich doch schon in der Adenauerzeit aus der katholischen Kirche ausgetreten und habe meine grundlegenden Zweifel in Bezug auf die organisierte Religiosität beibehalten. Eingetreten in die katholische Kirche wurde ich übrigens per Zwangstaufe. Nonnen setzten meinem Vater auf dem Sterbebett so zu, dass er sich katholisch trauen und mich katholisch umtaufen ließ. Mit viereinhalb Jahren stand ich in einem Taufkleid mit einer Kerze in der Hand am Taufbecken. Ein Trappist befand: »Du sollst Johannes heißen.« »Nein«, protestierte ich, »ich heiße Günter.« (Mein Vater wurde übrigens wieder gesund, die Nonnen sprachen von einem Wunder. Das Wunder bestand darin, dass mein Vater einer der ersten Patienten war, der 1946 in Köln mit Penicillin aus den USA behandelt wurde.)

So wurde ich katholisch und besuchte als Kind die katholische Gemeindebücherei. Deren Regale waren vollgestopft mit Traktätchen. Jahrzehnte später fand ich in der Kölner Moschee ausschließlich Traktätchen. Dabei sind doch fast alle bedeutenden Werke der Weltliteratur humanistischen Werten verpflichtet.

Das Verhältnis gläubiger Menschen, insbesondere der Muslime, zur Welt, in der sie leben, beschäftigt mich seit langem. Nach dem Erscheinen von »Ganz unten« in türkischer Sprache wurde ich in die dogmatisch ausgerichtete Moschee in Köln-Mülheim eingeladen und sprach vor über tausend Besuchern über die humanen und schrecklichen Seiten der Weltreligionen. Später musste ich allerdings erfahren, dass alle meine kritischen Bemerkungen über das Christentum übersetzt, sämtliche Kritikpunkte am Islam aber verschwiegen oder beschönigt wurden. Und während ich mein Buch signierte, befragte mein schwedischer Freund und Kollege Arne Ruth, damals Chefredakteur der Tageszeitung *Dagens Nyheter*, die Besucher der Moschee, wie sie zur Fatwa gegen Rushdie stehen. Alle waren ohne Ausnahme dafür. Seitdem lege ich Wert darauf, die muslimische Welt differenziert zu betrachten und mir, wenn nötig, die richtigen Feinde zu machen.

Ich will übrigens mit meinem Vorschlag einer Lesung von Rushdie gar nicht mit dem Kopf durch die Wand. Ich schlug schon bald vor, die Lesung nicht in der Moschee, sondern im Gemeindesaal durchzuführen. Als die Ditib auch das ablehnte, bot ich an, auf meine Kosten ein Zelt auf dem Parkplatz zu errichten. Dort kann schließlich kein heiliger Bereich mehr sein. Doch auch dazu sah sich die »Türkisch-Islamische Union der Anstalt für Religion« nicht im Stande.

Nicht selten habe ich bei diesen Gesprächen ein massives Lagerdenken gespürt, eine feindliche Vorsicht, ein unnötiges, ja unwürdiges Abtasten. Wenn ich so etwas spüre und dabei an die indoktrinierenden religiösen Traktätchen denke, fürchte ich, dass der Weg zu einem offenen Dialog und zu einer konstruktiven Streitkultur noch sehr weit ist. Das sind Augenblicke, wo ich diejenigen verstehe, die die Moscheen als Vorhut eines türkisch-islamischen Dominanzstrebens fürchten. Ich teile Ralph Giordanos Rigorosität und Fundamentalkritik nicht und trete weiterhin für den Bau der Moschee ein. Dennoch glaube ich, dass es Mahner wie ihn geben muss, solange Kleriker auf islamischer Seite mit Raffinesse und doppelzüngiger Taktiererei die eigenen Schäfchen vor einer kritischen Auseinandersetzung bewahren wollen.

Es wird nicht nur mit imponierenden Großmoscheen für einen dem Anschein nach modernen Islam geworben, sondern neuerdings auch mit attraktiven jungen Frauen, wie mir soeben Freunde aus der Türkei berichteten. Dort existiert ja im Gegensatz zu Deutschland ein Kopftuchverbot an Schulen und Universitäten. Noch! Deshalb habe die Erdogan-Regierung jetzt damit begonnen, besonders hübsche Studentinnen dafür anzuwerben, sich an öffentlichen und universitätsnahen Plätzen demonstrativ mit einem Kopftuch zu zeigen, um die Öffentlichkeit an diesen Anblick zu gewöhnen und ihn so ins alltägliche, städtische Erscheinungsbild zu integrieren. Der Lohn für diese »Bekennertat« ist nicht zu knapp, die angeheuerten Frauen können fast ihren gesamten Lebensunterhalt davon bestreiten.

Natürlich bleibt die Frage: Und wir? Was können wir tun? Was müssen wir tun? Wie hoffentlich deutlich geworden ist, gehöre ich nicht zu denen, die einer falsch verstandenen Toleranz huldigen, die oft nichts anderes als Ignoranz oder Feigheit ist. Ich will mich mit unseren muslimischen Mitbürgern streiten über das, was den Streit lohnt: über die universal gültigen und unteilbaren Menschenrechte, über die Gleichheit vor dem Gesetz, von mir aus auch über die Gleichheit vor Gott. Allerdings versperren wir selbst der Mehrheit der Migranten, besonders wenn sie aus dem islamischen Kulturkreis kommen, diese Gleichheit, diese gleichen Rechte, diesen gleichen Respekt. Das Ausländerrecht manifestiert diese Überheblichkeit.

Überheblich und arrogant stellen wir uns allzu oft an. Aber solche Von-oben-herab-Haltung darf kein Argument auf muslimischer Seite sein, sich dem Dialog zu verweigern oder ihn auf das Minimum zu beschränken. Ebenso wenig darf das dogmatische Beharren auf den Anspruch absoluter Wahrheit und die selbstgewählte Abschottung religiöser Institutionen des Islam uns noch länger ein Argument sein, gleiche Rechte und gleichen Respekt zu verweigern oder dem nötigen Streit auszuweichen.

Aber ich bin Zweckoptimist: Die jungen Generationen türkischstämmiger Einwanderer werden trotz ihrer religiösen Verbundenheit (mit der die Mehrheit wohl ebenso viel oder wenig zu tun hat wie die deutschstämmigen jungen Leute) diese Verkrustungen aufbrechen helfen. Vielleicht wird es noch zwanzig oder dreißig Jahre dauern. Wie bei uns, wird auch bei den Muslimen die einengende Kraft der institutionalisierten Religion nachlassen und der weltliche Einfluss wachsen. Die Moscheen müssen heraus aus den Hinterhöfen. Ob die Minarette nun von Fall zu Fall 10, 30 oder meinetwegen sogar 55 Meter hoch sind, ist nicht das Problem, die Proportionen müssen stimmen.

Und ich hoffe immer noch – und bin weiterhin im Gespräch –, dass eine Lesung und Diskussion über Salman Rushdies Buch in einer anderen Begegnungsstätte einer Moschee möglich ist. Vielleicht im Rahmen einer Vortragsreihe, die sich auch mit anderen Religionen und ihren Fundamentalismen kritisch auseinandersetzt – das wäre dann nicht nur für organisierte Muslime, sondern vielleicht auch für organisierte Christen ein kultureller Gewinn.

Claus Leggewie

Vom Kulturkampf zum Deal

Konflikte um den Neubau und die Unterhaltung von Moscheen scheinen heute an der Tagesordnung und fast unvermeidlich. Wo immer ein Moscheeverein bauen will – und gleich, wie er religiös und politisch ausgerichtet ist –, gibt es Proteste von Anwohnern, regt sich Widerstand politisch organisierter Unternehmer (nicht nur des rechten Spektrums) und erlebt man die »Wackelei« politisch Verantwortlicher. Oft werden Moscheekonflikte zum brisanten Wahlkampfthema, sodass die Gotteshäuser erst mit großer Verzögerung, an anderer Stelle oder gar nicht gebaut werden. Vielfach ist die Atmosphäre so aufgeheizt, dass beide Seiten Enttäuschung und Wut verspüren: die Muslime, da man ihnen das im Grundgesetz garantierte Recht auf ungehinderte Religionsausübung verweigert, und die Einheimischen, weil Bürgermeister und Ratsfraktionen das Projekt an den Bürgern vorbei vereinbaren und durchsetzen.

Exemplarisch ist der ungelöste Moscheekonflikt in Köln-Ehrenfeld, der trotz seines kölschen Kolorits die üblicherweise nur lokale Aufmerksamkeit überschritten hat und die überregionalen Zeitungen und TV-Magazine beschäftigt, nicht zuletzt, weil sich Medienprominente wie Ralph Giordano und Günter Wallraff zu Wort gemeldet haben. Im Windschatten der Kölner Affäre sind ähnlich gelagerte Auseinandersetzungen in Großstädten wie München und Frankfurt ins allgemeine Bewusstsein gerückt; ein *Spiegel*-Titel »Mekka Deutschland« hat diesem drastisch Ausdruck verliehen und die an

Moscheebauten geknüpften Ängste vor Überfremdung und Terror beflügelt. Es geht nicht um irgendwelche Moscheen, wie sie jahrzehntelang in Hinterhöfen und abgelegenen Industriegebieten eine unbemerkte Existenz führten, es geht um repräsentative Bauwerke, die in ihrer orientalisierenden Form mit Kuppel und Minarett auffallen und damit Präsenz und Selbstbewusstsein der muslimischen Immigration demonstrieren: Wir bauen, weil wir bleiben wollen. Dagegen hat der scheidende bayrische Landesvater Edmund Stoiber nochmal einen richtigen Kracher losgelassen: In Deutschland dürften Minarette keinesfalls höher sein als Kirchtürme.

Moscheekonflikte sind nichts Neues und nicht außergewöhnlich. Sie reihen sich zunächst einmal in eine Serie von Nachbarschaftskonflikten ein, die auszubrechen pflegen, wo immer in einem Wohngebiet größere Zweckbauten entstehen, die zuerst Baulärm und dann Verkehr, Parkplatznot und andere Erschwernisse nach sich zu ziehen drohen. Dann greift das bekannte Sankt-Florians-Prinzip: Natürlich hat man nichts dagegen, dass ein Supermarkt gebaut wird oder eine Sporthalle, aber doch nicht ausgerechnet in der eigenen Nachbarschaft. Nimby (not in my backyard) nennen die Angelsachsen dieses im Übrigen sehr rationale und nachvollziehbare Verhalten, über das sich alle nur so lange moralisch empören können, bis es sie selbst trifft. Rational ist Nimby, weil man gerne von Nachteilen anderer profitiert, die zum eigenen Vorteil gereichen, indem kostengünstig ein öffentliches Gut geschaffen wird. Verschärft wird dieses Trittbrettfahrerverhalten beim Bau so unangenehmer Dinge wie Startbahnen, Müllverbrennungsanlagen und ICE-Trassen. Deren Vorteile genießen viele, eventuelle Nachteile (sinkende Grundstückspreise, Gesundheitsschäden etc.) müssen aber wenige tragen. Und es gibt hier meist keinen anderen Ausgleich als monetäre Kompensation – man zahlt Schmerzensgeld oder ermöglicht den Geschädigten den Neustart andernorts.

So werden auf den ersten Blick unteilbare Konflikte teilbar und lösbar. Niemand wird von der »Moschee um die Ecke« derart gravierende Nachteile erwarten, aber natürlich sind auch religiöse Bauten vom Sankt-Florians-Prinzip betroffen. Ältere erinnern sich an Beschwerden von Anrainern gegen donnerndes oder auch ganz sachtes Glockengeläut, bis auch der Gesetzgeber die Freiheit der Christenmenschen einschränkte, ihre Botschaft so lautstark zu verkünden, wie sie gewohnt waren. Könnten wir uns heute einen Kirchen- oder Synagogenkonflikt vorstellen? Im Prinzip ja, nur werden christliche Kultstätten kaum noch errichtet, eher geschlossen oder umgewidmet – im Extremfall sogar in eine Moschee. Und Protest gegen Synagogen-Neubauten ist entweder tabu oder, wie man in München erleben musste, angetrieben durch neonationalsozialistische Vernichtungswut.

Richtet sich gegen christlich-jüdische Kultstätten eher der übliche Nimby-Protest, entzünden Moscheekonflikte jenseits der Streitigkeiten um Lärm und Parkplätze aber hochbrisante symbolische Konflikte. Es geht um die kulturelle Hegemonie oder Leitkultur in Gesellschaften, die auf Grund ihrer ethnischen und religiösen Vielfalt kein kulturelles Zentrum mehr bestimmen und verbindlich machen können. Vor allem seit den Terroranschlägen von 2001 und den Nachfolgeattacken in Europa gilt der bis dahin weniger beachtete Moscheebau als Ausdruck einer Landnahme, was durch eine unvorsichtige, bisweilen auch provokative Diktion der muslimischen Bauherren unterstützt wird. Darauf reagieren nicht nur christliche Kulturkämpfer nervös, die sich einer islamischen Missionierung ausgesetzt sehen, pikiert ist auch und vor allem der säkulare Teil der Gesellschaft, der angesichts dieser in Stein gehauenen Demonstration von Glaubensstärke irritiert ist und eine Art Phantomschmerz der verblichenen eigenen Glaubensfähigkeit verspürt. Hier ist im Übrigen eine gute Portion Identifikation mit dem vermeintlichen Aggressor zu spüren, und sie zieht wiederum eine oberflächliche Rechristianisierung nach sich – man holt Andersgläubige nicht ökumenisch ins gesamtreligiöse Boot, sondern fällt auf ein unglaubwürdiges, weil selbst nicht geglaubtes Leitbild des christlichen Abendlandes zurück.

Symbolische Konflikte wie diese – und das ist die Crux religiöser Gefühle und Überzeugungen – scheinen unteilbar zu sein und damit oft auch unlösbar. Bei ihnen gilt nämlich nicht das Mehr oder Weniger, das einer materiellen Entschädigung zugrunde liegt, sondern das Entweder-oder einer unbeugsamen Überzeugung, die besonders aggressiv wird, wenn man sich mit dem Rücken zur Wand fühlt. Man erkennt das bei islamistischen Radikalen ebenso wie bei einheimischen Kulturkämpfern. Ist eine Vermittlung ausgeschlossen, rasen hier zwei Züge aufeinander zu? Unteilbar scheinen Konflikte, wenn es nicht nur einen Dissens in der Sache gibt, der in pluralistischen Gemeinwesen normal ist, ja für die Entwicklung moderner Gesellschaften positiv zu bewerten ist, sondern wenn sich die Konfliktgegner nicht mehr über die Prozeduren der Streitschlichtung einig werden können, weil sie die gegnerische Position völlig negieren und am liebsten, bisweilen wortwörtlich, ausradiert sähen.

Will man in dieser Konfrontation nicht verharren und ihr mit schlimmen Konsequenzen erliegen, muss man versuchen, unteilbare in teilbare Konflikte zu verwandeln, also aus dem Entweder-oder ein Mehr oder Weniger zu machen. Es geht um einen Deal, wie die Amerikaner einen Verhandlungskompromiss nennen, der in diesem Fall vor allem den Vorteil hätte, dass alle Beteiligten, wenn schon nicht vorher, dann doch wenigstens im Verlauf der Auseinandersetzung an einem Tisch sitzen und Spielregeln beachten müssen. Der Deal für religiöse Fundamentalisten jeder Couleur besteht darin, dass Säkularisierung und Religionspluralismus auch Gewinn für die eigene Glaubensüberzeugung bringen; der Deal für die Anrainer, dass die Umwelt ihnen für ihre Kompromissfähigkeit Anerkennung zollt und sie, bei aller Renitenz, als die eigentlichen Vorkämpfer der Integration lobt. Sie sind nämlich die ersten, die wirklich Toleranz üben müssen, indem sie etwas akzeptieren, mit dem sie eben nicht einverstanden sein können. Dass man dafür beispielsweise die Höhe des Minaretts reduziert und die Architektur ins Gegebene einpasst, dass man sich auch den Muezzinruf spart, ist nur gerecht und im Übrigen ein gutes Beispiel für die Herbeiführung teilbarer Konflikte, die sich in Meter, Dezibel und Gestalt bemessen lassen.

Damit sich das Nullsummenspiel eines religiös überladenen Territorialkonflikts in einen bescheidenen Gewinn für alle verwandelt, bedarf es neutraler Instanzen, also der geschickten Moderation und Mediation von Konflikten. Diese Vermittlung bewirkt die Empathie für die andere, scheinbar feindliche Seite dadurch, dass sie – in mühsamen Einzelschritten – die Übernahme des gegnerischen Standpunktes einübt und so der Radikalität der eigenen Überzeugung die Spitze nimmt. Mediation ist kein Kinderspiel. Sie will gelernt sein und wird deshalb am besten von Professionellen betrieben, auch wenn diese bisweilen Gefahr laufen, an Techniken und Tricks kleben zu bleiben. Mediatoren respektieren die Autonomie der am Konflikt Beteiligten; sie sind überzeugt, dass diese sich im Prinzip selbst helfen können, im gegebenen Fall aber eines Anstoßes und der Begleitung von außen bedürfen. Damit werden keine Lösungen verordnet. Mediation kann bestenfalls die Beteiligten animieren, die bestmögliche Lösung (oder die am wenigsten schlechte) für sich herauszufinden und mit dem Gegenüber auszuhandeln. Die Teilnahme an formellen Mediationsverfahren ist in jedem Fall freiwillig, alle Konfliktbeteiligten müssen einbezogen werden und den gleichen Informationsstand haben. Mediatoren üben strikte Neutralität und ergreifen nicht Partei, sie greifen gegebenenfalls auf Autoritäten zurück, die bei den Konflikt-Akteuren Ansehen genießen.

Moscheekonflikte werden derzeit gerne als Ausweis des Scheiterns multireligiöser Gesellschaften herangezogen, als Symbol der wechselseitigen Blockade, die zu einem »rien ne va plus«, zu einem »Nichts geht mehr!« führen müsse. Man könnte lamentieren, warum wir es so weit haben kommen lassen und nach fünfzig Jahren Einwanderung immer noch so wenig Kompetenzen in interkultureller Kommunikation und Mediation besitzen. Besser sitzen wir nach und holen auf, damit religiöse Konflikte nicht erneut in Kulturkämpfe ausarten, sondern ihre Nützlichkeit für den sozialen und kulturellen Wandel beweisen können. Jeder ausgestandene Konflikt hat die moderne Gesellschaft weitergebracht.

Kurzbiographien der Autoren

Bekir Alboga, geb. 1963 in Konya in der Türkei, lebt seit 1980 in Deutschland. Er studierte in Göttingen Islamwissenschaften, Arabistik, Publizistik und Kommunikationswissenschaft und arbeitet zurzeit an seiner Promotion. Er ist Beauftragter der Ditib für den interreligiösen Dialog, Mitglied des Nationalen Integrationsgipfels und der Deutschen Islamkonferenz. Er hat eine Tochter und zwei Söhne.

Jürgen Becker, 47 Jahre alt, Lehre bei 4711 als Druckvorlagenhersteller, danach Studium zum Sozialarbeiter, Mitgründer des Spielezirkus und der Stunksitzung. Er betrieb eine Druckerei im Kollektiv, ist seit 1988 selbstständig als Autor und Kabarettist tätig, hat eine Tochter und ist verheiratet.

Peter Berger, Journalist, geboren 1959 in Wuppertal. Studium der Geschichte, Politik und Publizistik an der Ruhr-Universität Bochum. Zunächst seit 1988 Redakteur bei der *Westdeutschen Allgemeinen Zeitung* im Ruhrgebiet, ab 1998 beim Kölner *EXPRESS* und seit 2001 beim *Kölner Stadt-Anzeiger*, dort seit März 2005 Redaktionsleiter der Lokalredaktion Köln, passionierter Marathonläufer.

Ernst-Wolfgang Böckenförde wurde 1930 in Kassel geboren. Dr. jur. 1956, Dr. phil 1961, Habilitation 1964 in Münster. Als Professor für öffentliches Recht, Verfassungs- und Rechtsgeschichte sowie Rechtsphilosophie lehrte er an den Universitäten Heidelberg, Bielefeld und Freiburg. Von 1983 bis 1996 Mitglied des Bundesverfassungsgerichtes, Guardini-Preisträger der Katholischen Akademien in Bayern 2004. Im selben Jahr wurde ihm der Hannah-Arendt-Preis für politisches Denken verliehen.

Paul Böhm, 1959 als Sohn des Kölner Kirchenbaumeisters Gottfried Böhm geboren, studierte Architektur in Berlin und Wien und arbeitete unter anderem bei Richard Meier. Seit 1992 ist er im Büro seines Vaters tätig, seit 1997 als Partner. 2001 gründete Böhm sein eigenes Büro in Köln, er entwarf neben Wohn- und Geschäftshäusern auch Sakralbauten. In Zusammenarbeit mit seinem Vater entstand das im vergangenen Jahr eingeweihte Hans-Otto-Theater in Potsdam.

Henryk M. Broder, geb. 1946 in Katowice/Polen, lebt in Berlin und Reykjavik, Reporter für SPIEGEL und SPIEGEL online.

Fatih Cevikkollu, mit seinen Eltern in den 60er Jahren nach Köln gekommen, zwei Brüder. Seine Eltern kehrten »in die andere Hälfte unserer Heimat« zurück, um ihren Lebensabend in der Türkei zu verbringen. Abitur, danach besuchte er »als erster kölscher Türke« die renommierte Ernst-Busch-Schauspielschule und war drei Jahre am Schauspielhaus Düsseldorf engagiert. Seit 2005 freiberuflicher Kabarettist (2006 Prix Pantheon), 1999–2006 zusammen mit Atze Schröder in der Serie »Alles Atze« zu sehen, verheiratet, eine kleine Tochter.

Helmut Frangenberg, Redakteur beim *Kölner Stadt-Anzeiger*, Magister der Neuen und Mittleren Geschichte, Germanistik und Politologie. Nach seinem Studium in Köln volontierte er bei »Radio Köln«, arbeitete dort als Redakteur und Programmplaner. Von 2000 bis 2005 als Redakteur bei der *Kölnischen Rundschau* beschäftigt. Der 41-jährige Neuehrenfelder, Vater von zwei Söhnen, begleitet die Debatte um die Kölner

Moschee journalistisch seit dem entsprechenden Stadtratsbeschluss aus dem Jahr 2001.

Joachim Frank, geb. 1965 in Ulm, Studium der Theologie, Philosophie und Kunstgeschichte. Das Lizenziat in katholischer Theologie erwarb er 1994 in Rom mit einer Arbeit über den protestantischen Theologen und Widerstandskämpfer Dietrich Bonhoeffer. Nach journalistischer Ausbildung unter anderem beim WDR und beim *Kölner Stadt-Anzeiger* war Frank für die Zeitung mehrere Jahre als politischer Korrespondent in Bonn und Berlin tätig. Seit 2002 ist er stellvertretender Chefredakteur des *Kölner Stadt-Anzeigers.*

Dörte Gatermann, Professorin, geboren 1956 in Hamburg, gründete nach dem Architekturstudium in Braunschweig und Aachen 1984 in Köln zusammen mit ihrem Partner Elmar Schossig ein Architekturbüro. Zu den markantesten Bauten zählt das »Köln Triangle« genannte Hochhaus zwischen Rheinufer und Deutzer Bahnhof in Köln.

Ralph Giordano wurde 1923 in Hamburg geboren. Nach der Befreiung am 4. Mai 1945 durch britische Truppen arbeitete er als Journalist und Publizist, als Fernsehdokumentarist und Schriftsteller. Er ist Autor zahlreicher Bestseller, darunter: »Die Bertinis«, 1982. »Die zweite Schuld oder Von der Last Deutscher zu sein«, 1987. »Ostpreußen ade«, 1994. »Deutschlandreise«, 1998 und »Sizilien, Sizilien! Eine Heimkehr«, 2002. Zuletzt erschien 2007 seine Autobiographie »Erinnerungen eines Davongekommenen«.

Hans-Joachim Höhn, Prof. Dr. theol., geboren 1957 in Nomborn/Ww.; Studium der Philosophie und Theologie in Frankfurt, Rom und Freiburg; Promotion 1984, Habilitation 1989; seit 1991 o. Professor für Systematische Theologie und Religionsphilosophie an der Universität zu Köln; Mitglied im Zentrum für Moderneforschung (ZfMod) der Universität zu Köln sowie im Vorstand des Forschungsinstitutes für Philosophie in Hannover; Gastprofessuren an den Universitäten Münster, Linz (Österreich) und Jerusalem. Jüngste Veröffentlichung: »Postsäkular. Gesellschaft im Umbruch – Religion im Wandel«, Paderborn 2007.

Tobias Kaufmann, geboren 1976 in Leverkusen. Redakteursausbildung an der Berliner Journalisten-Schule, Studium (Politik, Geschichte, Sport) in Potsdam. Bis 2003 Fernsehreporter für den RBB Brandenburg, anschließend Redakteur bei der *Jüdischen Allgemeinen Wochenzeitung*, seit Oktober 2006 politischer Redakteur beim *Kölner Stadt-Anzeiger*. Schwerpunktthemen: Internationale Politik, Rechtsextremismus, Islamismus. Kaufmann lebt mit seiner Frau und drei Töchtern in Köln. Zuletzt erschien von ihm: »Die kleine Chefin. Trostbuch für versklavte Eltern« (Eichborn 2007).

Navid Kermani, geboren 1967, ist habilitierter Orientalist und war bis 2003 Long Term Fellow am Wissenschaftskolleg zu Berlin. Heute lebt er als freier Schriftsteller in Köln. Für sein akademisches und literarisches Werk ist er mehrfach ausgezeichnet worden, zuletzt mit dem Stipendium der Villa Massimo in Rom. Zuletzt von ihm erschienen sind der Roman »Kurzmitteilung« sowie die Monographie »Der Schrecken Gottes«. Er hat einen deutschen und einen iranischen Pass, ist Mitglied der Deutschen Akademie für Sprache und Dichtung sowie der Deutschen Islamkonferenz.

Sabine Kraft, Dr. phil., Jahrgang 1963, Studium der Architektur, Kunstgeschichte, Psychologie, Kirchenbau und kirchliche Kunst der Gegenwart in Kassel, Marburg und in den USA (Massachusetts Institute of Technology und Harvard-University). Wissenschaftliche Assistentin und beratende Architektin am Institut für Kirchenbau und kirchliche Kunst der Gegenwart in Marburg. Wissenschaftliche Mitarbeiterin in Kassel, Fachbereich Stadtplanung, Landschaftsplanung und Architektur. Dissertation über Moscheen in Deutschland.

Jörg Lau, 1964 in Aachen geboren. Aufgewachsen in Vicht bei Stolberg (Nordeifel). Studium der Germanistik und Philosophie in Bochum. 1993 bis 1996 Literaturredakteur der *taz* in Berlin. Seit Anfang 1997 Redakteur der *ZEIT* in Berlin.

Claus Leggewie, geb. 1950, Professor für Politikwissenschaft, Direktor des Kulturwissenschaftlichen Instituts Essen, zahlreiche Veröffentlichungen zu Fragen der kulturellen und religiösen Globalisierung.

Aiman A. Mazyek, geb. 1969 in Aachen, ist Generalsekretär des Zentralrats der Muslime in Deutschland. Er leitet die Internet-Plattform www.islam.de. Mit Rupert Neudeck gründete er 2003 die Hilfsorganisation »Grünhelme e. V.«.

Joachim Kardinal Meisner ist der 94. Bischof in der Nachfolge des Heiligen Maternus auf dem Stuhl des Kölner Erzbischofs. Er wurde am 25. Dezember 1933 in Breslau/Lissa geboren; die Priesterweihe empfing er 1962 in Erfurt. 1969 wurde er in Rom zum Doktor der Theologie promoviert. Seit 1975 war Meisner Weihbischof in Erfurt. 1980 folgte die Ernennung zum Bischof von Berlin. 1983 erhob ihn Papst Johannes Paul II. zum Kardinal. Seit 12. Februar 1989 ist Joachim Kardinal Meisner Erzbischof von Köln. Darüber hinaus ist er Mitglied mehrerer römischer Kongregationen und verschiedener Kommissionen der Deutschen Bischofskonferenz

Franz Meurer ist Pfarrer von St. Theodor in Vingst, einem rechtsrheinischen Stadtteil von Köln, der als Problemviertel gilt. Er initiierte in seiner Gemeinde eine Vielzahl sozialer Projekte und wurde 2002 als erster »Alternativer Ehrenbürger« Kölns geehrt.

Michael Paetzold, geboren am 15.07.1961 in Köln. Seit 1993 niedergelassen als praktischer Arzt in einer Gemeinschaftspraxis in Köln-Kalk, einem Kölner Vorort mit einem großen Anteil an Mitbürgern mit Migrationshintergrund. Seit 1981 Mitglied des Pfarrgemeinderates der Gemeinde St. Theodor (seit 2000 St. Theodor & St. Elisabeth) in Köln-Höhenberg-Vingst, seit 1989 Jahren dessen Vorsitzender. Seit Herbst 2004 Mitglied des Rates der Stadt Köln in der SPD-Ratsfraktion, dort gesundheitspolitischer Sprecher. Seit seiner Gründung Mitglied im Beirat der Ditib zum Moscheebau.

Nikolaus Schneider, Präses der Evangelischen Kirche im Rheinland und Mitglied des Rates der EKD, geboren 1947, verheiratet, drei Kinder. Studium in Wuppertal, Göttingen, Münster, von 1976 bis 1997 Gemeinde- und Diakoniepfarrer und Superintendent des Kirchenkreises Moers. Von 1997 bis 2003 Vizepräses und Personaldezernent, seit April 2003 Präses der Evangelischen Kirche im Rheinland. Verschiedene Publikationen, u. a. »Lebendig, kräftig, schärfer« und »Wenn das Leid, das wir tragen, den Weg uns weist« (beide gemeinsam mit Ehefrau Anne Schneider). Seit 2005 Vorsitzender des Aufsichtsrates des Evangelischen Entwicklungsdienstes (EED).

Martin Stankowski, geb. 1944 in Meschede (Sauerland), lebt seit Ende der 60er Jahre in Köln, arbeitet als Journalist, Rundfunkautor und Moderator, Geschichtenerzähler und Stadtführer. Zuletzt von ihm erschienen: »Von wegen nix zu machen ... Werkzeugkiste für Weltverbesserer«, gemeinsam mit Jürgen Becker und Franz Meurer (Köln 2007).

Paul Stelkens, geb. 1937 in Köln, Jura-Studium in Freiburg und Köln, dort Promotion und ab 1994 Honorarprofessor, Vorsitzender Richter am Verwaltungsgericht in Köln und am Oberverwaltungsgericht in Münster, dreijährige Tätigkeit im Bundesjustizministerium, Verfasser zahlreicher verwaltungsrechtlicher Schriften, langjährige berufspolitische Tätigkeit im Bund Deutscher Verwaltungsrichter, in der Zusammenarbeit mit europäischen Verwaltungsrichterverbänden und als Fachvertreter der Deutschen Stiftung für internationale rechtliche Zusammenarbeit in Polen und Ukraine.

Günter Wallraff, geb. am 1. Oktober 1942 in Burscheid bei Köln. Nach Abschluss einer Buchhändlerlehre (1962) leistete Wallraff als Kriegsdienstverweigerer Wehrersatzdienst. Anschließend arbeitete er in verschiedenen Unternehmen und verwertete die dabei gewonnenen Erfahrungen in dem Reportageband »Wir brauchen dich. Als Arbeiter in deutschen Industriebetrieben«. Besonderes Aufsehen erregte Wallraff mit seinen verdeckten Recherchen innerhalb der Redaktion der »Bild-Zeitung« und ihrer Dokumentation (»Der Aufmacher«). Als politisch wirksam erwies sich Wallraffs Reportage (in der Rolle »Alis«, eines türkischen Arbeiters) über den menschenverachtenden Handel mit Leiharbeitern (»Ganz unten«, 1985).

Dieter Wellershoff, geboren am 3. November 1925 in Neuss, lebt in Köln. Er schrieb Romane, Novellen, Erzählungen, Essays und autobiographische Bücher, z. B. »Der Ernstfall«, 1995, über seine Erfahrungen im 2. Weltkrieg. Wellershoff hielt poetologische Vorlesungen an in- und ausländischen Universitäten, zuletzt in Frankfurt a. M. Er erhielt u. a. den Hörspielpreis der Kriegsblinden, den Heinrich-Böll-Preis, den

Hölderlin-Preis, den Joseph-Breitbach-Preis und den Ernst-Robert-Curtius-Preis für Essayistik. Übersetzungen seiner Bücher erschienen in bisher 15 Sprachen.

Mehmet Yildirim, Generalsekretär der »Ditib«, stammt aus Trabzon in der Türkei, kam 1971 nach Deutschland und studierte Maschinenbau. Er ist 54 Jahre alt und hat drei Söhne und eine Tochter.